破镜与重圆

海德格尔论真与美

李钧 著

时代出版传媒股份有限公司
安 徽 教 育 出 版 社

图书在版编目（CIP）数据

破镜与重圆——海德格尔论真与美／李钧著．—合肥：安徽教育出版社，2021.8
ISBN 978-7-5336-9467-8

Ⅰ.①破…　Ⅱ.①李　…　Ⅲ.海德格尔(Heidegger, Martin 1889—1976)—艺术美学—研究
Ⅳ.①B516.54　②J01

中国版本图书馆 CIP 数据核字（2021）第 159083 号

破镜与重圆——海德格尔论真与美
POJING YU CHONGYUAN——HAIDEGEER LUN ZHEN YU MEI

出 版 人：费世平
责任编辑：徐　宇
装帧设计：阮　娟
责任印制：陈善军

出版发行：时代出版传媒股份有限公司　安徽教育出版社
地　　址：合肥市经开区繁华大道西路 398 号　邮编：230601
网　　址：http://www.ahep.com.cn
营销电话：(0551)63683012，63683013
排　　版：安徽时代华印出版服务有限责任公司
印　　刷：安徽联众印刷有限公司

开　　本：880 mm×1230 mm　1/32
印　　张：11.25
字　　数：240 千字
版　　次：2021 年 8 月第 1 版　2021 年 8 月第 1 次印刷
定　　价：56.00 元

目　录

引 言

海德格尔是西方现当代思想，尤其是人文思想领域的一座高峰。这座山峰的基础，是其对西方思想史的扎实阐释和思想核心论题的严密分析与批判。从此基础往上走，山峰南麓是对既有观念和日常现象的层层解构与消融；与此同时，北麓又把已消解的东西在新的基础上重建，让它们以新的质地发出耀眼的光芒。消融与凝结，解蔽与遮蔽，山重水复疑无路，曲径通幽又一境。山峰的顶端，是对思想极致的"存在"的直面，在此上，一览众小，风光无限。这座思想的山峰，离我们很远，又离我们很近，日常的生活，可能无关乎"存在"的结构，但普通的现象，却是要我们不断以新眼光来把握的。

本书认为，海德格尔在西方思想关于思维与存在同一的基本问题上，采取了以存在为基点的立场，不仅构建了存在论，也因而构建了相对于存在运行的以接受性、展开性为基本特征的生存论，从而对以感性为基础的美学与艺术论做了很深的探索。

本书并不追求对于海德格尔思想做全景式的阐述，而是试图以他对康德和尼采的阐释为主线，来表现他思想的这个特质与发展。他对康德的阐释，不仅为自己学说中存在与时间的关系寻找到根据，也把近代主体性改造为感性为主的此在(破镜)，因此有了对于真理"解蔽"的更新理解和对于人道主义的反拨。在对尼采的阐释中，他一方面揭示尼采颠倒传统真与美关系并建立唯艺术论的深意，另一方面又批判尼采把激进的一元论改造为有内涵差异的存在论（重圆）。正是对于近代思想的阐释与转化，使他对于人与真理的存在方式有了更深的领悟，从而让他在艺术那里寻找前者的归宿（真就是美）。同时，在艺术方面，他也再次唤醒和深化艺术与真理的传统主题，在把艺术形而上学化中奠定艺术的基础（美就是真）。于是，在“真就是美”与“美就是真”的交叉中，诗与思在各自的区分特性中实现了亲密的同一。

导　论

第一节　海德格尔思想与美学、艺术论的关系

对海德格尔来说，传统观念中的“美学”如果作为一个思想分枝，与哲学、伦理学都属于传统的形而上学—技术的理论思维建构，是要伴随着新的“思”在“黎明”中升起而被“克服”的东西。因此，在表面上，在海氏思想中寻找美学，与在他的思想中寻找哲学一样，在某种意义上都有错位。但是，如果可以谈海德格尔的“哲学”，那也不妨谈谈海德格尔的“美学”。人们总是处在传统的语词中，对待新生事物的命名，总在先在的境域中进行，言海德格尔“美学”也同理。使这种联系恰当的关键是正确的态度。只要我们的目的是把传统的美学、哲学带到海德格尔的高度，而不是把海德格尔的思想拘束在传统的框架中，则这种联系不仅是恰当的，而且是有益的。

海德格尔思想与传统思想具有内在的如他所使用的术语“克服(overcome)”的关系。克服犹如黑格尔的“扬弃”，它不是抛弃、隔绝，而是包容、发展与回复。海德格尔弘扬着德国自赫尔德尔开创的历史主义精神，始终把思想的各种形态都归为在同一历史中人的自由与命运搏斗的贯串着的结晶，它们是在同一条路上的，这是一条源自开天辟地(即“时间撕裂”、“本体论的差异”)的历史之路。在这条路上，建筑着人类的历史事件：政治、文化、哲学与思想，这些事件不过是“路标”，它标志着自己所属的一段路的特征。更重要的是，作为路标，它蕴含着向前进的启示。海德格尔认为，传统的以柏拉图主义为内核的

形而上学，经过无数路标为标记的哲学体系的发展，在马克思与尼采的彻底“翻转”（overturn，这个翻转，又犹如黑格尔所说的“颠倒”）下，已达到了终结。而这一切，又成为一个路标，指向了历史之路的延伸。路要走下去，但在“终结”处，路怎样走？这就要靠“克服”。“克服”一方面是延伸，另一方面是超越。就这新的思路仍在原始的命运之下而言，可以说海德格尔的思是传统的思的延伸，是在同一条路上，因此，这条路有路的一般特征，即当行者在一个新的路标上回顾时，过去的一切都包容在他的视野中，行者带着一路的仆仆风尘和丰富的经历与经验，他割不断他的经历，他拥有它们、解决了它们，所以说海德格尔的“思”拥有传统的形而上学，是传统的发展，并非另起炉灶。但是，在传统“终结”时，行者从未拥有过现在这样多的对此路的体会，他领悟了这路的真谛，由是，在命运之路上人的自由与命运的关系，将有从未有的切中肯綮的新境界，路的维度增加了，原先的线性变成了多维甚至无维，路的走法是克服性的，即超越性的，它超越了过去的一切，超越向哪里？它超越向新的境界，一种对命运的洞见的新境界，从这个意义上说，它是一种“回复”，一种越过、克服终结的东西向原始发源地的回复，是翻转—终结—完成的翻转。海德格尔总把思的路讲作“向前”又“走回”的，就是这个意思。在这种境界中，自由和命运的关系由搏斗变成了柔顺的共舞。需要强调的是，这种“循环”的路的方式是海德格尔思想的基本方法与思想内容的核心。

因此，当海德格尔以其独特的术语、主题和思想方式、表达方式出现在西方思想史上时，应当充分理解他与传统的“克服”关系这一面，同时，又尤其要注意他与传统的延伸关系的一面。事实上海德格尔所用的每一术语、主题都有来历，在研究其后期的思想时，尤其要注意这一点。如果汲汲于后期思想的“居寓”、“圆舞”、“供奉”等诗性语词，而不注意它们与传统形而上学的对应词，则一来不知海氏与传统的联系，不知他的思想在历史中的地位；二来也就容易割裂海氏早期与晚期的思想，使得海氏在后期像一跃而为“先知”。他的一些总结性陈述(says)就成了大家叨叨不休的箴言，人们玩味它、崇仰它，觉得颇有意味。海德格尔毕竟不是诗人，要知道他的“大地”一词是何义，不能靠直悟或诗性的沉思，必须追溯到他的“根据”、“逻辑”、“主体性”、“先验性”理论才行。其三，最为重要的是，将根本失去把握海氏最强调的西方思想的命运的可能性，若没有这种把握，则根本无法达成与它的和谐。而这，正是海德格尔思想的精华。

把海德格尔与美学相联系的重要原因是，海德格尔思想本身与美学有比较亲密的关系。以一般的理论框架的视角来看，海德格尔讲主体主要讲先验主体性，强调主体在实践中获得自己，在创造中实现自己，主体与实践、创造一而二、二而一。为了实现这一点，海德格尔在讲主体的主体性时，把主体的能力从逻辑意义上的理性能力(理智、柏拉图意义上的数理)约减(reduce)到判断，又由判断约减到直观，然后通过对直观的批判，跃到颇有现象学意味的通过对物的通达而达到的“先验”与“经验”的循环。在此，我们看到，海德格尔主体性理论跃进的枢纽是直观。而直观，又被他解释为打开、接受的感受，这不管在感性直观还是他所继承的现象学的本质直观的意义上都在传统意义的感性、理智的分野中偏属于前者所包含的弹性内涵里；在这个解释中，无限通过接受性的主体(此在)而下降为有限事物。在对物(即存在者)的阐述中,海德格尔始终把物当作"世界"中物,即把物置于先验主体性的范围之内对物进行定性;在这个阐述中,物归属于一个由主体打开的境域,同时也是通过一个感性或时间性的存在过程而得以成立。有限物与无限物的关系,是一个包含着那个中介感性环节的时间化整体。而在后期,以《艺术作品的本源》为中心的一系列以诗作、艺术的阐释为基础的论述中,他完全把物当作了作品,把物当成了意义(主要指天、地、神、人)的栖居地。在讲人与物的关系时,海德格尔趋向于一般意义上的物我合一,先验主体通过把自己"播撒"在物中而获得自己的根据,物则通过人开展的"游戏之地"而由"世界进入"的事件成为物。主体和物的关系正如艺术家与作品的关系,不,应当说正如艺术创造过程与作品的关系。于是,海德格尔对上述三大传统理论对象(主体、对象、主—客关系)的看法,比之近代理性主义的模式,明确地揉进了近代以来对于艺术的思考、对于审美现象思考所导致的理性重构,甚至是站在审美的立场上改造认识论以及形而上学的各种主题。

这个特征尤其体现在物我关系上。近代以来的认识论转型,并非对亚里士多德所云的存在论或本体论这样的形而上学进行抛弃,毋宁说正如康德《未来形而上学导论》这个书名所揭示的,是对思想开端的"惊异"旅途的未来目标奠定确定性的基础。在这个奠定中,出现了影响形而上理解的基本结构、基本取向的基本问题,那就是思维与存在同一的问题,这个问题的解决,似乎成了未来形而上学的开启性与引导性问题。传统知识论,包括康德的知识论是建立在主—客两分的认识论基础上的,而这又是以主体对客体的直观开始的,这个开端,要求主体到客体的正确观照，这使观照的方法论（methodology，途径、路子）成了认识论、知识论的核心。海德格尔和黑格尔一样，超出康德把自己限定在主观性中的谨慎，扩展了自己的论域，他深切地领会到德国观念论在这个关系里发现、奠定“自由”的理路，把“方法（method）”改为“路”，改成一个以无碍的感性打开为内涵的自由的生存。主体走在通往客体的路上，直截地说，主体不再站在客体的外面用某种工具去触及客体，而是就是通向客体的路。传统认识论把主体与客体谨慎地区分开来，避免主体的因素影响对客体的观察，而海德格尔则大胆地把主体融入物，并且在融入物中，感受到物的存在过程，感受到存在与存在者各自的亲身，感受到自己作为这个存在与存在者的关系，感受到自己因此作为时间而存在。这个特点，让人从美学的角度来看海德格尔哲学，这比从知识论的角度来看海氏哲学亲切得多。

从海德格尔思想本身的另一个方面来看，海氏思想本身有内在发展。有论者认为存在“海德格尔Ⅰ”和“海德格尔Ⅱ”的区别，认为以《存在与时间》为核心的前期海德格尔思想与 20 世纪 40 年代以后的海德格尔思想有“转折（turn）”的关系。[①] 概言之，虽然海德格尔的哲学精神、关注问题始终是一致的，但他前、后期的观察点确实发生了改变，即前期以研究“此在（Dasein）”——人为中心，力图摒弃传统的主体性概念，以新的存在观来探讨人的生存根据——存在的问题。正是基于前期的成果，他发现真正的核心不在人（海德格尔思想的最终结果是没有中心，所以不能认为核心不在人则在物），而是循着人的“此在

① 参见《给理查森的信》，见陈启伟主编《现代西方哲学论著选读》，北京大学出版社 1992 版。本书中引用的著作、文章，如无特别标注，均为海德格尔作品。

性”走到人之外，主要以物、语言的角度来看世界、研究存在问题。在新的视角下，他的整体语言方式、术语、主题有很大改变，主要涉及诗、语言、思、技术、同一与差异、在路上等问题。在这种情况下，海德格尔的思想便形成了个性鲜明的面貌。

在这个时期中，海氏思想主题是对艺术论与诗的分析，这主要涉及以下几点：

一、海德格尔前期对知识论的批判与真理的解构，从逻辑上必然转向美、艺术与诗的领域。

二、海氏后期思想主要依托对艺术的研究和对一些诗歌的分析来得以阐述。

三、艺术及一些诗篇的内容与海氏思想产生共鸣，对海德格尔思想多有启发，海氏后期哲学中的一些词，如“大地”、“圆舞”等，主要从一些诗作中撷取而来，可以说，一些优秀的诗作把海德格尔托举入一个新的境界。

四、海德格尔后期思想的运作是诗和思的结合。体味海氏此期的思想，可以感觉到其难以一般的理论形态名之，或者说，他的运思充满创作性。比较显著的特征是他后期思想的用词，词和词之间及词所指称的各种含义之间完全融通了，大多数主题词没有固定的含义，或者单个词上同时聚集着积极与消极两方面的含义，要理解它们，很难用理论的标准，只能用对海德格尔思想精神的体会去理解它，通过与它化身同一去把握它，并因它内涵的整体融通性而使理解呈几何级递增。这颇有艺术的呈现特征，它反映了海德格尔思想精神的艺术化、诗化，也即本真的“思”化。

五、海德格尔前期与后期的许多著述中，都明确地把艺术与哲学相提并论，认为艺术与哲学一样，都是对最原始的命运的最本质的体味、回归。在某种意义上，在思维与存在同一的问题中，他把思作为思维一方的立场，因为艺术的感性而能走出，从而把艺术作为存在一方的立场，双方有各自的立场，各有本质的不同。但是，如果双方都能深切地进入到自己的本性和整体里，则各自都有融通对方的能力，所谓“镜像式映照”，但又能合为一体而“亲密”。不过，在这种整体的把握中，我们也能感受到海德格尔作为思想家出于对思想的洞见而反过来对于艺术一方的偏爱。他曾说：“诗的精神本质地高于所有科学中弥漫的精神。”[①]就其把前于他的一切哲学（包括古希腊、巴门尼德）之思都归为形而上学的，即最终是技术本质的，这种说法就把艺术置于至高的地位（《关于技术的追问》一文中有形成此结论之可能性）。当然，他的这种看法与他所具备的天主教精神、青年时代对表现主义诗歌的迷恋以及对尼采思想的研究而有的一种对于德国传统中“理智直观”的亲密有关。这种倾向有时甚至偏离到与非理性色彩仅一步之遥，使之对20世纪30年代的德国纳粹运动颇寄热望，指望可以从两个大国——苏联的辩证唯物主义与美国的分析主义（在他看来，这两种主义都是对哲学的败坏）中把德国拯救出来，重振欧洲——即西方传统（参见《形而上学导论》）。加入纳粹运动，成了他一生的污点，也映照出他思想中自己也未意识到的谬误。倒是他后期还冷静一些，在弘扬艺术精神的同时还批判艺术中的形而上学影响——艺术商业主义、唯意志论艺术观等，使之回归到一个对于思与诗更平衡的看法、回归到

---

① *Introduction to Metaphysics*. trans. by Ralph Manheim. Yale University Press, 1959: 21.

对于艺术更为深入的看法。

总之，海德格尔与许多哲学家，特别是德国浪漫主义以来的哲学家一样，对艺术都寄予热望，都认为艺术是解决人生最终问题的不可避免的、至关重要的途径。美学、艺术论是打通他们自身哲学体系关节的关键。其实，在思想体系中，要解决理性与感性、普遍性与特殊性的结合，需要对于感性知识做超越知识论的理解，从而开辟一个新的境域，这是“美学”这个学科产生的思想史动机，也因此，审美与艺术在思想中起到沟通和融合的作用，西方近代以来思想中多如此构思。将美与艺术赋予这种功能，当然是艺术本身的特质所导致的，伟大的思想家们在艺术的召唤下产生了对艺术本质至深的洞见，这些洞见是美学、艺术哲学成立的基础与发展的动力。当然，在这种激情中，不少思想家也发生了偏颇，这不仅导致了过于简单的结论，也导致了对于艺术尚嫌简单的理解。

当然，海德格尔思想与艺术、美的问题关系密切，但不是把自身同化到传统的艺术看法中去。相反，他改造了传统的美的理论，把美、艺术与真理问题融通起来。我们可以看到，海德格尔在讨论知识论、真理问题以及形而上学问题时，强调对于传统知识论模式的解构；对于传统的主客对立的镜像模式，通过寻找根据的途径，改造成为存在的时间化流动模式。此时，真依赖于自由、依赖于实践，就自由和实践都是感性和敞开来说，真其实就是美；但是在关于艺术的主题讨论中，他又把艺术和真理问题联系起来，强调艺术的形而上学本性，犹如把人的存在与对存在的理解本质地联系在一起一样，艺术的存在也是对于存在的理解，这样，又等于说，美就是真。真就是美，美就是真，因此美与真在整体的存在流行中有了对立统一，即“差异着的亲密”。在这个统一中，海德格尔把美论、艺术论当作另一种形式的真理论，美与艺术也相应地直接关系到知识、判断、生存、存在等问题。因此，理解海德格尔的美与艺术论也应该以他的真理论为基础（包括对传统知识论的批判、真理的重构等），当然，反过来，他的真理论也在美、艺术论中得到充分的阐释与发展。

美学与艺术理论应该以什么为根据才能得到自己真正的构建，这是美学的基本问题。德国观念论关于艺术最强烈的定位，就是把艺术与形而上学的问题联系在一起，从而形成了关于艺术和审美理论的新阶段。这一过程是从席勒开始的，席勒意图通过审美来整合理性和感性的分裂，赋予审美以整体性意义。黑格尔在他的《美学演讲录》里探讨了各种关于艺术和审美的定义（模仿自然说、激发情绪说、更高的实体性的目的说等），最终强调：“要理解艺术的概念，就必须按照艺术的内在必然性来理解。”于是他“把艺术看成是由绝对理念本身生发出来的，并且把艺术的目的看成是绝对本身的感性表现”。[①] 艺术必然与世界的根据联系在一起，这要求美学的主体框架必然与真理问题有关。如何处理与真理问题的关系，是美学理论构建的难点。它或为真理理论的延伸，或为它的转变，或为它的补充。思想史上，也有多种解决真、善、美问题的思想，但仍然留有很大的讨论空间。

康德提出了先验哲学并达到很高的高度，但其纯粹理性的批判，在其在世，即引起了争议和补充，这其中有莱茵霍尔德、费希特等人不

① 黑格尔：《美学》第一卷，朱光潜译，商务印书馆 1979 版，第 87 页。因为《美学》由黑格尔的学生根据不同次课程笔记整理，故黑格尔关于艺术是“理念的感性显现”这个格言，是否出于本人所说有争议。

同程度的努力，如果对照后面思想的发展如黑格尔、尼采、海德格尔等，也有可以商榷和改造之处。对于美学的构建来说，有些问题值得讨论，例如：

一、虽然认识到经验中的概念、规律因素有先验的根据，但仍然以经验中的概念、规律分类与内容为纲，来模拟先验理性的分类与内容，提出纯粹知性，客观上让经验的内容渗入了先验性，并易使人把先验理性与知性混淆。另一方面又使经验感性被抽象而得以整体虚化，客观上容许了以知性代感性的可能性。

二、在强调对人的有限性的超越中，康德提出了“先验演绎”，即使知识真理可能的根据。但他在真理的领域内，只把知识演绎到认识主体，在“美”与“善”的领域中，才试图去解决主体中超越认识主体的部分，以完成先验主体的建构。就“真”的领域来说，虽然自成系统，但根据的演绎没有真正完成，且在某种意义上，切断了演绎的继续。这有可能使人把整个先验哲学理解为认识的主体性哲学。

三、虽然康德自己意识到其“三大批判”整体才是真正、全面的“纯粹理性批判”，也在“第三批判”中通过对艺术、美的问题的研究而达到一种对于整体性的触摸。但他在三者融通的关键“判断”这一问题上，把判断分为知性判断与审美判断（或云规定性判断与反思判断）等，区分真善美的不同领域固然有助于体系的完美以及各领域的严密，但也在各领域中排除了其他视角和内涵，堵塞了三者合一的可能性，同时又把善、美以真为坐标设立起来。

应该说，很多思想家都能感受到真、善、美三者有密切的关系，但是，由于没有清楚地认识到三者所在的有限性领域（人的世界）与作为有限性和无限性关系的先验性领域的关系，所以三者中每一者都没有很好地上升到先验性根据。真，总是在知识论范围内，善，总是在社会关系范围内，美，总是在艺术和审美经验领域，并且理论常以三者中的一者为核心，把其他两者附属其上。就美学领域来说，美始终主要在对真的归附与反叛中挣扎着。一方面，美总是摆脱不了与终极，即存在者的存在的关系，由于对终极的考虑总是真理问题，而真理问题又常被知性知识论束缚着；另一方面，艺术与终极的内在联系又总使艺术要超越知识论的真，从而在另一个维度上与真发生替换与交互关系。

柏拉图是西方形而上学的创立者。他在现实中感受到现象的根据是先验的，但他提出的作为根据的“理念”是静止的，因而难免是现象的抽象，没有摆脱知性—感性对立的樊篱。于是有了现实对理念的模仿，进而有了艺术是模仿的模仿的观念。但他的模仿论中本身就有不可解决的矛盾，他的艺术论中也有“迷狂”说与“模仿”说的矛盾。他的整个体系中有美与艺术论的脱节，即他一方面认为美是与真、善的合一，真的就是善的，也是美好的；可另一方面却把主要的审美领域——艺术当作次现实一等、差真理两层的东西(关于这一点，海德格尔又别有解释，参看第五章第一节)。

尼采自称是西方形而上学的终结者，他认为存在者是围绕权力意志的永恒轮回，作为核心的权力意志本质上是艺术精神，而所谓真，不过是轮回者的幻影、意识形态而已。于是他说：“艺术比真理更有价值。”[①]艺术就是生命，是一切的创生源力与创生过程。在把握现实的创生过程（即先验性）这一点上他是有洞见的，在破坏现实事物的坚固的“本体”上他的理论有很大价值。但是，他没有始终贯彻他其实也认识到的创生与既成之间（即先验与经验之间）的互动、融通关系，把既成经验世界仅仅看作权力意志所用的“价值”，归根结底仍把权力意志当成了可以脱离经验世界的东西，其实抛弃了真正的感性。

在柏拉图与尼采之间的思想家们也各有自己的问题。如美学的创立者鲍姆加通一方面承认感性是比知性更低级的认识形式，另一方面却努力在感性中寻找其独立的价值，把它当作特殊的思维方式。但他终究把自己囿于知性的范围内，对于知性之外的两极：理性与感性还没有做更进一步的建构，其“美学”虽然一方面提出了感性独特的规律，开启了一个新的思想世界，但另一方面也不免囿于理性主义体系，对这个因为感性的发现而有可能改造整个理性世界的新的前景止步不前。

大量艺术理论或者审美理论家都难以突破传统的知性思维方式，他们关于“鉴赏”、“趣味”、“修辞”、“教化”等的思考，都体现了自己的局限和自己的敏感力。康德是“最早明确地提出知性与理性的区别的人”（黑格尔），“理性”的突出，已表明他的思想范域已经突破知性在思想潜意识里的藩篱。[②] 在关于审美与艺术的理论中，他以反思判断来触摸现象的整体性，以“合目的性”作现象的根据，直接指向一种不同于知性知识主观先验性的体现对象整体性的先验性，并试图来沟通

① 弗里德里希·尼采：《权力意志——重估一切价值的尝试》，张念东、凌素心译，商务印书馆1991版，第444页。

② 黑格尔：《小逻辑》，贺麟译，商务印书馆1980版，第127页。

真、善、美不同的领域。但如前述，他的思想主体仍有可商榷之处，其真正的深度掩藏在传统形而上学意味甚浓的形式之下。

鲍桑葵的《美学史》开篇曾言及美学中美的哲学见解与艺术实践、具体美感的区分。前面所述的美学建构中美与真的关系的这个难点，一直存在于美学史中。一方面哲学美学家们从自己以真理论为基点的体系出发，以演绎的方式对美制定出冷峻的规定；另一方面是艺术家们在作品中表达出的体悟无法上升到哲学理论高度来进行阐述。要使“美”摆脱两难，就要解决艺术与哲学的关系、解决“美”与“真”的关系，根本上解决真、善、美之间的原始统一体的阐明问题。

在海德格尔的思想中，我们可以看到关于这些问题的一份答案。海德格尔完全打破了哲学与美学的分野、打破了创造（实践）和理论的分野，在两种领域合一中建立了他的思与诗、他的世界结构与主体结构，在建立哲学的同时建立了美学，对解决真与美的关系做了尝试。本书试图通过阐述这些内容，对美学基本问题的解答提供一份参考。

第二节　海德格尔思想概观

海德格尔的思想之路大致可以20世纪30、40年代为界，分为前、后两期。前期主要对以知识论为中心的西方传统形而上学进行“解构”，将之从知性知识的真理转换到人（此在）的生存真理，由此上升到先验主体性。后期则由从先验主体性讲世界、讲存在者转换为从世界讲人、讲物。把人的知识能力——思、语言、诗，转化为整体先验性的属性，而不看成人的属性。最后他在先验性与现象的本质互属、先验性诸维度——天、地、神、人，在物的居寓上本质互属，在世界所有要素互相开放与自我建筑中提出了“浑成（ereignis）”概念。后期思想的发展使海德格尔在传统的理论术语中感到羁绊与不足，他甚至放弃理论本身，这种内质深度变化使海氏著作风格一变，也昭示了他的思想由驳杂走向精纯。

一、海德格尔前期的主要思想

有多种因素把海德格尔引向存在之思（参见《我的现象学之路》《致理查森的信》等文自述）。从《存在与时间》进入还是有点突兀，因为这本著作的术语离传统哲学在表面上还是远了些，其脉络推进跳跃性也大。这本著作前后的《现象学的基本问题》、《康德与形而上学问题》及《从莱布尼茨出发的逻辑的形而上学基础》倒是可以帮助我们了解由传统形而上学到《存在与时间》的进步。它们充分继承了传统哲学留下的主题并加以“解构”，使之复回到更为原始的问题上，并在传统哲学的基础上，得出更为深刻的解答。

人是求知的动物，人的求知始于惊讶，人们追求世间物的本身，即它们的存在，最终去追求存在——至高立法者、创造者，为了人自身也能如它本身(即人真正的存在意义)一样地生存。因此人有知识论、有神学、有伦理学、有艺术。在早期的希腊哲学中，上述几类知识分野并未将真、善、美分别担任在各自肩上，而是每一个都同时担当着真、善、美。如事物的本身就是真的，也就是对的，当然是美好的；人符合正义的生活，就是本真地如己本是的生活，就是幸福的生活，就是美的(参见柏拉图《理想国》)。将真、善、美分开根源在于“真”的首先被挖取，而这又取决于知性从理性——感性的维度中赘生。总而言之，对物本身，进而到对存在的追求，是人类开始历史的根本动力，但是，“曾经以思的至高努力从现象那里争得的东西，早已变得微不足道了”。[1] 从亚里士多德起，因对现象惊讶产生的对存在者本身同时必然是对存在的思考分开了，一成了物理学、逻辑学，一成了形而上学，而形而上学将存在论变成了实体论(也就是德里达所谓“逻各斯中心主义”所产生的那个东西：Oysia，substance)，“存在”变得难以捉摸。尔后，存在与实体的关系又被作为创造者的上帝与作为被造者的存在者的关系所代替；再然后是科学的兴起，“存在”彻底被抛开了。

海德格尔要复兴存在问题，并非是出于原教旨主义式的考虑，如果近现代知识论把一切解决得很妥帖，当然没有必要多此一举。然而

---

① 《存在与时间》，陈嘉映、王庆节译，生活·读书·新知三联书店 1987 版，第 3 页。

事情并非如此。世纪之交，整个欧洲曾经陷入一种科学与哲学的“危机”中。为什么人们在科学昌明的今天，仍然总有些难以压抑的骚动不安呢？其实知识论发展到海德格尔的时候，已经走到了它的极限，到了要超越、回复的边缘，比如现象学对于知识论已经做好了突破的准备。胡塞尔以现象学描述为方法，追求一切知识的确定性基础，他的“走向事物本身”的口号为海德格尔所取，作为自己前进的路标（参见《致理查森的信》《存在与时间·导论》等）。不过海德格尔在自明性这个最后基础之后，还发现了基础。“为什么有物，而不是无？”（参见《形而上学导论》《什么是形而上学》等文）这个问题把思想推进到“有—无”的维度，“有”作为真理的根据，还需要根据，而这涉及创生问题，涉及神学问题，也就涉及存在问题。这样，他把由于哲学史的发展而导致的“存在者的存在”这一说法中神秘的两重性（“存在者”的存在与存在者的“存在”）在“实体”概念中的合一又分了开来，把“存在”与“本质”的问题凸现了出来，提出了存在问题的必要性，并最终把“本质”归属于“存在”，试图复兴被知识论取代的形而上学。

海德格尔从研究“有”入手，即从知识论的核心：存在者的存在—实体入手。传统认为对象事物的实在是知识的根据，它导致真理，真理是知识与实在的符合，它是真的判断。但是，真的判断如何可能？即认识与实在的符合如何可能？海德格尔从两条路解决这个问题，一是通过研究逻辑。逻辑的核心是判断理论，如莱布尼茨的逻辑理论认为真的判断是主词对谓词的“包容（include）”。谓词通过推导，与主词同一，同一律是逻辑的根本规则。而海德格尔认为，“同一”就是自明的物的直观，它仍需要根据，故充足理由律才是逻辑的基本律，“根据”

是首要的。人的判断要有根据，必须先在地对认识对象本身(存在者的存在)达到了解。于是(康德的)主体先验性是命题真理的根据，是主观知识与实在符合的根据。二是通过分析符合论，他指出经验世界的主客关系，必须以先在的主客合一 的"揭示"即"让……在"为先在条件，即以先验性为条件。

什么是先验性？海氏认为先验性即在对存在者的认识之前对它的存在本身的理解，即对存在的理解。"存在的理解"是前期海德格尔的核心概念。存在的理解导致认识主体超出自我，在理解存在的前提下理解存在者，同时给自己定位，认识自己，这样的先验性就是人的本质生存状态。对人的生存的研究就是研究一般存在与各种存在者的关键。

故海德格尔把本体论区分为一般本体论(存在论)、区域本体论(知识论)、基本本体论(生存论)。

海德格尔提出，人的先验性是"出窍(ecstasy)"，"出窍"使人超越在主—客对立中的自我，达到"存在的理解"。尤为重要的是，与此同时人也达到知识，即现象或世间之物。世间之物的达到必须以"存在的理解"为前提，但"存在的理解"并不是可以停留在半空的东西，[1]它必须同时"播撒(dissemination，Zerstreuung)"。[2] 在世间之物中，使物如其本身而存在，产生"正确"的陈述，即现象、经验。所以，生存—先验性—出窍是一种循环往复的过程，是传统意义上的先验—超经验与经验的结合。这个生存的循环往复是海氏"人在世界中存在"这个命

① 《真理的本质》，见 *Basic Writtings*. ed. by David Farrell Kreil. Harper & Row，1977：131.

② *The Metaphysical Foundations of Logic*. trans. by Michael Heim. Indiana University Press，1984：138.

题的核心。

海德格尔认为，人在世界中，总是“伴物而在”、“伴他人而在”，总是处在整体关系中。人与存在者都在整体关系中得到定位，在互相属于的关系中各为自己的本身而在，即合自身的目的存在，合自身的根据而在。世界是关系整体，每个存在者都处在一定的关系之中，在不同的关系体中展示自己的存在，这些周围关系，是每个存在者存在的“境域（horizon）”，整体境域就是世界。

世界是存在者整体。这个整体世界就是人生存而要去达到的东西；达到存在的理解，即达到整体，同时又达到整体中的存在者和人自身。世界来自先验性，来自生存。世界以外的东西毫无意义。一切都与世界关系着，包括作为最高存在者的存在、包括物自身，它们虽然在经验世界即知识之外，但仍在世界的动态结构中，从而也都在主体先验性的结构中，所有问题都可在这个范围内解决。因此设想有世界之外的东西没有任何意义，无论怎么设想还是在世界之中。海德格尔的“存在”，既非指哪个最高存在者，也非指一般的存在者，而是指由生成过程体现出的“本体论的差异”（人与存在的差异，存在与存在者的差异），它就是在动态中的“世界”，也就是“存在的理解”所导致的最根本的那个“发生”本身。

正因为经验世界后面有这样的背景，所以经验世界中的基本结构维度——时间、空间，也都是先验性生产在经验世界中的痕迹。时、空是世界中物得以在世界中存在、来到世界上的过程。为区别于经验的时、空，海德格尔把作为这一过程的时、空命名为“时间性”、“空间性”，以表明它们与经验时、空之间原始与派生的关系。海氏指出，世间有物，必须经过主体先验性，经过循环过程，经过这而有那，这就规定了基本的空间维度；而从动态上说，这么一个过程就是时间性。（时间、空间其实是同一的，不过海氏更强调讲过程，故主要讲“时间性”。）故而主体先验性就是“此在”，此在之“此”包含基本的空间意义，但同时也包含基本时间意义。因为“此在”总是“出窍”的，超越性的，故而“此在”也有“到那”的含义。[①]

先验性此在、“出窍”、时间性等，根本没有一个主体来掌握它们，好像它们是这主体的性质一样。时间性自身时间性化（temporalizing），即时间性自身就是实现的（时间性化），如果说一定要有什么来描述它们的话，那就是“有”（作动词用，es gibt, there is），它们的主体就是那个不是任何世间物的“无”。[②]

在海德格尔那里，这个“无”不是虚无主义的空洞的虚无，它倒是类似中国的“无极”，是最原始的差异与同一，是“亲密的区分”。如果把先验性当作是人的角度，那么它就是“存在的理解”，是存在和理解的亲密的区分。“存在”和“理解”都从这里得到定位。

在世界中存在的人是“此在”，“此在”总是既达到世界又到达世界之中，故在经验世界中，人总是和他物、他人关系着，人有意向性，而知识中的意向性来自先验性，先验性就是生存；生存—生命比在主—客关系中的理智更原始。生命是情感、理智等一切人之所属的统一体，是先验性、时间性。时间性自己时间性化，人也是自己的种种现实性

① 《真理的本质》，见 *Basic Writtings*. ed. by David Farrell Kreil. Harper & Row, 1977：126.

② *The Metaphysical Foundations of Logic*. trans. by Michael Heim. Indiana University Press, 1984：204. 又《语言的本质》一文中讲“time times(die zeit zeitigt)”，见 *On the Way to Language*. trans. by Peter D. Hertz. Harper & Row, 1971：106.

状，就是一切向着世界的关系（情感、理智等等）本身，人就是到事物本身的“到”，人就是通向事物本身的路，人就是他的一切能力，一切能力都是路。而这路的特征是如何呢？它是向着存在者的，又是超越存在者向着存在者整体从而对存在进行理解的；它是向着存在者整体的，同时又是回到存在者的，当然，也同时是回到自身的，这条路是“向前”又“回来”的。海德格尔这样描述“思”，同时也是这样描述人。人就是“在路上”，当路是向着存在的方向，它就是理性；当路向着存在者的方向，它就是感性。路只一条，理性、感性合一。

海德格尔认为，人这条路是存在“抛”出的，人被抛，被抛向世界中，被抛向经验中。但人在被抛中仍有与抛者的关系，故可以筹划，这就是“自由”。但人总是被抛的，被抛入与物的关系中，这就是约束、“必然性”。“必然性”包括在“自由”中，自由就是出窍，就是“让在”，就是真理的本质，是一切命题真（正确）的根据。

人这条路是由存在出发走向存在者的路。存在者经过这条路来到世间，显示自身（真与美），故生存本身就是揭示性的；此在是存在者进入世界的入口；此在展开，把世间存在者引入光明中，故它是“解蔽（aletheia）”，是最原始的真理，也是艺术，它是经验真理（命题、判断）的源泉。

海德格尔进一步指出，此在作为入口，必须是“赤贫的”、“无力的（powerless）”，但它一旦有了自己，也就有了主动性，因此，也就可能遮蔽，“假”就这样产生了。[1] 主动性的妄为的根本表现是封闭的自我意

---

① *The Metaphysical Foundations of Logic*. trans. by Michael Heim. Indiana University Press, 1984：215. 又见《论人道主义的信》。

识，路静止了，有了一个跳出在外的自我，他“看”世界，有了“世界观”，这是一切形而上学的本质。这个“看”，当它受向上的力量的影响时，它就抽象成概念；当它受向下方向的影响时，它就迷失、解体成感觉。“看”将世界当作一个“我的”景观了，它产生知性，这是“沉沦”，“沉沦”是在世界中的迷失，是只被抛而没有自由的拘泥于物，当然反过来也就是拘泥于己。沉沦产生“看”的关系，分割了先验性，僵化了时间性。“看”把一切物都当成外的，在一个平面中的，于是它真正地虚无了物，是欧洲虚无主义的根本原因。

二、海德格尔后期的主要思想

海德格尔后期思想有了发展，发展是对前期思想的深度挖掘，并非是对它的拒绝。可以说，正是海德格尔前期对主体先验性的阐述，导致了通过一种更深刻的主体性达到“非人道主义”（参见《论人道主义的信》）的立场。

正因为主体先验性不是经验的人的一种性质，相反经验的人倒是它的所属。所以，真正的主动者是这先验性。先验性就是超验与经验的循环，整体与部分的循环，人不过是这一大循环的用具。由是，前期因以“人”为阐述视角导致的人与存在的差异与同一，[1]转换成了存在与存在者的差异与同一，即根本的“有有（Being is）”的问题。[2]

---

① 见《形而上学的本体—神学—逻辑的本性》阐述 being 与 existence 的差异的一段。*Essays in Metaphysics*: *Identity and Difference*. trans. by Kurt F. Leidecker. Philosophical Library Inc, 1960: 54—59.

② *What Is Called Thinking*?. trans. by J. Glenn Gray. Harper & Row, 1968: 171, 172, 180, 197.

标明这视角转变的是这样两个变化：第一，明确地把“非真”也当作真理本质的必然要素（参见《真理的本质》），非真属于先验性的循环中的必然结果。海氏前期多少有些偏颇，单面地把真理定为“解蔽”，现在真理是掩蔽（concealment）与解蔽的互动过程。解蔽—整体必然会产生掩蔽—特殊。再进一步，由于解蔽的结果必然是特殊，相对而言，整体又总有拒绝、收缩的成分，又是掩蔽。由是又有了解蔽—特殊与掩蔽—整体的关系。和海德格尔后期的许多术语一样，解蔽、掩蔽没有固定的褒贬意向，甚至没有固定的意义指称，它们都表示“Being is”这条路的向前与向后两个方向。第二，“此在”的泛化。后期思想中，“此在”少有用及人，人由“此在”换名为“有死者（mortals）”的同时，一切存在者都变为此在。一切存在者都有存在在其中，它们都是“单子”，都具有“意志”。“有有（Being is）”，也就是一个动态的“有（There is，es gibt）”，是最根本的动力与根据。它就是一切存在者的本质，故而也就是一切存在者的“本身”，即是真理。真理的本质是唯一的，真理的理念是唯一的，它的发端与“撕裂”就产生了“历史”，产生了“世界”。这就从根本上破除了一一对应的符合论。

“Being is”中的“亲密的区分”在互相“座架（enframe、gestall）”着，当然同时也互相开展着。[①] “座架”表示互相对象化、互相投射和建构，正如“掩蔽”一样，它并非是单义、单性的词。“座架”两端有了天和地，有了人和神，也有了天、地、神、人与经验—物的对立与融通。在根本的差异的轴心上，有了建筑与开展，这一融通、传递与建立、自持导致了

---

① 《关于技术的问题》，见 *The Question Concerning Technology and Other Essays*. trans. By William Lovitt. Harper & Row，1977：20.

一巨大的"映射游戏(mirror-play)"的"圆舞(round dance)"。[①]

"存在"这一根本的问题已因这一过程中的阐述而融入"差异"中。作为最普遍存在者的存在观念不过是路的建筑方向上的结果,建筑与解体的互动使人不必一再单面地、追根问底地跌入"深渊(abyss, Abground,根据的缺失)",而是在循环中于相反的方向上找到了根据(ground)。[②] 路是环状的,故而它也不是这个形象性的词所易引起的我们习惯性的想象那样一条条的,毋宁说它是全景的。这个互动的全景就是"浑成(ereignis)",[③]相对于一切在其中的舞蹈与游戏来说,它就是"林间空地(澄明,die Lichtung)",[④]从这个意义上说,它又是一种"解蔽",它与技术的"掩蔽"相对,在这里,解蔽与掩蔽的关系倒是有固定褒贬的。

海德格尔以为,根本的差异之间的关系对应于根本的发生。正如摩擦生火一样,它泄露了"光"是"显明",也就是最根本的"道(saying, Sage)"(海氏自译为中国的"道")。这正是语言的本质,语言不是人的

---

① 《物》,见 *Poetry, Language, Thought*. trans. by Albert Hofstadter. Harper & Row, 1975: 180(2001: 178).

② *The Metaphysical Foundations of Logic*. trans. by Michael Heim. Indiana University Press, 1984: 182.

③ 《关于技术的问题》,见 *The Question Concerning Technology and Other Essays*. trans. By William Lovitt. Harper & Row, 1977: 38. 并参见本页页下英译注。又见《语言的本质》讲"occurrence, ereignis",见 *On the Way to Language*. trans. by Peter D. Hertz. Harper & Row, 1971: 90 (中译:孙周兴,商务印书馆,1999 版,第 163 页)。本词本意"发生",中译多有不同理解,又参考王庆节《也谈海德格尔"Ereignis"的中文翻译和理解》,见《世界哲学》2003 年第 4 期。

④ 《存在与时间》,陈嘉映、王庆节译,生活·读书·新知三联书店 1987 版,第 163 页。又见《哲学的终结与思想的任务》中有关于"澄明"这个主题的后期论述,其中说:"我们把具有可能的让显示的打开称为'澄明 clearing'。在语言历史上,德语的 lichtung 是源自对法语 clairiere 的翻译。它的形成是附和于更古老的词'waldung 植林'与'feldung 布置'一起的。"见 *Basic Writtings*. ed. by David Farrell Kreil. Harper & Row, 1977: 441.

能力，而是差异的差异性。[1] 人要说话只能先“听”后说，语言本性上是“无声”的。但是人的物质性说话，作为经验的本质，也是不可缺少的，它是建筑的本质要素。人说话，是生成到凝固的过程，是“收集(logos)”的过程。它通过“词”来形成物，故“词破碎处无物存在”。[2] 如果真理通过语言来显示，则追求真理就只能“通过语言(dialogoes)”，这才是真正的“辩证法”，一般所谓“辩证法”总是容易成为“路”的两个方向在经验中的痕迹间的诡辩的关系。“辩证法”本质上是“通过语言之路”。

海德格尔强调，一切都在转让、传递中自我建立，故而一切都互相是“栖居”关系。类比于诗人之作诗(诗人与诗互相建立)，这个关系是“诗意的”，“人诗意地栖居”不是一般意义上的陈述，“人”、“诗意的”、“栖居”意义相同。此言不过是不断地重复。

“思”当然也如语言一样，是“差异”的产物。差异呼唤着思、发动着思、牵引着思，使思成为一条路；或云“差异”本身就是思，就是路。思的成品是物，是知识。思将“差异”栖居于物上，思也将自己栖居于物上，思通过物向“差异”供奉、回忆、走回。[3] 同理，思也通过向差异走回而产生物。

在后期，海德格尔在发展、阐发自己思想的深意时，同时把前期对传统形而上学的批判的深意进一步阐发了。形而上学式的“看”归根

---

① 《走向语言之途》，见 *On the Way to Language*. trans. by Peter D. Hertz. Harper & Row, 1971: 123.

② 《语言的本质》一文中引用斯退芬·格奥尔格的诗《词语》，见 *On the Way to Language*. trans. by Peter D. Hertz. Harper & Row, 1971: 60.

③ *What Is Called Thinking*?. trans. by J. Glenn Gray. Harper & Row, 1968: 145—146.

结底来自“意志”的本性，也就是来自生命、生存的本性，当然也是来自“差异”的本性。在建筑与消灭的路的两个方向上，建筑这个方向总是要自我保护的，于是总是把别的东西放在自己外面，把它们设立为自己的“价值”。一切外在的东西，不过是价值而已，不是什么固定的实体与真理，这是海德格尔得自尼采的；但如此，则设立价值的意志本身就是掩蔽的，于是也是要批判的，这是海德格尔批判尼采的地方（参见《尼采之言：上帝已死》）。这一批判根本否定了一切可以固定不变的东西，包括“存在”、“神”。当然，从“建立”与“融通” 结合来说，海德格尔又承认一切固定不变的东西。海德格尔根本的思想精华是去掉一切单面的思维方式，去掉在路上的任何方向的执著，而把握路本身的全景。

在海德格尔眼中，正因为价值设立是单面的，它是“座架”方向的无度张狂。形而上学、科学、技术的本质都是单面的，没有达到先验性的全景，对技术的批判不是海德格尔后期的新话题，它是海德格尔思想从一开始就面临的问题。

既然，意志—看—座架是单面的，发展到极致是抽象的，故而它是数理的，是一切生命的“量”化。但这又是“浑成”得以实现的要素的一方面。在此意义上，技术的本质不是人为的，它是命运所定的。存在的天命创生了一切，它创生了真理，也创生了非真。技术也是根本性的展示过程的产物。它也是一种展示方式，不过是单面的方式而已。路既然是“全景”，所以也就需要每一个单面。正因为如此，海德格尔认为技术的本质中就有拯救力量。只要把座架中僵化的东西激活，把传统的“本质”（抽象僵立）变成那本质的本质——存在，使单面回复双面，那么技术就可以被拯救，僵化的技术就又成了运行不息的先验性，就成了原始性的技艺——艺术。

按海德格尔后期的思想观点，艺术就是“存在”的过程，艺术家只有把自己融身于艺术，把自己艺术性地化为创造过程，把自己同时播撒进作品中，才能获得自己的本质。审美亦然。审美的无功利性在艺术家、艺术品的自身的合目的性的存在中是一种投入整个生命的大功利，当然也是脱离了经验座架的、主—客分立的经验功利的先验性的无功利。艺术使生命生命化、先验化，是真正理性的。艺术品就是物，就是词。艺术品的物性实现于让艺术品内容的展现中，它的物性栖居于内容中(参见《艺术作品的本源》)。艺术品的形式，是运动的艺术性的自然充实而非限定。艺术品不是封闭的，但也不是无形式的散乱，前者过分强调优美，后者过分强调崇高。如果“古典的”表示崇高与优美的统一，表示两种方向的斗争的同一，表示一种充足的流光溢彩，那么海德格尔愿意把真正的艺术风格依尼采而称为“古典的”。[①]

真正的人是那种根深蒂固地执著于私的人性的“死去”，“死者”将通过沉沉黑夜的置换，在新的黎明中再生(复活)。[②] “死”、“有死者”承接了前期的“死”与“时间性”。

以上概述了海德格尔的基本思想。要注意的是海德格尔思想中用词的整体性，不仅要看到一个个的主题，而且要看到所有主题的贯通，只有这样，才不会在海氏各种著述中迷失。基本上，海德格尔要倡导新的形而上学的、艺术的、先验性的、走在路上的、诗思合一的全景

---

① *Nietzsche Vol*. 1 *The Will to Power*. trans. by David Farrell Krell. Routledge, 1981：125.

② 《诗中的语言》，见 *On the Way to Language*. trans. by Peter D. Hertz. Harper & Row, 1971：185—186.

式思维方式。在这里面，先验与经验互属，自持与开放互属，理性与感性互属，灵魂与肉体互属，艺术与哲学互属，美与真互属。先验性就是生存、就是本质、就是存在、就是出窍、就是播撒、就是自由、就是艺术、就是真理、就是真正的善的人生等等，而这一切，又由于天命的展示方式有其自我理由地差异着，它们互为邻居，既远且近。西方思想知性知识论有一个比较典型的隐喻——“镜”，即真理是一种本质与现象的符合，海德格尔的理论是着力于打破这面“镜子”的，但是他结构了知性知识论以后，并没有抛弃“真理”问题，而是把真理问题与艺术问题结合起来，以一种诗的方式重新建构了真理，此时的真理表现为各种建构互相传输的圆舞。

了解了海德格尔思想的全景之后，我们可以更加微观地进入一些他的主题性论述，追寻他思想的发展与展开线索，理解他关于艺术与真理关系的新的看法。

第一章　判断与直观中的纯粹感性:存在的打开

第一节　在康德知识论中寻找存在与时间的突破口

一、时间问题显明康德的引导性

海德格尔在讲到自己的哲学之路时，主要提亚里士多德的存在问题和胡塞尔的现象学对自己的影响。[①] 可是，综观他思想展开的结构可以看到，他的哲学、特别是前期思想却主要是在与康德哲学对话的基础上架构起来的（海德格尔曾是新康德主义者李凯尔特的学生）。可以说，存在问题是他思想的终极引导，现象学对他而言始终是一方法，而他的思想的关节，如主体性问题、根据问题，世界、自由等等，都跟康德哲学进行了对话；更重要的是，他的思想，有在跟康德思想对话中继续推进的意义。海德格尔对康德是很推崇的，他的著作中到处可见对康德的赞扬，他说："康德的著作导向了西方形而上学的最后转折。"[②]当然，海德格尔就是以完成这个转折为己任的。同时，海德格尔也总在自己思想中的关键性突破点时提到康德，明确自己对于康德的进步。虽然海德格尔思想是在与各大哲学家进行多方面比较中凸显自己的特征与进步，但他与康德的比较在前期一直是比较突出、关键的。《存在与时间》未出版的第二部分，核心内容是讲康德的。[③] 后来又马上出版了《康德与形而上学问题》作为补充，可见海德格尔很重视

① 《给理查森的信》，见陈启伟主编《现代西方哲学论著选读》，北京大学出版社 1992 版。

② 《真理的本质》，见 *Basic Writtings*. ed. by David Farrell Kreil. Harper & Row，1977：139.

③ 《存在与时间》，陈嘉映、王庆节译，生活・读书・新知三联书店 1987 版，第 49 页。

康德哲学对于自己思想的支持。

确实，海德格尔是现象学的信徒，但他对于现象学的突破和应用，则是从康德那儿找到了钥匙。现象学"回到事物本身"，推进了知识论对"确定性"的追求，它的"意向性"、"范畴直观"，以及对"先天（a priori）"的深刻阐述，后来都成了海德格尔思想的核心成分。然而，胡塞尔虽然对现象中的意识结构进行了精辟分析，但最终没有对意识结构行为最终的动力即"发生"进行探索，现象学从根本上置于一种"给定"之上，其根据到此为止。承认被给定或不追究，是对"自明性"承认的态度。海德格尔却不满足于此，在他早期的《时间概念的历史导论》中，他表示了他更关注世界如何"显现（appresents）"物，而非如胡塞尔那样认为知觉物的"亲身的表现（bodily presence）"是最原始的了。其中"显现"一词借自《观念 II》，正因为它有时间性内涵。[①] 一个"时间性"反映了海氏对现象学基本维度的突破，即从 being 的已被给，到 Being is（There is，es gibt）给的根据。他说："对于胡塞尔，现象学的还原（reduction）……是引导现象学观察从裹缠于人与物的世界中的人类的自然态度，走回意识的先验性生命和意向活动——意向对象（noetic-noematic）经验的方法，在这经验中，对象作为意识的相关物而被结构。对于我，现象学还原意味着：引导现象学的观察从对一存在者的理解，无论哪种理解，回到对此存在者的存在的理解上去。"[②]"回到事物本身"对胡塞尔是目的，对海德格尔而言，则仅是走在整个哲学之路上的

---

① Theodore Kisiel. *On the Way to Being and Time*：*Introduction to the Translation of Heidegger's Prolegomena zur Geschichte des Zeitbegriffs*. Research in Phenomenology XV，1985：195. 又见"译者前言"，*History of the Concept of Time*：*Prolegomena*. trans. by Theodore Kisiel. Indiana University Press，1985：xvi.

② 转引自 *Critical Assessments*（*vol*. II）. ed. by Christopher Macann. Routledge，1992.

路标。当然，这一突破的关键是作为存在者与存在（存在者的根据）之间关系上，海氏以时间性意谓之。尽管胡塞尔也讲时间，但他是把它当成一种内在意识来讲的。海德格尔的时间性观念，更根源地来自、发展于康德（的“纯粹感性”），一部《康德与形而上学问题》主要就是这个主题。现象学对海德格尔的影响是很深的，但就其思想整体境界、范域来说，康德的影响更加大，在他思想的前期，与康德的比较勾勒出了西方哲学史从康德到海德格尔的发展线索，对我们把握海德格尔思想有提纲挈领之效。

在《存在与时间》中，海德格尔表述了自己的这个工作思路。他说：“在一般存在论的历史发展过程中，对存在的解释究竟是否以及在何种程度上曾经或至少曾能够同时间现象专题地结合在一起？……曾经向时间性这一维度探索了一程的第一人与唯一的人……是康德。”在海德格尔这里，时间性是他对于世界的本体——存在思考的最重要的发现，即存在是时间性的，时间性标识了存在的最基本特征。时间性意味着存在是动态的，是无限与有限之间的复杂交流，是有限世界种种现象的之所以存在，以及它们为何具有这种形态的根源，也就是说，时间，是存在的所有秘密的聚集点。海德格尔认为，这个秘密，只有康德曾经触摸到了，康德在研究人类的知识如何产生的时候，特别是在他体现这一研究主体的《纯粹理性批判》里，发现在人的认识中，时间是人类知识的第一个最原始的界面（出发点），并且是知识形成结果时最重要的影响因素。这一发现，让海德格尔充分重视以及把握住了，并且做了很大的发展，成了自己早期思想的最基本维度。按照海德格尔的思路，存在，离不开“此在”对于存在的呈现，存在是和人—主体最核心相关的。所以，存在问题应该通过此在的结构与性质而得到自己运行模式的展现。而“此在”，最根本的是时间性，即人作为人的一种有限性的基本标识。海德格尔就要重视“时间和‘我思’之间的决定性联系”，把阐明此在中时间性的作用和意义，作为存在论最基本的工作。

是康德，在知识论中发现了时间，暗示了此在的时间性或有限性本性，并且还初步阐述了时间性对于此在在形成知识中所引发的知识分层、主客对立、情理分离等的影响。于是，康德的知识论对于海德格尔，就具有本体论意义。

但是，康德终究没有在存在论高度上解开知识论的意义，也没有解开时间性的秘密。海德格尔说，“康德终究无法窥时间问题的堂奥”。因为康德，“一是存在问题一般地被耽误了……根本没有人对主体之为主体的情况事先做过存在论分析……另一些因素在于：尽管康德已经把时间现象划归到主体方面，但他对时间的分析仍然还以流传下来的对时间的通俗领悟为准，这就使康德毕竟不能把‘先验的时间规定’这一现象在其自身的结构和功能中清理出来”。[①] 也就是说，康德仅仅就知识而谈知识，没有看到知识论其实就是有限的世界如何存在的理论，没有看到知识论其实就是有限时间的关节点——“此在”的内在结构的理论。如果把视野放到这个维度，那么，对于知识论里面的主要问题，特别是康德在知识论里讲述的时间（与此连带的核心问题有感性、想象力、图型论等），就能突破“通俗领悟”，打开一个新的世界，能够看到“主体之为主体”正在于主体是有限与无限的沟通桥梁，

---

① 《存在与时间》，陈嘉映、王庆节译，生活·读书·新知三联书店1987版，第29—30页。

这个沟通、这个有限与无限的关系，就是时间性的。而因为时间性，形成了主体的有限性，于是就有了主客对立的这种有限性的基本框架，于是形成了有限世界的有限的表现方面。但是，有限世界里，还有无限的方面，仍然可以通过时间性的线索，得到溯源和奠基，最终达到对于存在这个大的运行的完整的理解。

因此，康德引向了转折，又毕竟没有实现这个转折。对于这个问题，上面已经概述了状况与原因。后面的阐述中，我们将更加具体地对此加以说明。

二、康德与时间性后面的存在论

广义上说，康德的“批判哲学”，根本上是探求给定知识的根据的，即追求存在者的存在。海德格尔是从知识论出发的，康德也是。对个体知识的确定的把握，即区域本体论（此词来自胡塞尔，即康德所谓的经验知识），是哲学、科学共同的目标。

一般认为，个别知识是对象给出的表象以对象的概念为标准进行的联结，它要求表象的确定性，即表象之间有正确的联结。要做到这点则要求表象与对象符合，表象的联系与对象的固有关系符合。传统逻辑提供了一些规则，可以检验联结的正确性。康德认为，表象是经验层面的，它只是一种活动的结果，是完全被动的，它自身不能提供任何自身是确实的或联系的正确的理由。经验知识的必然性和普遍性不是经验自己能够提供的，而是来自经验之外的先天的，即先于经验的认识主体固有的、先在的条件。[1] 只有先天性，才能赋予经验这些确定与联系（由此，如果我们把存在者看作是在人们面前展现的东西，那么，我们也可以把存在者当作是经验知识；如果这样，那么，先天性就可以看作是存在者的存在）。先天性是经验的立法者，是经验的根据和标准的来源。不过，不是所有的先天性都是有关经验的，那些有关经验知识的先天可能性及其先天应用的先天性，叫作先验性的（transcendental），先验性是"先"在于经验，使经验得以可能的条件。

按照康德的说法，这一条件应包括：(1)有先在的整理结构与法则，即纯粹知性、先验逻辑。(2)有先天地接受外来的"力"的刺激的能力，即纯粹感性。这样当我们前经验地受到影响时，就能通过先验性而产生表象。表象之间有联系，成为判断。但表象之间联系的理由不是表象自身给予的，它是在表象之前就已由先天知识活动，即先天判断所赋予的，所以，经验知识，即判断，仅是先天判断的表象与结果。但传统逻辑仅在经验层面考察判断的表现形式中的主词和谓词的关系，"不问知识之源流"。[2]要真正正确地把握知识，应当研究先天判断，就"经验判断就其自身而论，皆为综合的"而言，"先天综合判断"就是核心问题。[3]它广义地包括表象先天生成的可能性问题与表象之间联结的先天可能性法则的问题，前者涉及纯粹感性，后者涉及纯粹知性；就判断与判断之间的推理来看，它又涉及先验性整体即理性问题，后两者构成先验逻辑。这些结构起了"先天综合判断"的可能性，关于它们的研究就是先验哲学。康德把这个当作是"未来形而上学"的准备

---

①②③ 康德：《纯粹理性批判》，蓝公武译，生活·读书·新知三联书店 1957 版，第 28 页(B3)，第 73 页(A56、B807)，第 33 页(B11)。参照 N. K. Smith 英译本格式设置了德文版第一版(A)与第二版(B)的编码，并且译文参照英文版、德文版有改动，后不另加说明。

和基础。

如果说我们的知识论追求的目的是真实的对象本身，即区域本体论，那么知识论就必须以先验哲学为根据，即以一般本体论为根据。康德认为，传统形而上学是虚浮的、矛盾的，主要是未充分考虑过先天综合判断如何可能的问题，而是直接超越经验，拟想经验之外的超验的东西来作为经验的根据。而超验的东西，又是直接在经验表象之后设立的一个"对象"，认为经验表象是它给出的，人所要做的，就是排除干扰，以逻辑为工具，不影响对象而让它展示。超验的观念没有考虑到人的判断的构成性的决定作用，同时对象和表象直接关系而又完全不相容（因为对象超越经验之外），这样就导致了先验实在论与经验观念论，又有了一个经验表象如何与超验对象相符合的难题。形而上学世界论与康德哲学都追求先天的东西，但它们之间有所谓超验与先验性的区别。超验，主要指客观的"对象"、超于经验之外的实体；先验，主要指作为知识根据的先验主体性活动。康德认为，直接关系于知识的，是先验主体性，而非超验之物，超验的东西要经过先验主体与知识发生关系，但先验主体又会受超验者的影响，并会用知识性概念来模拟它，产生所谓"理念"或"对象"。康德并不对超验者进行肯定或否定，但他否定在知识的根据问题上，超验者直接起作用。

康德得出这个结论，出于他对解决一般知识论的困难的设想。在《纯粹理性批判》"第二版序言"中，他认为，与其认为有一个先在对象摆在那里，让主观去符合它，而产生主观依据什么判定自己符合客观的困难，不如仿照哥白尼的由日心说到地心说的转变，来一个"哥白尼式的革命"，让客观对象符合主观，依主观为标准，可能对解决主客观同一的问题会有所帮助。从此出发，他提出了主体的先天知识力、提出了先验性作为知识必然性和普遍性的来源。所以，康德的“哥白尼式的革命”有两层含义，第一是以主观为标准，建立主体性哲学；第二是以经验中的对象为标准，转向以先验性为标准，建立先验哲学。乍看起来，这两层含义似乎是合一的，先验性难道不正是主体的先验性么？建立主体性不就是建立先验性么？但是，先验性固然本质地关于主体，但它未必是“主体的”先验性。这个看似可以笼统归为一体的问题，对于海德格尔来说，却是很重要的。海德格尔先遵循胡塞尔的路，回到事物本身；再遵循康德的路，以主体性研究为核心，以基本本体论为核心，发展了主体的先验性。但正是基于对主体的先验性的深刻洞察，他提出“出窍”这一核心概念，从而抛弃主体性，进入横跨包容主客两方的中性的先验性，最终在晚期也逐渐弃用传统理论色彩较强的“先验性”一词，改用“存在”、“敞开”、“本体论差异”、”艺术”等来进一步纯化其理论。

海德格尔把自己对康德的专门阐述视为《存在与时间》中提出的存在问题、一般本体论与基本本体论的问题的补充与澄清，他说：“康德的文本成了一个庇护所，因为我在康德中找到了我所提出的存在的问题的辩护。”①如柏拉图和亚里士多德所示，存在问题是传统形而上学的核心问题，但它迅速地在亚里士多德那里进而在后面的经院哲学的发展中变成了本体论(ontology)，与诸学科分立，限制了亚里士多德提出的对存在进行形而上学阐释的可能性。结果是：一方面是各分立

---

① *Kant and the Problem of Metaphysics*. trans. by Richard Taft. Indiana University press, 1990：15.

的学科，一方面是超越一切的东西的学科；一边是逻辑学、物理学、伦理学，一边是第一哲学，两个框架互相错位。海德格尔借对康德的阐发，对此表达了自己的意见。他引康德说：形而上学这个名称，Metaphysics，就说明它与自然科学（physics）有本质关系。但一般认为，自然科学以经验来达到，在其"后"的形而上学就似乎是应以理性来达到，外在于物理学。[①] 海氏认为康德提出了另一种解释，即形而上学的主题是研究自然科学的可能性的，是研究存在者的知识的可能性、研究存在者的存在的。形而上学、一般本体论，是讲经验的可能性问题。形而上学并不和逻辑学、物理学等分立在两个知识系统中，它们在更为原始的意义上，是统一的。[②] 形而上学根本还是一个知识论问题。当然，反过来，知识论也是一个形而上学问题。形而上学、知识的可能性，是知识论的基础，反之前者又本质地以知识为基础。海德格尔认为康德之"纯粹理性批判"就是研究知识的可能性问题，也就是作为个体的可能性的一般本体的探寻，是形而上学的核心、基础问题。他说，康德把本体论当作知识理论是"真正的本体论，形而上学并非对立于知识论……有必要显示《纯粹理性批判》的分析是自柏拉图与亚里士多德以来，真正使本体论成为一个哲学问题的第一次努力"。[③]

通过与自己的思想相联系，海德格尔直接把康德的问题转化为他自己的语言："（这种知识的可能性）被抛回到更一般的问题上，即如此

---

① *Kant and the Problem of Metaphysics*. trans. by Richard Taft. Indiana University Press, 1990：4.

② 参见 *Kant and the Problem of Metaphysics*. trans. by Richard Taft. Indiana University Press, 1990：4—6.

③ *The Metaphysical Foundations of Logic. trans. by Michael Heim*. Indiana University *Press*, 1984：150—151. 同义可见 *Kant and the Problem of Metaphysics*. P. 8.

的存在者的一般显明的内在可能性问题。”它是“向着存在者的行为的本质的阐明”。而这种行为的本质为何？它的可能性为何？他说：“使向着存在者的行为可能的东西，就是对存在的结构的初始性理解，使个体知识可能的就是本体论知识。”①

所以海德格尔对康德的“哥白尼式的革命”表示了热烈的赞赏，并且揭示出这一革命主要是新基础的建立，是先验性的而不仅仅是一平行两点间（主观与客体）重点的转变。他说：“为形而上学奠基可以意味着在自然的形而上学下面奠立基础，或者毋宁说是通过一个替代的过程，用一个新的（基础）取代已有的那一个。”②“为整体的形而上学奠基意味着揭示本体论的内在可能性。这是真正的意义，因为它是那在康德的‘哥白尼式的革命’的标题之下常常被误解的东西的形而上学意义。”③与其说这一“革命”是从把客体当作标准转为把主体当作标准，不如说是本体论的涅槃。“个体真理必须把自己调节到本体论的（层次上去）。相应的，‘哥白尼式的革命’的合理解释更新了。这样，康德以这样的革命就驱使本体论的问题进入中心环节。”④

应该说，海德格尔对康德“哥白尼式的革命”本质的洞见是正确的，康德自己也确实以一个客体标准到主体标准的转换为设想，由此出发，走到先验哲学上去。

康德否定了先验实在论（即超验的东西的实在）⑤，因为“吾人绝不能超越可能的经验的限界”。我们所能进行的，是一般所谓的形而上学的第一部分，即在经验的问题上，去演绎“人的先天的认识能力”，至

---

①②③④ *Kant and the Problem of Metaphysics*. trans. by Richard Taft. Indiana University Press, 1990: 7,2,8,11.

⑤ 康德：《纯粹理性批判》，蓝公武译，生活・读书・新知三联书店 1957 版，第 298 页（A368）。

于形而上学的第二部分“超越一切经验的限界”，追求事物自身（即先验的实在的物自身）那是不可能的事，或者，如果可能，那也必须是在当人的先天知识能力被澄清以后才行。[1]

也就是说，要理解无限者，就必须先理解有限者的有限性（《存在与时间》中也有这样类似的思路，即追求存在，首先要以追求一种“为自己的存在本身而存在”的存在者——此在的澄清为前提）。[2] 但另一方面，就经验需要根据而言，超于经验之外的东西有必然的理由（即给予经验客观实在性的东西），但它不是直接与经验发生关系，“在我以外现实对象之存在（此‘我’…… 非以经验的意义用之），绝不能直接在知觉中授与吾人……外部对象之存在，仅在思维中始能加以知觉，视为其外部的原因，即视为推论所得者”。[3] 也就是说，它是通过有限性而推想的。故经验之外的对象是观念性的，即先验观念论。

一般我们所说的“外在事物”有比较微妙的模棱两可的意思。例如，我们知觉一个杯子，认为此物是外在的，但杯子并不是先在地独立于知觉存在于那里，而是先天综合判断的产物，故我们经验中的杯子不是超验的，而是内在于我的先验性中，尽管它外在于经验的人。但是，先天知识能力要进行综合判断，总会得以激发，而作为接受通道的感性是被动的，它并不能通过自身激发，所以如果发生，则必须有一外在于认识的主体的先验对象的设定。但此先验对象却是包容在主体先验的视界中，为解释经验之形成服务的，它是作为一种理由而被设定的，作为先验性自我分出的东西而存在。这个观念本身包含有一向

---

① 康德：《纯粹理性批判》，蓝公武译，生活·读书·新知三联书店 1957 版，第 14 页（BⅩⅨ）。
② 《存在与时间》，陈嘉映、王庆节译，生活·读书·新知三联书店 1987 版，第 15 页。
③ 康德：《纯粹理性批判》，蓝公武译，生活·读书·新知三联书店 1957 版，第 297 页（A367）。

外牵扯之力，它使主体把各种由感性产生的知觉有所指引地统一于一体，形成在经验中的对象“杯子”。这个作为先验主体要进行判断综合的必然设定，其实内存于先验主体性中，这个向外的力有其确实性，但它是否是个所谓的杯子本身所引起的呢？由于我们关于杯子的一切知识都总已是结果、经验，我们无法把一切经验的要素都去掉后，还能认为有一个杯子，所以这个超于经验的杯子本身是无法得到实在性证明的，它只能被看作一个指引的确定性，正因为有此一指引，所以我们经验中“杯子”的统一体并非是没有理由的。基于这类原因，康德否定经验观念论，即认为经验的一切都来自人、是人之臆想的看法，而赞同经验实在论，即经验中之物有实在的理由，但经验的内容是人的知性与感性综合而成。当我们关注于一个触发性指引所导致的感性知觉时，我们得到了各种指向同一的显象（appearance）；当我们关注于这一指引所导致的知性结果时，我们得到了各种显象之后的实体（substance）。[①] 实体与显象不过是人的知识能力被引导、激起所产生的结果的一体两面。海德格尔很重视这个结论，在《从莱布尼茨出发的逻辑的形而上学基础》中讲根据、先验性时特别引出来作为他先验性学说的佐证：

> 在 *Opus Postamuns* 中，康德说：“物自身（本体）不是别的，正是显象，但两者仅表达‘对同一对象的表象的不同的方面’。同一个存在者可以相关于原始直观或派生直观，差别‘仅仅在于主体

---

① 参见《纯粹理性批判》第二部第一编第二卷第三章。

如何被影响的关系的差别’。”①

海德格尔引证的意思是要把显象和对象本身综合为同一存在者，将它们都收入先验性根据的范围之内，避免有所谓的对象本身超于先验性视野之外。

至于经验形成所依据的指导性力量，是否由什么完全外在于先验性的经验之外的东西所发，康德认为这是形而上学第二步的事。但产生经验的人的先验主体性承认（也就包含）这一异化的、指引性的力量存在，这种指引外于人的先验知性、感性，而为人的理性所包容，即在理性范围里与知性、感性整体发生关系。人在做任何综合判断时，都是由于被引起并同时有所指引的，正因为如此，人的先验感性、知性是有限的，不能自我发生、自我指引。可以假设一真正无限的神，具有“原始性直观”（即无限知识力）来做到这一点。在人的有限性的情况里，人总要不断地向无限追求，总要向只有无限者才能理解的外向力量之源追求；同时人的有限知识，即每一次被引导而产生的结果，也必然向着这个终极原因而无限追溯或前进，使之成为一系列（推理）。这是整体的人的有限性的特征，即人的理性的特征。但可以肯定的是，指引只能通过人的先天知识能力整体才起作用，也就是说，每一有限知识判断过程，必然经过有限知识力整体才能与无限知识力发生关系，相应地，每一有限知识，也必须通过有限知识的追溯、前进的序列整体，才能与无限知识有关。一方面，有限必受无限之影响，另一方

① *The Metaphysical Foundations of Logic*. trans. by Michael Heim. Indiana University Press, 1984：164.

面，有限又不能直接通达无限，人的思维能力在处理这个关系中处于两难，产生二律背反。但因为这个原因，整体与部分的关系产生了。在人的有限性既总是在引导中进行活动、又同时必须要求一个特殊判断过程的整体为条件而言，有自由与必然的关系；就有限知识是各个有限的知识、同时又为着一个整体的目的追溯与前进而言，有世界与个体的关系。以上这些，我们知道，是《纯粹理性批判》第二大部分"先验辩证论"的主要内容。

总地来说，有限知识，要通过先验性而得到根据；如果有无限的话，它也必须通过先验性整体而产生有限知识的结果。在先验性的通达过程中，有世界和自由的问题，先验性是一切先天综合判断的整体，是一般的"先天综合判断"。要为有限知识寻找确定性根据，根本上就要解决"先天综合判断如何可能"的问题，即弄清楚它的特征。

海德格尔认为康德的思路是由知识论"革命"到本体论，而本体论又是先天综合判断如何可能的问题，故而是纯粹理性批判的问题。海氏对此的解释是：传统上认为知就是判断，那么个体的知和本体论上的知就是先天判断，在此中，个体的"存在"被知，因为这个判断把个体自身的存在通过"综合"带到经验上，展示为"内容（what-being）"，而康德又把我们先天的知识即先天综合判断能力本身当作"纯粹理性"，于是，"对本体论知识的可能性的揭示，必须成为纯粹理性的本质的澄明"。[①] 即"纯粹理性批判"。

海德格尔说，正是本体论的知识，即先天综合，是整个"纯粹理性

① *Kant and the Problem of Metaphysics*. trans. by Richard Taft. Indiana University Press, 1990：9.

批判”围绕它而实施的核心与目的。先天综合就是先验性的，故“康德称关于各种判断的本质的研究为先验性的研究”。故而海德格尔断称：“先验性的知识不研究存在者自身，而是研究原始的对存在的理解的可能性，同时研究存在者的存在的结构。”他强调不要误解了《纯粹理性批判》，它不是经验的理论也非实证科学的理论，它和“知识论”无关，“如果谁同意把《纯粹理性批判》解释为知识理论，那也应不把它视为个体知识（经验）的理论，而毋宁是本体论知识的理论”。也就是说，海德格尔把康德理论当作知识的本质（根据）的理论，因为正是它使知识可能。

而且海德格尔还将康德理论与自己很关注的真理问题牵上了关系：“如果它的真理属于知识的本质，那么先天综合知识的内在可能性的先验的问题，就是关于本体论的先验性的真理的本质的问题。”[①]

正是基于这种对康德的全面的把握与总结，海德格尔在阐释康德时把注意力全集中在判断、综合上，研究一般的判断、综合结构，澄清了感性、理性和知性的本质，强调了先验想象力与原始的感性的核心位置，并因此，他对康德有关想象力的“图式论”特别感兴趣，“因为我在这里发现了范畴问题，即传统形而上学的存在问题与时间现象的联系”。[②]当然，这也就解答了为什么他的第一本著作叫《存在与时间》。正是康德，使海德格尔得以把时间提升为时间性，将它与先验性联系起来，最终作为理解存在问题的一个途径。如果我们注意到时间是康德的纯粹感性的最核心要素，那么我们就能隐约预感到海德格尔对康

①② *Kant and the Problem of Metaphysics*. trans. by Richard Taft. Indiana University Press, 1990：10—11，15.

德的阐释、对判断的分析，以及在此建立起的此在理论、真理理论、先验性理论与感性有着密切关系，由此和美学相通，似乎也能感到为什么海德格尔最终要过渡到艺术与诗的问题。

三、海德格尔和黑格尔的不同道路

但这里我们还要说明一个重要的问题是，康德的思想具有很大的复杂性，海德格尔从康德这里找到了存在问题的突破线索，并不意味着康德的理论就只有这个突破口。我们要提醒和强调的是，思想史上，比海德格尔更早的而且更大的思想家黑格尔，也是在康德这里找到了突破口，但他的突破口却是与海德格尔相反的，在思维与存在的关系中，黑格尔走的是思维这个方向。

康德的理论是细腻的，他对知识进行分析，能够细腻看到知识的每一种组成部分，并且能够把握每一部分的实质。因此，他为一般知识理论打下了非常坚实的基础。但是，康德限制自己的理论雄心，始终把论述保持在经验主观的范围内，于是，他对这些部分更深的本质和内在关系没有进行深入的探讨或者说是大胆的构建。因此，后面的思想家在他理论的基础上进行改造和发展就有很大的空间。比如感性是被动的，知性是主动的，但两者之间需要结合，因此需要第三者：想象力。这个第三者又给了把知识的各种方面结合在一起的可能。这些都体现了知识理论中“普遍性”与“特殊性”结合的方式，而这，又是更大更深的“思维与存在如何统一”的问题的体现。有没有一种可能性，以一种复杂的能力或者通道，能够解决知识既主动又被动的这个表面现象，同时又能解决思维与存在同一的这个重大的知识论难题呢？海德格尔的存在哲学，做的就是这个努力。但也有另外的努力方向。

黑格尔其实也看到了康德理论的两难问题。他说："批判哲学首先把从经验分析中所得来的要素即感觉的材料和感觉的普遍联系两者的区别作为出发点。"经验是知识的起点，康德在经验中区分了普遍性与特殊性，但是，康德把普遍性当作了客观性，"只是按照主观性与客观性一般的对立的关系去考察它们"。[①] 但普遍性仍然是主观经验的一种成分这一事实，让康德陷入尴尬："他（康德）认为思维范畴乃属于我们思维本身的自发性，在这个意义上，乃是主观的。但他又称有普遍性和必然性的思想内容为客观的，而称那只是在感觉中的材料为主观的。"这一含糊，没有让康德解决思维与存在如何同一这一问题，普遍性仍然是主观的，客观的东西没有办法通过普遍性引入主观，因此，康德不得不设立一个"物自身"来表达终极的客观性，但"我们的思想，而与物自体之间却有一个无法逾越的鸿沟隔开着"。[②]

黑格尔的解决办法，那就是在理论上解决客观性的问题，去除"物自体"这个虚幻的东西，如果理论能够在思想中解释我们所有有关"外在"的必然性以及根据的问题，那就不需要"物自体"了。于是，"思想不仅是我们的思想，同时又是事物的自身"。[③]我们看到，在康德面临的思维与存在的关系的基本问题上，黑格尔取了思维，用思维来统摄存在，形成了自己的精神哲学。而海德格尔，也正是在这个基本问题上，

---

①②③ 黑格尔：《小逻辑》，贺麟译，商务印书馆 1980 版，第 117—118 页，第 119—120 页，第 120 页。

也在康德的基础上,取了"存在"这一端,用存在来统摄思维,形成了自己的存在哲学。

第二节　逻辑要有形而上学基础

涉及知识理论，则不可避免地要遇上逻辑问题。

什么是逻辑呢？海德格尔说，逻辑就是关于思维的科学。而思，总是处在意向关系中，即，思是人的一种行为，它是人对对象的一种估量，它以陈述来表述对象，陈述有“A是(不是)B”的基本形式。逻辑有三大部分：概念、判断与推理。概念形成对对象的表象的统一，但尚未有所肯定或否定。判断进行否定或肯定，将主辞和谓词连接起来，推理基于判断间的关系，从一个判断推到另一个判断。逻辑的核心是判断问题，判断体现了人的思对对象的估量关系，人对对象进行估量，产生表象，用它与对象比较，从而有充分与不充分的问题，有真、假的问题。传统逻辑把真理当作判断一命题的性质，真理在命题中。

海德格尔认为，传统逻辑有不少问题，其中主要问题是形式化。本来，思对对象进行估量，必须依从对象。对象有不同，相应地，估量方式也要考虑到对象的内涵与方式的不同而有所不同。所以估量思维(逻辑)“关系到主题材料”，它应是“材料的逻辑”。海德格尔的意思和黑格尔关于逻辑的思想是一致的，即是说，人的思维应该参与到对象中去，随对象本身的展示而运行。但传统逻辑却是形式的，它把思维与对象分开了。本来，对象的“有”是与思维同步的，关系的生成带出了逻辑，而逻辑也参与了对象的构造，但把思维与对象分开，就是承认有一个先于对象的思维，也承认有一个先于思维的对象。所以传统逻辑在撇开对象谈思维的规则时，它把对象的差异，即具体生成抹杀了，对象成了无差别的东西，可用一个符号“X”来代替。逻辑学认为思考一个“X”，这个“X”是一个一般的对象，它不是这个、那个对象，它什么也不是，但同时，它又不是“无”，因为它毕竟代表“某种东西”。这样，对象就“不是一限定的有关内涵的对象，而仅是对象的形式”。[①] 此处也涉及海德格尔思想的一个主题，也就是传统的形而上学把物“虚无”化的问题。这个问题表现在逻辑上，就是逻辑把对象形式化，其根本原因是把思维与对象分开。因为思维与对象似可自成系统，所以对象可以形式化，相应地，思维也可以形式化。也就是说，思维可以脱离对象有自己固有的规则，它集中在“A 是 B”这一基本的判断形式中，根据主词、谓词的关系来断定判断的真假。主谓关系符合一定的形式规则的，则判断成真，反之则假。

把思维与对象分开并分别形式化的后果是思维成了一种工具，亚里士多德的《工具论》反映了这个观点，它把思维视为工具，而逻辑就成了这工具的技巧，思和逻辑降格了。[②] 与此相反，出现了另一个极端的看法：自笛卡尔以来“我思”作为自明的东西，它是最确实的东西，于是成了知识的基础，其余的存在就一概要从这个基础推出，因而，思维也就成了衡量一切的标准，于是存在者就是由思维所决定的，于是，“命题的成真条件就是存在的前提”。海德格尔称此为“全面理智化(thorough intelligibity)”。笛卡尔、斯宾诺莎、莱布尼茨是这种观点的滥觞，更为重要的是，以莱布尼茨的逻辑理论为基础，发展出了现代的

---

①② *The Metaphysical Foundations of Logic*. trans. by Michael Heim. Indiana University Press, 1984: 3.

数理逻辑，它追求一种超于一切具体思维的元语言，以数学形式构筑世界的结构。看起来，这种观点与康德的“哥白尼式革命”很相像，但康德是追求每一具体知识的主体的先验性结构，但数学却不是先验的，它仅是抽象的。康德很明确地把形而上学与数学区别开来，这在《纯粹理性批判》中很清楚。[①] 海德格尔当然也尖锐地反对这种思想。他认为，逻辑的基本形式规则归根结底不是自明的，它需要根据，它的规则来自形而上学。由于现代数理逻辑皆推莱布尼茨为祖，他就集中于莱布尼茨的逻辑学来解构逻辑规则的自足性。

对于莱布尼茨的逻辑的看法，罗素的影响是很大的，罗素在1900年发表的《莱布尼茨哲学的批判性研究》中认为，逻辑是莱布尼茨形而上学的基础。[②] 海德格尔则反过来，认为莱布尼茨的逻辑是基于形而上学的。所以他的《从莱布尼茨以来的逻辑的形而上学基础》一书的第一大部分，标题就是“把莱布尼茨的判断原理解构到基本的形而上学问题上去”。

海德格尔所谓的基本的形而上学问题，也就是存在者的存在问题。前面讲过，知识的根据在于知识之前的东西，也就是主体进行认识的先在的认识条件：先验性，先验性是对存在的理解，当然对存在的理解有一很复杂的结构。这一结构是思的结构，但它不是一些逻辑规则所能解决的问题。传统逻辑研究人的思维，把思维看作是人类的一种行为，认为这种行为必然要遵守一定的规则，必定为一些律令所控制。海德格尔不满足于律令的列举，他认为还有更基础的事情要做，

---

① 参见《纯粹理性批判》之“先验方法论”。

② *The Metaphysical Foundations of Logic*. trans. by Michael Heim. Indiana University Press, 1984: 28.

即进一步追问这些律令:“它们的本质是什么?”传统给出了逻辑的四大律:同一律、非矛盾律、排中律、充足理由律。“它们就是全部吗?它们之间秩序怎样?它们之间有怎样的内部关系?它们在何处有它们的基础与必然性?”“对控制思维的律令的考虑把我们推回到了它们的可能性条件的问题上去。”[①]当然,这也就是康德的“纯粹理性批判”的问题。最终这个问题是:“服从这些律令的存在者,此在自身,是如何结构以便使自身受这些律令支配?”问题推进到这里,也就超越了“纯粹理性批判”而达到整个康德的批判哲学所要述及的主题:作为整体理性的人的有限性,它如何必须遵守律令?人如何获得这种律令?这种律令又如何转化成人对世界事物的关系中去?这些律令不仅是使判断可能的律令,而且是使理性可能的律令,“它们是一般定律(satze)的根据,使思可能的根据,它们是这种东西仅因为它们进而是理解、生存、对存在的理解、此在和原始性的先验性的根据”。[②]当然,这些问题形式逻辑根本没有办法解决,解决这些问题的是形而上学。而形而上学根本上还是以此在的生存论分析为基础的。

故而,如果逻辑是关于思维的理论,它必然不能回避关于思维的可能性、根据问题,所以“逻辑本身就应是哲学的”。逻辑要改变自身的形式化到“哲学逻辑”。由哲学教授们在课堂上讲的所谓逻辑,不仅枯燥乏味,而且根本与哲学无关。[③] 康德说,传统逻辑之所以有一些成就,“完全归功于它的制限,因为此,它可以抽去 ——确实,它也不得不

①② *The Metaphysical Foundations of Logic*. trans. by Michael Heim. Indiana University Press, 1984: 19.

③ *The Metaphysical Foundations of Logic*. trans. by Michael Heim. Indiana University Press, 1984: 5.

这样做——知识的所有对象和它们的差异，只留下知性自身和它的方式”。[①] 海德格尔引证了此言，赞扬康德："迈出了自柏拉图与亚里士多德以来在哲学逻辑方面的第一步。"[②]他赞扬的理由，当然是因为康德超出逻辑的制限，追求知识真正的根据：理性。理性不同于逻辑，"盖因理性之所论究者，不仅其自身，且又及于对象"。[③] 知识的根据应是理性，是先验逻辑而不是一般逻辑，它是涉及存在者的存在的。而"所有来自传统逻辑规定的思想的规则的思，从一开始就无能甚至不能理解存在者自身的来源的问题"。[④]

逻辑要变为哲学逻辑，这个哲学逻辑，将使人真正进入"哲学思考（哲学化，philosophizing）"，因为它是知识的真正根据，故而它也就是哲学，因为哲学本身就是"对存在者的严格的概念性知识"。[⑤]

海德格尔认为，自柏拉图、亚里士多德起，哲学就是人对真正知识的追求，逻辑是在这一追求下的有限的产品，"逻辑的理念的根源在哲学的理念中"。它的本质应是哲学，但千年的逻辑发展，包括莱布尼茨、康德、黑格尔、胡塞尔，没有注意到这一联系，逻辑发展的线索与柏氏、亚氏是断开的。[⑥]要改变逻辑为"哲学的"，就必须解构它，看看逻辑是什么，它的前提与条件是什么。

海德格尔所谓的解构方法和他的解释学的循环一样，是他用来把

---

① 康德：《纯粹理性批判》，蓝公武译，生活·读书·新知三联书店 1957 版，第 9 页(BⅧ)。

② *The Metaphysical Foundations of Logic*. trans. by Michael Heim. Indiana University Press，1984：4.

③ 康德：《纯粹理性批判》，蓝公武译，生活·读书·新知三联书店 1957 版，第 9 页(BⅧ)。

④ *Introduction to Metaphysics*. trans. by Ralph Manheim . Yale University Press，1959：21.

⑤⑥ *The Metaphysical Foundations of Logic*. trans. by Michael Heim. Indiana University Press，1984：18，6.

握一件事物本质的基本方法。它的根据是他把事物的本质、真理、存在都视为循环着的路的基本思想。因而，他的这些方法也就具有本体论的意义。解构不是单纯负面意义上的破坏，毋宁说它是一种松动，海德格尔在谈到如何找到逻辑的形而上学基础时说道：

> 我们应试着去在这样的方式中松动传统逻辑，在这方式中，它内部的中心问题变得清晰了，我们将让我们自己从这些中心问题的内容上被引回到这逻辑的前提上去，这样我们就能得到对哲学本身的直接的通达。

海德格尔认为，逻辑现在的内容是固定的，但它却曾经来自活的哲学。因此他的任务是“把它从僵化中放松”。[①] 在另一个地方，他又将之称为“分析”。他说，分析不是将对象分解成元素，而是“解结（unknot）”也即“放松”。[②]

海德格尔的思想始终都在对历史上的思想进行解构，他正是在这一解构中建立起自己的哲学的。这个特点不应是出于他教授职业的爱好，而是出于他的哲学思想。他认为所有的思想形态都是基本天命的展示，在某种意义上可以说是天命运动（历史）的完成与凝结。要理解这一命运与历史，就必须重视这些形态，将它们解构。海德格尔在谈到如何把握哲学的本质时说，有两种方式：一是“历史性的回忆（his-

---

① *The Metaphysical Foundations of Logic*. trans. by Michael Heim. Indiana University Press, 1984: 6.

② 参见 *Kant and the Problem of Metaphysics*. trans. by Richard Taft. Indiana University Press, 1990: 27—28.

torical recollection)”,一是“当下的反思(reflection on the present)”,两种方式是合一的。对历史上的哲学,必须回到它的形态的生成过程,在这时,我们可以对它的生成做如下的理解,理解它的过去、现在、将来,理解它生成的可能性,当然,这也就把握了它的本质(海德格尔把“可能”的“能”作为一事物的本质),对它获得了历史性的、同时也是当下确定的理解。这才是正确的理解哲学的方式,他反对教科书式对哲学的“历史的定义”与“系统的定义”。[①] 这样根本不能把握对象的生命,也不可能把理解者带到“哲学思考(哲学化)”中去。他说:“来自历史性的回忆是必须的,这不是因为我们已有了漫长的哲学史,也不是因为对古人的虔敬,甚至在没有清晰的哲学的历史的地方,我们也仍然有必要走回每一人类此在曾站立于其中的传统中去,无论它是否有发达的历史意识,也无论它要回忆的是否明白地被叫作‘哲学’。”

逻辑,当然是哲学本质发展中的一个站立点,解构逻辑意味着把握逻辑的可能性,澄清逻辑的哲学根源。

海德格尔在找解构例子时找到了莱布尼茨,因为,莱布尼茨作为现代数理逻辑的奠基者,分析他,对海德格尔批判数理的、形而上学的、技术的态度有深远意义;另一方面,莱布尼茨又上接逻辑的古代与中世纪传统。“从莱布尼茨那里,我们可以为我们自己创造一观察点,既可以回到古代,又可以向前到当前,又可观察逻辑的基本问题。”[②]

莱布尼茨提出逻辑的基本律:同一律、非矛盾律、充足理由律。其

---

① 参见 *The Metaphysical Foundations of Logic*. trans. by Michael Heim. Indiana University Press, 1984:8—9.

② *The Metaphysical Foundations of Logic*. trans. by Michael Heim. Indiana University Press, 1984:22.

逻辑思想集中在判断理论上，认为判断成真的条件是主词对谓词的“包容”（即同一）。海德格尔则认为莱氏把亚里士多德的“主词”的两重性（第一实体与第二实体）简单地归为一个，成为判断中的主词。海氏接着指出，莱氏的主词对谓词的包容，其实是主词与谓词在“无限知识”的背景上的和谐的统一。判断成真的根据表面上是同一，真正的根据则是从“无限知识”到有主谓结构的“有限知识”的“充足理由”。有限知识是“符号性”的，它外指向“无限知识”，为它而有自身的和谐关系。莱布尼茨认为三大律的根本律是同一律，而海氏则认为是充足理由律。逻辑有其判断形式之外的“理由”，“同一”来自它，这就使逻辑回到了生成问题，回到了“形而上学的基础”。

第三节 破“镜”——对传统知识论基础的直观的分析

一、导语

前两节已讲了海德格尔试图把逻辑从形式自足转为以知识的根据——形而上学为基础，结论是：判断是符号层面的东西，判断的形式（主词、谓词与联系词“是”）来自一述谓过程。述谓结果的确实性，即命题真理，也来自述谓过程。述谓过程是成真过程，它联结无限知识与有限知识。判断本身自成一形式，同时又有超越自身的外指性。

这些结论，是海德格尔推进自己理论的基础，但仅有这些还不够。对比海德格尔理论的最终结论来看，一是有限知识的结构尚不清晰。二是先天知识作为有限知识的根据，其性质有很大问题，即它是否是像传统形而上学所说的无限结构。进而，先天知识的结构是否可知、甚至是否存在，都是大问题。三是最重要的，述谓过程对有限知识的构成、对先天知识的设置都有决定性作用，但这点传统形而上学都忽略了。传统上，述谓过程要么停留在经验层面，与命题形式混淆在一起，要么则以超验的先天知识为源，以演绎推出个别知识，而对经验知识加以忽视。总之，没有认清述谓过程中的先验领域，而先验性，唯有在康德哲学中才有意识地与超验、经验加以区别，但海德格尔认为康德由于其局限，将先验性归属主体，对先验性的深度挖掘不够。

在阐述了海德格尔对莱布尼茨判断学说的分析之后，我们可以谈到他对康德哲学的分析上来。

事实上，海德格尔始终把对莱布尼茨的分析，与康德哲学的意义联系起来。他指出，莱布尼茨为事实真理指出“充足理由”，把先天知识、也就是纯粹理性知识（对莱布尼茨而言，纯粹理性即指神的无限知识能力）作为事实真理的根据。他说：“在近代哲学的发展延伸后面，这个理论将被带向给予康德主要著作标题——《纯粹理性批判》——的一个批判。这是莱布尼茨的判断理论与康德的基本问题的内在联系。”

在具体内容上，海德格尔指出，莱布尼茨提出充足知识才是确定的知识，反对笛卡尔认为只要被“我”清楚地、清晰地知觉到的知识就是确定知识。也就是说，莱布尼茨认为对于人来说，只有指向纯粹理性，指向本质的、清晰的知觉才能有确定知识。海德格尔为之击节，云：“这是……‘范畴’的问题上，从笛卡尔到康德的发展之路的一个重要环节。”[①]范畴问题，是海德格尔所认为的康德哲学的中心问题。尽管康德本人还仅将它局限为一种知性能力，但海德格尔却将之当作有限知识的根据过程，并将之改造，在这个问题上对康德的批判哲学进行整合与突破。

通过对莱布尼茨的分析，海德格尔指出了经验知识的有限。莱布尼茨要用先天知识来为经验知识提供充足理由，海德格尔也要得出真理的本质、命题为真的根据。但海德格尔要用先验性来取代先天知识，这需要经过康德哲学，但康德又始终没有丢掉一个从笛卡尔哲学

---

① *The Metaphysical Foundations of Logic*. trans. by Michael Heim. Indiana University Press，1984：50.

的发展来的“自我”。它颠扑不破，影响深远，直接影响到康德哲学的区分三大批判，及区分判断为规范性判断（知性判断）与反思性判断（审美判断），以及又要以审美判断批判来联结知性判断批判与实践判断批判（它也影响到胡塞尔的现象学的“先验自我”）。需要指出的是，莱布尼茨也好，康德也好，虽然都认可了有限知识之后的判断过程，但都在判断过程的另一头设置了一个东西，莱氏的是神，康德的则是认识主体，当然，以自我来取代神，已足称得上一场“哥白尼式的革命”了。然而在海德格尔看来，两者之间的差异虽是巨大的，但根本上还是属于传统形而上学，其核心就是一个“直观”问题，也就是主体面对对象的“看”的问题。海德格尔哲学的核心始终都在为破这个“看”（即传统真理观的“镜像”说）而努力。总结他的意思，则是他认为“看”是以主客两分为前提的，“看”本身是来自经验层面的，如果有某种哲学力图超越经验层面（其实所有哲学都在力图超越经验层面），但如果不能破除这个“看”，即使能认识到主客两分的有限性、相对性，但终究还要设立一个两分；如果不是以经验中的我来看经验对象，就会以一个神来看世界，或以一个先验自我来看世界，还是一个两分。而这两分体现在对对象的看法上，就会取消存在者上体现出的丰富的本体论的差异。也就是说，一个存在者存在，人们会因为它而感到存在，但存在又始终是存在者的存在，“存在者的存在”有“存在者”的存在与存在者的“存在”的两重性。但在“看”的模式中，或者这两重性分开了，一边是存在者，一边是存在；一边是物理学，一边是神学。或者这两重性又揉在一起，形成一个一般存在者的结构，即实体论，也就是传统的本体论。海德格尔则要求严格恪守这两重性，认为“看”导致的两重性的湮灭是传统形而上学(理性主义也好、非理性主义也好,唯心论也好、唯物论也好,命定论也好、唯意志论也好)的本质, 都是一种单向思维,本质上都是技术,而非诗意的、本真的。海德格尔对“看”的突破是提出“出窍”,定义“出窍”有“让……站在对面”的必然结构,即本身包含有“主一客”分立的本质倾向,从而指出一种统一与分立的两重性的根据“出窍”—先验性,对康德的知性自我进行突破,走出了他所谓的超越从前哲学的第一步。海德格尔走了第一步,还走了第二步、第三步。第二步是在破“看”之后,又承认“看”的必然性;第三步则是结合破与立,讲破坏与建立,讲开放与保守,最终达到轻柔的园舞——浑成(ereignis)。所以,当我们把笔转向“直观”时,要充分注意到这个问题在海德格尔哲学中的意义和整体走向。

二、成真性综合:知识整体上是直观

莱布尼茨认为知识的本质是“直观”,康德哲学在框架上和莱布尼茨不一样,但对直现问题的分析比莱氏详细得多。《纯粹理性批判》正文第一句话即说:“知识不问其以何种式样何种方法与对象相关,其所由以直接与对象相关,及一切思维所由以得其质料者,为直观。”[①]海德格尔认为此言是康德对知识本质的断定,是理解康德哲学的要点。知识最初是直观,其本质也是直观。这点是海德格尔的发挥。海德格尔解释康德,意图把所有的知识能力统一在一起而解决,所以对康德的

① 康德:《纯粹理性批判》,蓝公武译,生活·读书·新知三联书店 1957 版,第 47 页(A19、B33)。

解释多加以引申、改造，不过，总体还是符合康德哲学的逻辑发展，反映出他的深刻理解。这是海德格尔比较独特的哲学史阐述法。他认为解释哲学史，就是要说出哲学家们“未说”、“未思”的东西，而不仅仅是复述，阐释要有“暴力”。[①]

海德格尔一开始就围绕直观，对康德的整体思想进行勾描。他认为康德的知识论也有无限知识与有限知识的分野的背景。这是有道理的，因为康德区分了形而上学的两个步骤，第二步骤是追求无限知识的。而无限知识与有限知识的区分，也大致类似莱布尼茨，如康德《逻辑学讲义》第106节讲名义定义与实在定义的区别即是，海德格尔认为这直接来自莱布尼茨。[②] 所以海德格尔在理解康德讲知识的有限性时，认为必须将之与无限对比才能明白有限的本质。[③] 他从康德哲学引申了一下，选择了直观这个坐标点。

海德格尔说，如果从知识的完善性功能来看，它应是直接表达存在者的(即存在者本身在知识之中，知识即存在，直观即是存在者)，所以是直接的、满足的，是无限直观。[④]这种直观是创生性的，因为它不要从外面寻找对象，它自己在直观的同时就创生对象。而人，却不能让对象在直观中，只能用直观去表现对象，故而，它是有限性的，也就是说，对象在直观之外，对象“影响”人，人受影响而有知识，因而人的知识本质上是感性(有限)直观的。

---

① *Kant and the Problem of Metaphysics*. trans. by Richard Taft. Indiana University Press, 1990: 138.

② *The Metaphysical Foundations of Logic*. trans. by Michael Heim. Indiana University Press, 1984: 65.

③④ *Kant and the Problem of Metaphysics*. trans. by Richard Taft. Indiana University Press, 1990: 16, 17.

依照康德，既然知识是有限性的，那么有限知识就和无限知识不一样，这个不一样就表现在知识的产生机制有不一样。而且，我们要注意，鉴于有限知识其实就构建了人生存的现实（现实表现为有限知识），所以，有限的现实，加上有限的人类生存，它的特点和要点、它的本质与基本结构，就可以通过对于有限知识是如何产生的研究和分析中获得洞见。海德格尔对于康德进行解读，用它作为自己《存在与时间》的立论基础，其实就是这个深意。他在《存在与时间》中，把存在与时间问题联系在一起，就是试图说明存在问题中，有限性是非常重要甚至是最重要的维度，存在的诸种现象和这个有根本关系，比如人类的知识现象。

有限知识和无限知识是不一样的，其不同首先在于它由两部分组成，一是直观，一是概念。康德把能够直观的能力称为纯粹感性，把能够产生概念的能力称作纯粹知性。所以康德说知识有“心（mind）”的两种源泉，一是接受表象的能力（印象的接受性），一是通过这些表象去知道对象的能力（概念的主动性）。[①] 知识由这两种能力生成。

知识是概念加直观，但这反映在知识形式上却不这么简单。知识的基本要素是判断，判断又有行为与形式之分。海德格尔分析了这一点，他指出，首先，判断最明显的表现形式是主词与谓词的结合，海氏名此为命题综合（apophantic synthesis）。此主谓综合中，是杂多与杂多的联结，如上节讲的主谓词在向外指向中，经过与对象比较而得到同一。其二，海氏说康德在《逻辑学讲义》中曾指出：判断是统一的功

① 康德：《纯粹理性批判》，蓝公武译，生活・读书・新知三联书店 1957 版，第 243 页（A294、B350）。

能，是对概念的统一性的表象。这种表象产生一概念，也就是把杂多综合成一概念。海氏称此为述谓综合(predicative synthesis)。[①]

其三，海德格尔认为，判断是关于某物的述谓。在判断中，要使这些述谓(直观也好、概念也好)是关于某物的，则需要一个"决定"行为，故判断是对杂多的决定。人受影响而产生直观，因为它是受影响的，所以是对某直观给予者的直观。但直观必须确定为是哪一个直观给予者的直观才能成为知识，因此需要"决定"来决定哪一个。这决定指向这一个，并把直观引导向它。在这同时，这决定又把这一个当作一个可以应用于多的一来把握，这应用于各种直观的同时因此获得了相对于杂多的"一般"的形象(就是概念)。概念是多归于一的产物，它代表了这一物，但它又不是这个物，仅是这个物的表象，故康德称此为"通过符号来表象"中的符号。[②] 决定性是通过概念来把杂多决定为某一物的，同时，自身又把这一物表象为一符号(概念)。我们一般认为，认知材料会综合为一个知识，看起来是概念让材料发生综合的，但康德和海德格尔都不认为是这样，材料会综合，确实是受 种力量引导，看起来这个力量来自概念，但是，其实概念只是这种力量的体现，它最根本的是产生知识的对象，对象赋予概念以力量来综合材料，并且，是材料综合后产生概念。

从上面可看出，决定通过自身以概念来表象的形式，为杂多提供了一个"一"，使杂多有所约束、有所联合地指向。这一联合指向一又

---

① *Kant and the Problem of Metaphysics*. trans. by Richard Taft. Indiana University Press, 1990: 19.

② 转引自 *Kant and the Problem of Metaphysics*. trans. by Richard Taft. Indiana University Press, 1990: 19. 并参页下英译注。

产生了这“一”的一般表象(概念)。于是,这直观给予者就成了直观的“对象”,它有一般表象的特征,且可应用于多,有约束力。

海德格尔认为,决定的判断行为是为直观服务的,是依赖直观的。依照康德,判断的能力是知性,①所以海德格尔即认为知性是依赖直观的。他说:“因它服务于直观的性质,思考总是与它(直观)结合在一起.通过这种方式,思考间接地关系到对象。”

海德格尔认为,判断是思考与直观的综合,它把给予直观者显明为一对象。也就是说,判断使直观互相联系地有所指向,这样的结果是,出现了一个在我之前的对象,一个被我遭遇的存在者。海德格尔因此称这思考与呈现的综合是“成真性综合(verifative synthesis)”,海氏形象地称此综合有“带到前来(bringing forward)”的功能。②

海德格尔认为,康德说知识的本质是综合的,其中“综合”应指“成真性综合”。其他两种综合是附属于它的。海氏视它们为传统判断理论式的谓词对主词的关系,可合称为“命题—述谓综合”。他承认可以把知识(判断)当作述谓,但是,“它不是一件它(述谓)对主词的关系的事(命题—述谓综合),而毋宁是它的(或者进而说:整个主词—述谓关系的)对‘完全相异者’的关系的事。这相异者是存在者自身(the being itself)”。③附带可以注意的是,比海德格尔年代稍早的奥托(Rudolf Otto)也重视这个“完全相异者”。通过对康德这点的引申,而达到上帝与“神秘”。④

---

① 康德:《纯粹理性批判》,蓝公武译,生活·读书·新知三联书店1957版,第81页(A69、B94)。

②③ *Kant and the Problem of Metaphysics*. trans. by Richard Taft. Indiana University Press, 1990: 19,78.

④ 参见鲁道夫·奥托:《论“神圣”》,成穷、周邦宪译,四川人民出版社1995版。

如果知识的本质是成真性综合，如果它的表现是直观互相联系着确定地指向某物，如果概念是在此基础上的产物，那么，海德格尔当然有理由把知识的本质称为直观。但是，他的直观与康德的直观是有错位的。在康德，直观不过是尚未决定的东西，不能称为知识，而在海德格尔则指确定了的直观。两种皆是直观，而后者却把概念包括在里面，所以海德格尔又把知识称作思考性的直观。同样，海德格尔对“感觉性”的理解也和康德大不一样。但要预先指出的是，这样知识整体就有了接受性特征，即知识整体是对一存在者自身的述谓，而非如康德这样，接受性只是知识某一部分的特征。

不过，海德格尔并没有马上在另一个层次讲知识，因为是阐释康德，他仍在某种意义上，在某些时候认同康德关于直观的说法。也就是说，海德格尔在两个意义上用“直观”与“感觉性”。现在，我们仍复归到康德的用法。知识是由有限直观（感觉性）与知性形成，按康德的理论，有限直观要求一个通过知性的决定，反之，知性也依赖于直观，两者互不“优先”，结合起来才能产生知识。

三、概念也是直观性的

依前述，成真性综合产生知识，在其中，直观有所指引地互相联合。本来，直观联结的所指向者，应是完全相异者。但是，在一般知识结构中却并非如此，直观往往包容于一概念之中，而非包容于完全相异者中，为何如此？

前面讲过，成真性综合中的对直观的决断，是把直观决定为这个或那个对象的直观。对象具有统一的性质，它可以应用于杂多。于是，依照海德格尔，"决定"一方面决定了直观对某一的归属，同时也把自己引导向这个某一从而决定它。与此同时，对象由于可以统一多、应用于多的特征，那么直观就会统一起来，形成一个对这对象的一般形象，于是就产生概念。海德格尔认为，可以把这一般的表象当成是"决定"对这一对象的直观。"在这样一个决定中，和谐于直观的被表象者，又进一步在关于它的一般所指的情况下被表象。"[①]一般理论常把概念当成知性对对象的直观，也就是经过了这个内中微妙的转换。当然，这个说法也涉及现象学的"本质直观"的问题。

海德格尔提到康德也讲概念是表象，而且是对对象的"表象的表象"。[②] 海德格尔在引用时，在中间插入词语变为"'表象的表象（概念）'（直观）"。也就是说，直观对对象进行第一次表象，然后，因为这些表象有所指引地统一，于是知性又对这统一进行表象，正如康德说："判断是不同表象的意识统一的表象，或构成一概念的不同表象的关系的表象。"于是产生一般表象（概念），而海德格尔又在整个表达式后加括号曰"直观"，就是说，概念是直观，是知性直观。

我们要注意康德的说法有很深刻的含义，比海德格尔此处讲概念是知觉对对象的直观的讲法更复杂。康德讲的是"不同表象的意识统一的表象"，此言几乎直接同于胡塞尔的本质直观。海德格尔其实是知道这表述的深意的，他此处的讲法是策略性的讲法，到后面讲图式

---

① *Kant and the Problem of Metaphysics*. trans. by Richard Taft. Indiana University Press, 1990: 18.

② 康德：《纯粹理性批判》，蓝公武译，生活・读书・新知三联书店 1957 版，第 80 页（A68、B93）。

论时就显出他的真正理解。倒是康德自己却没有深入发掘，一贯保持这深意的隐藏。

从前面的叙述中可以看到，概念其实是直观表象联结的产物。决定使表象联结，联结产生概念，决定（即判断，即知性力）自身绝不可能脱离感性直观而对对象有什么知性直观。概念亦是一表象，它和直观产生的表象并未有何本质不同的地方。正因为概念与直观在表象上处于同一层次，所以才有把概念也当成是“直观”的说法。但就概念的产生过程来看，概念因为是直观经过决定之后的产物，它与“对象”有某种特别的亲属关系。知性把直观提供者决定为一“对象”，同时直观又因为知性引导而联合成概念，对象可以作用于多，使多联合，这样，概念也就似乎可以作用于多，使多联合。概念一经产生后，就取代了对象的位置，被赋予了对象的权利。所以一般说来，直观统一于概念下。

严格说来，概念与对象是有区别的，对象与完全相异者也是有差别的。不过，在一般的观念中，“直观之后”的概念、对象、完全相异者常混在一起。粗略说来，概念是一般表象，有内涵；对象是多统一于其中的一；而完全相异者是最终的统一力量，而且，就完全相异者还直接是直观的给予者而言，它还是直观有所指向地互相联合这一现象的给予者。

思想史上，常把直观当作显象，把概念当作本质，把对象当作存在；或把概念当作第二实体，把对象当作第一实体。

在概念问题中，决定行为，即康德所称的知性作用是很复杂的。康德把知性当作产生概念的先天能力，这种讲法可以成立，但这种讲法容易把复杂的知性活动简单化,却不可不注意。例如,康德根据判断中有杂多与概念之分,就把纯粹知性与纯粹感性分开了,甚至有把前者的地位置于后者之上的倾向。而在海德格尔这里,我们看到,知性完全是因为有直观而生的,由“感官”与完全相异者的关系而生的,知性与感性本质地结合在一起,并且甚至从属于感性,而此作为知性所从属的感性,又不是那在作为康德式的直观的提供者中得到定位的感性,而是作为整体知识能力对完全相异者的感受的“感性”。看来海德格尔从一开始就强调知识的本质是直观,大有深意。

四、想象的平面与知识的符号性

康德的知识理论,曾以纯粹感性与纯粹知性为知识的两种源流。不过,他还有与此相应的三重源流的说法。

按照前面所说,纯粹感性为知识提供了直观,而纯粹知性为知识提供了概念,因此,知识是概念与直观的联结。那么,直观与一概念能直接联结么?在《纯粹理性批判》第一版的“经验所以可能的先天的根据”一节中,康德认为直观与概念不能直接联结,因为感性接受的表象各是孤立的,它们若要在概念下综合(synthesis),必须要有自身可以概观(synopsis)的可能性。康德的意思也就是,只有通过在某种使诸表象可互相通约的基础上的相互关联的运动,才可能被综合。这个可通约的基础的提供者是想象力。

康德说,每一个感性直观表象在形成时,都是一刹那。这是康德的基本的时间单元,康德认为感性的根本功能是以时间整理被接受者，刹那即是接受的根本时间转换过程。在这时，有一种绝对的统一，假如要把这统一点与另一统一点联结起来，必要有可跳出这个统一点而"概观"诸多统一点的可能性，这样方能联结诸直观表象。[①] 我们举个例子来说明：如基本的数学式"1＋1＝2"如何可能？当我们讲到"一"时，我们涉及的是一整体论域（universe），只有在整体论域中，我们才会得到一个"整体"，才会有"一"。[②] 如果这样，我们又会如何知道另外有个"一"可以和这个相加？这就要求我们暂把这个"一"储备起来，再做另一次统一的进入，得到第二个"一"，再储备起来，然后把两个储备点拿出来，在同一个层次上加以联结，才可能得到"1＋1＝2"。也就是说，在第一版中讲的有限感性总是刹那，是当下和所接受者（对象）统一在一起的整体[注意这类似海德格尔所讲的"在现（present，本真的现在）"]，而需要一想象力将之与对象脱离[注意这类似海氏所批判的传统形而上学的"现在（now）"]。所以康德说："常时互相追随或伴随之表象，终则成为联合，设立一种关系，由此即无对象时，此等表象之一，亦能依据一定规律使心转移至其他表象，唯此纯为经验的法则。"[③]故康德称此种想象力具有"再生"的功能（相对于感性的原始性的生成）。正是在一再生的表象层面上，才有概念的统一，这样，我们可以进一步澄清"概念"的本质。前面曾讲过，概念的统摄能力由对象之牵引而赋予，但概念仍是在显象层面。有了想象力的再生层面，我们就更可明白概念为何是在显象层面，因为概念是在某一脱离对象的

---

① 康德：《纯粹理性批判》，蓝公武译，生活·读书·新知三联书店 1957 版，第 122 页（A99）。

② 塔尔斯基：《逻辑与演绎科学方法论导论》，周礼全、吴允曾、晏成书译，商务印书馆 1963 版，第 70 页。

③ 康德：《纯粹理性批判》，蓝公武译，生活·读书·新知三联书店 1957 版，第 123（A100）。

层面中进行综合，它脱离了当下感性，却也脱离了对象。康德认为数学符号最具有概念的这种本质。

海德格尔在阐述概念与想象力时，倒没有提及数学，但我们要了解，对数学的思考在海德格尔整体思想中占有较为重要的位置。他在批判技术、批判传统形而上学时，就认为它们的本质就是数学的。因此，对我们来说，关注数学的本质结构也是重要的。当然，传统哲学并未明言自身就是数学的。但传统哲学也讲感性、知性、理性，却不注意辨析自己所讲的感性、知性、理性也许只是数学化的感性、数学化的理性（知性，就是数学），尚不是它所真正追求的先验的东西。

这一切关键，在于想象力的再生，这是一个介于感性与理性之间的平面，这个平面将“直观”与它们所指（直观的超越）在一种使两者各脱离本质（直观脱离了刹那、当下直接，而它的所指也脱离自身，变成了概念）的方式中统一起来。正是这个平面，决定了有限知识的根本性质：直观一看。

正因为提出了想象力再生的综合，所以康德又认为知识的源流有三，康德说：“感受性之能使知识可能，仅在其与主动性相联结，此种主动性是一切经验中所必然见到的三重综合的根据，即直观中‘所视为心的变状的表象’的感知，想象力中的表象再生，以及概念中的认知表象。此盖指知识的三种主观的源流。”[①]三种源流即感性、知性与想象力。

海德格尔释康德富有策略性。他把感性、知性与纯粹感性、纯粹知性分开（康德并未这样做，他直接讲纯粹的感性与知性，但由于这感

---

① 康德：《纯粹理性批判》，蓝公武译，生活·读书·新知三联书店 1957 版，第 121 页（A97）。

性、知性的分野根本上是以经验为参照的，真正“纯粹”的层面、先验的层面未必有此区分，所以康德的哲学仍然显得不够纯粹）。因经验所设的感性、知性、想象力为一层，通过想象力的再生指出经验的本质，指出康德讲的知性与感性因为对应着符号性的、经验的概念与表象，只是符号性的知性与感性，再假设经验层面之上有纯粹感性、纯粹知性、先验想象力，将三者合一，成为更深的先验性内涵，作为知识更深的根据。

因此，我们要认识到海德格尔意识中有两种感性，一种是真正的，使人生与根据保持联系，把根据带入人生的感性力量；一种则是前者的成果，知性中的感觉。康德显然没有做这么明确的区分，在《纯粹理性批判》第一版中，他将感性、知性、想象力分开，含有把感性保持在知性符号化之外的意思。但在第二版中，他把感性与想象力合在一起了，看似是取消了想象力，其实是取消了感性，把感性当作感觉性带入数理符号了。康德的哲学蕴涵着思想探索的各种可能性。西方哲学从很早的理性主义开始，感性就失去自身了，尤其是近代哲学以后。感性的复苏只是在以尼采破除知性—意识形态而发现生命之下的深渊的思想为代表的现代哲学之后。

海德格尔在解释康德时并没有明言上述两种感性的区别，但在他重视康德哲学的某一方面以及他在另外的地方批判“直观”、数理、技术中，可以说我们这样的引申并不违背海氏的原意。

海德格尔把“纯粹的”与“经验的”分得很清楚，他始终抓住经验中的杂多与概念互相属于、互相融合的特征。它们因成真性综合的整体、作为成真性综合的产物而互相属于，它们各自对应的知性与“感性”也互相属于。成真性综合是先于经验的“纯粹的”(先验的)过程，它又把自己本身反映在经验中成为一个“再生”的面、一个经验的“综合”。康德意识到了它，所以提出想象力的“再生”。康德由是体现出对一个组成判断的概念与杂多的共同基础的敏感。本来，这个基础就应是判断的根据，这不和概念与杂多在一个层次上。

但康德又将想象力与对应于概念与杂多的知性、“感性”并列，这就混淆了两个层次。在第二版中，他似乎感到了这样做的不妥，加以澄清，但不将想象力提出来统一后两者，反过来却用后两者分食想象力、取消了想象力。

海德格尔则反之。他抓住“再生”层面反映出的基础特征，指出它是不单独出场却又在概念与杂多中隐蔽地出场的“表象本身”。他进一步指出这“再生”的对应者：想象力的本身(“纯粹的”，先验想象力)是判断知识的根据(当然，这一根据在综合结果的有限知识中也有反映，即反映为主词、谓词的连系：“是”)。纯粹想象力是包含感性与知性在自身之中的东西。它是经验成真性综合的根据的“纯成真性综合”的核心能力。如果说有限知识中有两种要素的综合，那么，这要以一先在的综合为根据。海德格尔说：

> 知识的有限性直接显示思考对直观，或反之(直观对思考)的特殊的内在依赖性：一后者对被前者决定的需要。把要素推向对方的推动显示出，它们的统一体不可能比它们自身‘晚’，而应比

它们‘早’，而应用于它们，并为它们奠基。[1]

不过，康德并未讲知识的根据是纯粹想象的功能，而认为是“理解的纯粹概念，即范畴”的功能。在海德格尔眼中，这两者是一致的。通过对“范畴”本质及其与纯粹想象力的关系的探讨，海德格尔把我们引向了一个更深的整体性的先验性。正是先验性导致了一个述谓过程，这个过程产生了一个平面，这面上由于面的外指与自持，产生了主词与谓词的各自地位，也产生了知性感觉与知性概念的区分。我先要指出的是，杂多（知性感觉）与统一（知性概念）的区分正对应于一个判断形式的谓词与主词地位的区分；而想象力的再生面，则对应着判断这一形式的形式本身。

五、直观中的“对象”

在判断中，主谓联结整体上是外指的，即指向判断之外作为判断真假的标准的对象的。在莱布尼茨那里，判断形式外指的就是无限知识，即完全脱离了有限知识的对象本身的知。但在康德处，情况就复杂得多。海德格尔则对这里面的细节显示了自己的洞见。

判断的外指有时候似乎是指向概念，即包容了主词、谓词的概念。但是，概念本身不过是杂多联合而形成的一般表象，它不应是真正的外指所向，而是外指所向的物。那么，外指所向者、对象，人们常说它

① *Kant and the Problem of Metaphysics*. trans. by Richard Taft. Indiana University Press, 1990: 39.

是物本身、在显象之后的在自身中的物(thing in itself),它是否完全与直观无关、与判断无关的完全的相异者呢?海德格尔否定了这一看法。所谓在自身中的物,那"这个"、"那个"特殊的、让直观呼应的个体,仍非完全相异者,它仍是知识决定的产物。海德格尔说:

> 知识原始地是直观,即是直接表象存在者本身的表象。然而,如果有限直观现在要成为知识,那么它必须使存在者本身在所有时候对所有人就其是什么(what)与如何是(how)的方面成为可通达的。有限的、直观着的造物(按:人)必须能够在对存在者的特殊的直观中分享。然而,首先是,有限直观作为直观总是呼应被特殊地直观着的特殊者。如果每个人可以使它对自己、对他人可理解因而可交流,则被直观者仅是一被知的存在者。故,例如,这个被直观的特殊者——这一支粉笔——必须让它自己被决定为粉笔,或毋宁说被决定为一形体(body),在这种方式中,我们能够知道这一存在者为对我们所有人都相同的存在者。为了能成为知识,有限直观总是要求一个作为这个和那个的被直观者的"决定"。①

这段话含有丰富的内涵。首先我们得到的是,那作为直观对象的这个、那个特殊存在物,并非超验的,而正是判断所给予的(这里我再提一下前文所提及的莱布尼茨否定"第一实体"的积极意义)。这时我

---

① *Kant and the Problem of Metaphysics*. trans. by Richard Taft. Indiana University Press, 1990: 18.

们才好更进一步说明前文讲的康德所说的“在自身中的物”与显象并非不同的意义。海德格尔强调说:“‘在显象中’的存在者与作为在自身中的存在者(being in itself)是相同的存在者,且就是一个。”他指出,康德用“显象(appearance)”一词有宽狭两义,广义上的显象(现象)就是一种对象,狭义上的显象是经验直观的内容。“显象不仅仅是图像(illusion, schein),而是存在者自身,进而,这一存在者不是某种不同于在自身中的物的东西,而是,在自身中的物就是一存在者。”他沿袭、也稍修正康德之说:“存在者作为‘在自身中的物’与作为‘显象’的双重刻画,对应着这存在者依于它而与无限和有限之知相关的双重方式。”①

从这里,我们可以理解海德格尔在《存在与时间》中不说“物自身”、“显象”、“对象”等,而专讲“现象”。② 因为一个“现象”总括了这些区别,而且,还包含了其中的差异。海德格尔用“存在者”一词也是这个意思。更重要的是,关于在自身中的物与显象的同一与差异,表达了一个无限之知与有限之知的差异,③正是这差异过程导致了两端的在自身中的物与显象,当然,也导致了关于在自身中的物的无限之知、与关于显象的有限之知。海德格尔并非否认无限之知,但他认为在无限之知中的是完全相异者,而关于显象之知的有限知识则是关于对象的知识。因为在无限之知中,没有对象,知与物自身合一,物自己涌出了,而有限之知正因为有限直观导致显象,不能让物自己涌出(spring

---

① *Kant and the Problem of Metaphysics*. trans. by Richard Taft. Indiana University Press, 1990:21.

② 参见《存在与时间》导论第二章第七节。

③ *Kant and the Problem of Metaphysics*. trans. by Richard Taft. Indiana University Press, 1990:21.

forth)[按:在另外的地方,海德格尔把自然 physis 解释为“涌出”(参见《形而上学导论》等)]。只能让物站在显象之后,站在自己的对面(stand against),成为一个对象。

我们的经验知识必然会有概念与杂多,从而就会分对象与显象,所以就有一个显象“符合”对象的问题,也就有一个对对象本身的超验性认识(传统的无限知识)的问题,从而就有了有限知识与无限知识相符合的问题。传统的有限与无限的区分其实是一个经验层面的问题。当我们发现,对象和在自身中的物其实都是经验层面的问题,是为解决经验层面问题的设置物,那么,它们是否能真正地超乎经验为经验提供根据呢?显然不能,因为这些所谓超验的,其实还是在经验范围之内的。我们要寻找真正的根据,就是要找到经验层面知识形式之所以如此的理由,这些理由是直接关乎经验、先于经验的东西(也就是康德所谓的先验性的东西),它们才是真正超验的。

在这里要说明的一点是,“先验”与“超验”自康德后一直是哲学的问题。从语词上看,它们的区别微乎其微(transcendent 与 scendental),但在康德哲学中,“先验的”主要指主体方面的,因为知识是主体的知识,所以先验主体性笼罩着整个知识。因此,如果在先验主体性意义上理解的对象,对于经验显象来说,也不过是在先验性主体性中的“对象”设置,主客体在先验主体性中是同一的。而康德要反对的是直接把对象当作是超越于经验、和经验无关的,故,“超验的”一词主要加于某种错误的态度认识下的对象上,这种态度把主客体两分,仿佛一个主体和对象都可以外于经验独立先在地存在,在这种态度下的主体也相应地是超验的了。因而,尽管先验的常用于主体方面,超验的总用于客体方面，但也可以说有“超验主体”、“先验客体”。但从康德哲学严格的意义上说，先验性主要是从主体方面提出来的，超验性主要是从客体方面提出来的。一般说来，从主体方面出发，不易犯超验的错误，因为主体与经验的关系是比较清楚的，从而也能获得客体的先验观念性的正确认识。从客体方面出发，则比较容易犯错误，把它当作超验的，并且，从此逻辑推演，使主体也成为超验的。这是康德“哥白尼式革命”的苦心与成果。后来胡塞尔现象学也区分先验的与超验的，且意识比康德强烈得多，他也是把先验的用于“我”上，超验的用于对客体的错误认识上。但有意思的是，对传统中超验与先验有清楚认识的海德格尔，却在语词上不分，一概只用在传统上表示“超验”的“超验性”来表示自己所谓的根据，但因为他用此词时，一般不在传统的超验意义上，也因为它与康德的“先验性”有本质关系，所以我们按照他的本意译为“先验性”，以表示其倾向及与哲学史之关系。需要注意的是，海德格尔没有纠缠先验与超验的复杂关系，他只关注经验的真正根据，故他用此词时应当是指它的直接意思：超越的与超越者，主要指主体的自我超越。[①]

现象的波动导致了显象与对象的理论上的双重结构，但正如前文所说，对象并非是真正外于知识综合行为之外的先在的东西，所以对象只是知识行为的一个设定，是知识行为对自己来源的设定，它依赖知识内容。因此，对象不能是导致显象进行统一的外指所指向的真正根据。但，既然对象是被设定的，所以并不能说对象—物本身的说法

① 参见 *The Metaphysical Foundations of Logic*. trans. by Michael Heim. Indiana University Press，1984. 第二部分第 11 节 a“关于超越性的概念”。

全无道理，因为，当我们设立对象为直观统一的根据时，我们确实需要一个根据，这根据确实在起作用，使我们的有限知识波动。只不过，我们对此根据的认识在日常意识中比较简单而已。对象被当作在显象之后的在自身中的物就是一种自然意识，在哲学思考中是可以悬疑的。不过，虽然这种意识有问题，但却不可因此认为没有一个对显象进行引导的东西，而是应该在更深刻的意义上把握这一引导性的力量之源，所以海德格尔在讲了康德关于“显象”与“显象之后”的问题后，说：

这一“在……之后”不可表示这个意思，即对于有限知识，在自身中的物仍可站在它的对面(按：即它在有限知识之内)。相似地，它也不能表示在自身中的物是不可“充分的”被把握，即它的本质是自由浮动的，只能偶然地间接地是可视的(按：此种观点是柏拉图式模仿论的重要方面)。而应该是，“在显象之后”这一表达，表达了这样一个事实，即有限知识作为有限的，必然在同时也掩蔽着(conceals)，它先在地掩蔽着，致使“在自身中的物”不仅不完善地通达着，而且是对这种知识就其本质上绝对地不可通达。[①]

在自身中的物并不是指那显象似乎可以反映的，多少与显象有些关系的东西。如柏拉图所讲的显象与理念的关系，显象是多，理念是一，显象不完善地、但同时又含有了理念。就那真正的给出显象者来

① *Kant and the Problem of Metaphysics*. trans. by Richard Taft. Indiana University Press, 1990：22.

说，它是完全处于有限知识之外的东西。海德格尔指出，这并不意味着这个真正的物自身不可能，而是表象对它的通达方式并非如一般所谓的表象与对象的关系的方式。人的有限知识必然关系到这一真正的物自身，但同时却错误地把它设置为一种东西——对象。康德在"先验辩证论"也谈到这个问题，并称这个被设置者为"理念"。也就是说，一般所谓在自身中的物，显象的对象，仍和显象是同一类存在者，它就在显象的层次中，海德格尔引康德的话说："依照着《（纯粹理性）批判》，在一显象中的每一个东西自身仍还是一个显象。"[①]

如果我们要沿着对象，在自身中的物的问题继续追问下去，也就不能在有限知识之内找答案，在自身中的物与显象的区别的问题，"作为（《纯粹理性批判》的）基本问题，只能通过把它们更为明晰地置于人类有限性的问题性之上才可理解，才可成为一更广阔的问题的一部分"。[②]

也就是说，问题应上升到有限知识及其根据的层次上，而不是在有限知识之中找解决办法，根本维度要转变。就康德的思路来说，假设我们承认有限知识是成真性综合，而成真性综合又是感性与知性的综合，那么它们的根据、它们的所指，即把它们作为自己的结果、自己的运用的那个源泉，就分别是纯粹成真性综合、纯粹感性、纯粹知性。康德的《纯粹理性批判》一书的结构是，把先验感性与先验知性分开来讲，尽管他讲到经验中的直观与概念在一个知识表象中互相依赖，即感性显象要依从知性概念的指引，知性概念要在感性显象的基础之

---

①② *Kant and the Problem of Metaphysics*. trans. by Richard Taft. Indiana University Press, 1990：22,23.

上，两者在知识整体中是统一的，无法独立的。作为它们的根据，应该不再有这么一种勉强分立的形式，但康德还仍然分讲纯粹感性与纯粹知性。对于康德来说，他这一做法是谨慎的，即他不想过于激进地下结论，提出一个关于根据的肯定性描述。他在先验的层面上分立它们，把它们各自的特点充分地讲清楚，至于它们之间关系如何，则不再追究了。海德格尔则要通过分析康德的先验感性、先验知性的特征，明确地指出它们其实就是同一的，或它们都消融在某一原始的统一体中。

这里还要说明的是，前面讲过，“概念”仍旧是一个直观，即材料综合形成的一个对于综合的特殊的直观，真正引领材料综合的是“对象”。在此，又讲物自身其实是不可通达的，连“对象”其实还都不是物自身，还仍然是“概念”所指引出来的知识中的东西。这些关系怎么理解呢？应该是这样的，材料在一个综合运动中，形成一个运动着的“现象”，现象中，材料总是要综合出结果，这个结果就是“概念”，概念指示着一个“对象”在知识之外，是它引起了现象。但是，严格地说，“对象”也是由于材料综合运动所构造出来的自己综合力的根源而已，它是一个设定。关于这点，康德在《纯粹理性批判》的“综合的同一的原理是一切知性运用的最高原理”一节中讲得很清楚：“知识由‘所与表象与对象的一定的关系所成’；对象则是‘所与直观之杂多在对象的概念中所联结的事物’。”[①]也就是说，“现象”的运动，会造成一个结果，即现象会显得是一个“对象”和“直观”的关系。但是，正如海德格尔指出的，

① 康德：《纯粹理性批判》，蓝公武译，生活·读书·新知三联书店1957版，第103页。

“对象”仍然是有限知识中的，不是有限知识外的无限的知识，真正引动有限知识形成的是物自体(无限知识)。但是，因为一切知识都无法超出自身，所以，这个无限知识是和有限知识断裂的，它究竟是什么样的，那是无法知道的，这也是康德强调的重点。这也正是有限知识之为“有限”的地方，因为这个原因，康德把知识总体上看作是“符号的”，即它是以符号性的方式来表达这个不可知的物自体，知识不是和物自体有自然的通达的。如果是这种自然通达的关系，那么它们之间的关系是象征的，即以部分来表示全体，甚至以全体来表示全体。但知识受物自体影响产生，却不能和它通达，于是，它只是符号性地、指示性地表达物自体，就像我们的语言，用声音这个和对象毫无关系的东西来表达对象一样。

但是，现象运动，总是有所指示的，物自体虽然不能通达，但它毕竟在知识运动中被指示着，因此，在另一个意义上来说，也可以说知识表达了物自体。只不过这个表达是一种符号性的表达。符号总是在表达对象中取代了对象，这是海德格尔转型期讲真理的本质是“解蔽”和“遮蔽”双向关系的意思。有限知识与无限指示的关系就是这样曲折地联系着，这个状况，恰恰就是海德格尔关注的有限性。人就是这样的有限性，他把无限的东西曲折地带到(认知)有限世界来。那么，这个时候，这个主体的、“此在”的什么东西，使有限性作为有限性的一切发生了呢？这是海德格尔最关注的问题。接下来，他要讲“先验性”，就是要讲这个主体中有限和无限沟通的这个关系的机制，这就是有限之为有限最重要的地方。前面通过对知识本质的分析，把知识整体上看作是直观，看作是感性的、接受性的，已经部分地揭示了有限知识的有限性了。接下来就是要看这个有限性是怎么来的,这个有限性本身的运作是怎么样的。

第二章　感性与想象力是知识的先验性

第一节　知识与主体先验的展开

一、先验性:作为“看”的根据的下行与出窍

人总是在经验中而拥有经验。海德格尔说:“经验意谓:存在者的有限的直观的知识。”①我们的经验从来不仅仅是直观，直观一旦成为直观,同时必会联结,皆会有“指向对象”的现象,显象与对象合为一存在者。在经验中,必然有这么一个现象:一个对象,或笼统地说,一个存在者,必然给人以直观,人把直观综合成知识。故海德格尔说:“存在者作为一站在对面的某物,必须给出知识。”他认为,经验的这种结构,正反映出了人的有限性。他说:“只有有限知识才有对象,于是才有‘同一’、‘对……符合’的问题，无限知识则无此对立。”②

海德格尔在阐释康德的过程中提出,知识是由成真性综合活动导致的。按这个说法,成真性综合应当是知识结果之前的,它本身就是“纯粹的”,不过海德格尔还是区分了经验成真性综合与纯粹成真性综合,把前者当作知识,后者作为知识的根据,这里反映出他的理论中的一定的含糊性,但我们暂依他的说法,把导致知识的成真性综合称为纯粹的成真性综合。

上节讲过,纯粹的成真性综合是知性与感性的综合。海德格尔

---

①② *Kant and the Problem of Metaphysics*. trans. by Richard Taft. Indiana University Press, 1990: 79,20.

说:“源泉的两重性并非是并列的,只有在它们的结合中,知识才能产生。”

海德格尔强调,不可把这原始的统一体当成经验的统一体,在原始的统一体中不要把感性与知性分开。如果在经验知识中,可分析出感性与知性两种要素,那么,也不可认为“把两个孤立的要素连在一起就得到纯粹知识(即知识的根据,纯粹综合)了”,“它们的结合比它们更早”。他把这根本的综合(纯粹成真性综合)称为“基本的源泉”,是知识的“根(root)”。[①]

海德格尔说,就形而上学的基本任务是给出知识的根据、来源而言,那么,对此先天的综合的内部可能性的筹划,就是为形而上学奠基了。[②]海德格尔认为康德的《纯粹理性批判》是为了揭示知识如何可能的,所以他认为康德做的工作就是为形而上学奠基的工作。

海氏进一步发展说,纯粹的综合就是对站在我们对面的存在者的存在的先在的知。[③]关于这点,也好理解,因为存在者存在的根据,可以称为存在者的存在,存在给存在者以根据。既然如此,人既然要使知识是正确的、是真的,那就必须使把直观符合存在者的标准:存在者的存在显明出来。它的前提就是必须先知道存在者的存在,故而,存在者的存在的知是知识的根据,也就是说纯粹综合是知识的根据。依照康德理论,知识的根据在于人的先验性,所以海氏又称这纯粹的综合是先验性(transcendence)。并且,根据存在者—存在 (ontic－onto)的对应,那么就有知道存在者的有限知识(ontic knowledge)与知道存在

①②③ *Kant and The Problem of Metaphysics*. trans. by Richard Taft. Indiana University Press, 1990: 24,39,25.

者的存在的本体论知识（ontological knowledge）的对应，也就可以说这纯粹综合就是本体论的知识，纯粹综合又可称为本体论的综合。

于是，为形而上学奠基就是一个“先天综合如何可能”的问题，也就是“人如何能先于对存在者的处理而知存在者的存在”的问题。[①] 人这种东西，如果它能有知识，那么它的本质中必然有能够有知识的能力，而有知识，海德格尔称为“对一个存在者开展”。于是海德格尔说：

> 本体论的可能性问题就是对存在的原始理解的“先验性”的基础的问题。先验性结构了先验的综合。这个问题也可变为：人这有限的存在，如何依循自己的本质，使自己能对一个存在者开展？[②]

海德格尔通过这些推进与勾连，把康德的知识理论与形而上学、本体论联系起来。有限知识是主客两分的，是要面临思维和存在如何同一的问题的。但是，这种格局是如何形成的呢？探求这个问题，略等于康德对于知识可能性的探求，即知识的可能性等同于经验知识是怎么来的这个问题，而且在这个问题里，还能解答无限知识是怎么变成有限知识的、这个转变的机制是什么等问题。到了这个程度，知识可能性问题就是形而上学的问题了，同时，也就凸显出认识主体的这个机制，其实就是形而上学的核心机制，它体现了有限性的本质，其实也将揭示无限性的秘密。“先验性”从名称上来说，带有超越性质，但

①② *Kant and the Problem of Metaphysics*. trans. by Richard Taft. Indiana University Press, 1990：25，28.

是同时，它就是“有限性”、下行性，它揭示着无限到有限是怎么异变的。

那么，什么是先验性，即知识如何可能呢？海德格尔在阐释康德时，并未一概跟着康德的理论走，他事实上是用自己的语言结构起一个框架，然后再把康德的理论消融在其中。

知识是在经验中的，经验必然凝结成知识。知识处在必然会产生知识的经验的结构中，于是，只要弄清经验的结构，并指出经验结构的可能性，就可解决知识如何可能的问题。

海德格尔指出，知识最根本上来自经验中的“看”(look)的行为。在经验中，人总是站在被经验者的对面，感觉它，产生直观，再综合之，产生知识。于是，经验就有这么一个结构：在一个“看”的平面的两端，分别站立着人与存在者。人面对着这个平面，而站在这个平面后的存在者又在这个平面中的显象中显示自己。这个结构又可简化为人站在存在者的对面。

这样，经验就有了这两个前提：(1)存在者要站在对面。“站在对面”本身不指任何一个存在者，它指向所有存在者共同的状态，是所有存在者共同处于其中的东西，海德格尔称之为一个境域（horizon）。存在者是站在“对面”这一境域中的，我们经验的标准（即客观实在性），悉从这个境域而来。“境域”是站在人对面的存在者的整体，它与个别的存在者是整体与部分的关系，两者不能截然分开。海德格尔说，对于纯粹的“转向”来说，面对着它的是纯粹的站在对面，即纯粹的对象，也就是康德所说的先验的对象，一个“X”。他指出，这个“X”中有两层含义：一是它是某个东西，是单个的存在者。而同时，它又不是某个东西，仅仅表示“客观实在性”，表示处于“转向”的东西，在这个意义上，它是“无”，因为人要知道的东西总是一个个个别的存在者，人总是在把所知者当成一个个东西的模式来知的，如它不是一个东西，那么它不可知，是“无”。海德格尔强调说，这个“无”不是毫无意义的，它虽不能为我们知识能力把握，但它却是“直觉”被约束、同一的力量。他说“无”意味着：不是一个东西，而又是一个东西，它正是“纯粹境域”，“正是‘站在对面’的本意”。① (2)人要能“面向”“转向”这个境域，否则无法接受这个境域传达来的感觉，谈不上形成经验或知识。于是，作为经验可能的条件，就必须同时能给出这两个前提。海德格尔说：

> 本体论的知识……是一个存在者能够自身站在一个有限的造物对面的可能性的条件。有限造物需要这一转向……的基本能力，它(某物)站在对面。

对此，海氏称之为“原始的转向”，也就是“先验性”。②经验是一个有限造物(人)站在存在者对面，这个有限造物如果“能”站在物的对面，则必然也可让物站在人的对面，“转向”与“站在对面”本来就在相对关系中，能有一必能有其二，因此海德格尔在此说先验性是人的“能”转向。人转向物，这表达式中必然还包含了人对存在者有所行动、与存在者发生关系的含义。换句话说，先验性这个“能”，也是无限

---

①② *Kant and the Problem of Metaphysics*. trans. by Richard Taft. Indiana University Press, 1990：83,47—48.

走向有限时进行裂变的机制。

人的"'能'转向……"，不仅造就了在这转向中的人，而且还造就了"站在对面"的对象，所以，先验性的"能转向"、"让站在对面"就不仅仅是主观的，它有更深的含义，即它包括了"客观实在性"。这一客观性不是对"能转向"的人来说的，而是对在被转向，即在经验中的人来说的。这里，我们要注意一个区别，即先验的人与经验的人的区别。经验的人站在一个对象的对面，这就需要它的本质能允许有这一"转向……"，而它的本质既然能允许这一转向，也必然能允许有一个"站在对面"的境域或物。经验的人从自身中超越出去，先天地通达对象，它涵盖、产生了经验，包括它之中的经验的人与经验对象面对面的结构。海德格尔指出，在经验中，人接触对象，把对象"处理"成直观，从而开始了知识过程。但海德格尔指出仅仅有这个事实是不够的。相反，这个问题现在第一次被提了出来："是什么必然属于这一对存在者的处理的可能性，既然这一对存在者的处理并非是自明的？"[①]确实，人站在对象对面，处理对象是一件不争的事实，但海德格尔却并不认为这是自明的，这一事实本身还尚需根据，这涉及哲学中的大主题，即思维与存在为何能同一？因为如果不同一，知识根本不可能，或知识仅仅是幻觉。知识的客观实在性、有理由性仅仅由人站在对象对面这个事实解决不了。从自明性意谓无须进一步的根据来说，这个事实没有自明性。

海德格尔指出："一个处理物的直观只有在'让站在……的对面'

① *Kant and the Problem of Metaphysics*. trans. by Richard Taft. Indiana University Press, 1990：48.

中，在‘转向……’中才能发生。”经验中的人处理对象这一事实只能在“让自己站在对象的对面”、“让自己转向对象”的这样的先验的条件下才有可能，同样，经验中，人的直观与对象相应（correspondence）的现象也只有在上述条件中才能发生，所以海氏接着说：“后者形成了一个纯粹的相应。”[①]也就是说，先天地形成经验中的人与对象相对与相应。

所以，海德格尔认为，知识—经验之所以可能，在于拥有知识的人能先验地给出经验的两方面，一方面是自我，一方面是对象。这先验性不仅具有主观性，还应含有客观性。他说：“把自己转向的让站在对面形成了一般客体性的境域。”[②]于是，先验性对于经验中的自我来说，有着“走出”的特征，“这一在有限知识中在先的、并在所有的时候都必然的‘走出向……’，因而是一不断的‘从……的站出’”。[③]海氏在此言后以括号注了一个“出窍”（ecstasis，按：又有中译为“绽出”）。“出窍”是海德格尔思想中最关键的词，在《存在与时间》中不断出现。这个词似乎比较难以理解，但这个词在以前一般用于宗教式体验，柏拉图讲诗的创作中的“迷狂”，用的就是这个词。海德格尔显然对这个词进行了改造，用在自己的思想中。出于此词与宗教体验的关系，故倾向于用“出窍”作为中译。这个核心词在此第一次显出与传统的知识论的关系。按照这段话的意思，“出窍”之得名在于先在地“走出自我”。定位于主客同一的问题的解决中，它就是先验性，就是标识出转向的知性与标识出“站在对面”、在我们之外者的感性的本体论的综合。

---

① *Kant and the Problem of Metaphysics*. trans. by Richard Taft. Indiana University Press, 1990：49.

②③ *Kant and the Problem of Metaphysics*. trans. by Richard Taft. Indiana University Press, 1990：81.

二、关于“最高原则”与“统觉”的问题

海德格尔在讲先验性就是“转向”与“站在对面”的结合体时，用的都是自己的语言。但与此同时，他还未忘记自己阐释康德的任务，所以又把这些与康德联系起来。康德曾说过有“一切综合判断的最高原理”，这当等同于海德格尔讲的知识的可能条件、先验性。所以，海氏在以上述方式讲述先验性后，引了康德的话来证明自己：

> 康德给出的“一切综合判断的最高原理”的总结性公式是什么？它是“经验的可能性的条件同时就是经验的对象可能性的条件”。

海氏进而指出，上面的这个命题的关键词是“同时”。他说，这一“同时”就表达了结合转向与站在对面的结合体，也就表达了“能”转向(出窍)与“能”站在对面(对象的境域)的结合体，故而“先验性是出窍—境域的”。[①] 很明显，他把康德的公式中的“经验”当作“转向”一边，把“经验的对象”当作“站在对面”一边；把前者当作认识主体一边，后者当作认识客体一边，这样康德的话正是他的意思。

但对康德稍有理解的人都能看出，海氏的这个归纳明显地曲解、篡改了康德，而且是有意地。为什么说是有意的呢？因为，康德曾明

① *Kant and the Problem of Metaphysics*. trans. by Richard Taft. Indiana University Press, 1990: 81.

确地说过:“一切综合判断的最高原理为:一切对象从属‘可能经验中所有直观杂多之综合统一的必然的条件’。”而海德格尔引的那句话,只是康德在这原理之下的引申。海德格尔为什么不引康德正式的定义,而仅引了它的引申?因为他要回避这一定义,因为这一定义没法被他那样归类,而且这一定义甚至反对它这样归类。

康德所说的“可能的经验中所有直观杂多的综合统一的必然条件”指的是认识主体方面的固有的认识方式:时间、想象的平面与范畴。即主体必然以时间来整理感觉为直观,然后必然将之再生,必然将之依范畴统一成概念,所以康德说:“故综合判断之所以可能,吾人必须在内感(按其基本方式为时间)、想象力及统觉(按其方式为范畴)中求之……这三者实为那完全依据表象综合而造成的任何对象的知识所绝对必须者。”[①]所以康德讲的最高原理,实际上就是讲对象从属认识主体的先天认识结构,这也就是康德“哥白尼式革命”的意义。如果是这样,那么海德格尔所引的那句话中的“经验的可能性条件”,指的是认识主体的先天结构,及康德主体的先验性结构,它就是“经验的对象所以可能的条件”。康德并未把“经验”归到“转向”即主体一边,而是把“经验的可能性条件”归到主体一边。海德格尔只用这原理的引申,是因为在这引申的字面上可以做文章,而对于难以做文章的原理的正式阐述,则有意回避了。

但我们不可因此而认为海德格尔对康德的阐释毫无价值,只是在借题发挥、自说自话。相反,我们说,海德格尔深刻地理解了康德,并

① 康德:《纯粹理性批判》,蓝公武译,生活·读书·新知三联书店 1957 版,第 151 页(A149、B188)。

且在他的批判哲学整体上理解了康德。海德格尔是借对康德的《纯粹理性批判》的阐释来阐发他对批判哲学整体的理解。

海德格尔的阐释与康德原文的差距，似乎正是《纯粹理性批判》与批判哲学整体的差距。《纯粹理性批判》是自成一体的，它同时又归属于批判哲学整体，这样《纯粹理性批判》的一体必然带有阶段性的特征，也就是说，康德必然要限定《纯粹理性批判》中一些问题的发展。一些问题本来按逻辑发展要超出《纯粹理性批判》的范域而追溯更深的根据的，而康德为了保持完整性就不得不模糊这一问题的纵深度，或者切断之，并通过与同平面东西的联结，用另外的东西来补充、遮盖这种切断，这必然会浅化和偏置这些问题，带来该书内容的一些局限性。《纯粹理性批判》多处显出了局限性的痕迹（海德格尔指出了一点）。

康德的"最高原理"很明确地把对象从属于认识主体的先验性。从这方面来看，海德格尔的阐释有误。但如更仔细地审视康德，就会发现"最高原理"的明确性后面，却有一模糊处。

首先，最高原则讲对象从属于主体的先验性的说法，如果结合到"对象"问题上，则仅仅是"对象"问题的引申。因为如上一切所述，康德也好，海德格尔也好，他们都承认，当对象作为直观的对象，即作为直观之后的某一个个体时，它是一种知性的表象，也就是知性对直观的提供者的表象。直观已被提供，必然是带着互相联结的趋向，可以说这一趋向是直观的提供者给予的。人对此直观统一的趋向进行意识，就把这直观的统一趋向意识为"一"，同时又把这"一"与直观对照，于是"一"就有了"外于直观"的性质，并"可应用于直观"，于是就产生了一个外于直观的、给出直观杂多的统一的个体。所以可以说，这个个体—“对象”是主体的、直观的、统一的意识，或者说是知性对直观提供者的表象。所以说，就它是“某个东西”、某个存在者来说，它必然是从属认识主体的先验性条件的。所以说“最高原则”只不过是“对象”理论的一部分的引申，它以更深刻的“对象”问题为前提。

康德也认为，产生这么一个从属于主体的“对象”，根本上还是与“知识的杂多中所必然见到的统一”有关。[①] “杂多的统一”导致一个“先验的统觉”，它指“统摄杂多在一意识中”，它自我意识到自己统摄直观，且是通过范畴的方式的，故可说一切直观皆从属范畴，“一切感性直观皆从属范畴，范畴乃是感性直观之杂多所唯一由以而能统摄在一意识中的条件”。[②]范畴必然导致经验概念，所以范畴是“纯粹概念”，范畴是意识的必然统一方式。所以，康德把直观的、统一的、原因的一头归为“先验统觉”。而康德又说，意识的必然的统一“实际上”就是“与对象的关系”。[③]在此，我们要强调“与对象的关系”这个表达是一个整体。也就是说，统觉一方面是“自我同一”，另一方面必然要产生“与对象相关”这一模式来统摄直观，统觉必然要在“直观是我与对象关系的产物”的模式中统摄直观，统觉必然要在“直观必须是某种对象的显象，这些显象是因它们是这个对象的显象而同一，直观必须统一在对象中等等”的模式中统摄直观。康德说：“自我同一的本源的、必然的意识，同时亦即一切现象依据概念——即依据不仅使现象必然的再生且亦因而规定‘它直观的对象’(此对象，即现象必然在其中联结的‘某

①②③　康德：《纯粹理性批判》，蓝公武译，生活·读书·新知三联书店1957版，第127页(A109)，第106页(B143)，第127页(A109)。

某事物的概念’)的规律——的综合所有的必然的统一的意识。”[①]“与对象相关”作为统觉的模式，其中“对象”是一概念，即统觉统摄直观的一种方式、一种范畴（大略即是“关系”范畴中的“实体与属性”、“原因与结果”等）的产物。所以，从这个意义上说，对象其实是一个对象概念，是属于“统觉”，即自我的。

但是，从这一模式本身来看，统觉为何要在“与对象相关”这一方式中统摄对象呢？统觉为何自身要假设一个与自身相“对”的东西呢？这只能这样解释：先验统觉本来就处在一种使直观统一的状态中，于是它把自身的这种状态意识为“我与对象相关”，意识为“我”与某种东西相关。正是在这种情况下，先验统觉把这种状态意识为一个“东西”与另一个“东西”的“关系”，即“我”与“对象”的“关系”。在这个表达式中，“自我”与“对象”都是一个“概念”。这正如海德格尔讲先验性是“让……站在对面”一样，先验性的“出窍”的方式中就必然包含了“转向”与“站在对面”的对立，先验性是同一与差异的两重性的统一体。对象是一个“概念”，这好理解，但为什么当“对象”是一概念时，与它相对的“自我”也是一概念呢？这涉及康德“自我”问题的含糊，关于此，后文将有专题分析，此处要简单地指出的是，自我——“先验统觉”的自我意识所意识到的东西，是直观统一、直观有所约束的现象的产物，是直观统一中“统一”的自我意识，它以“直观统一”为前提。

正因为这样，“先验统觉”因为自身的有限性，先天地能感到自身不满足，要以一个“与对象相关”的方式来思考；同时，它又是“直观统一”中的“统一”，它必然能让直观统一。两者结合起来，就产生了康德

① 康德：《纯粹理性批判》，蓝公武译，生活·读书·新知三联书店1957版，第127页（A109）。

比较含糊的模式，即经验中的自我与经验对象相接触，产生“内感”。“内感”又依先验统觉而变成直观，然后再生、综合成概念，形成知识。知识要从属先验统觉的方式，即“与对象相关”的方式，并因为此，这方式、范畴，先天地具有“客观实在性”。康德非常强调范畴的“客观实在性”，并因而设立了一个“先验对象”来代表它，即经验中有对象的根据，自我与“对象相关”的“对象”的根据。可是他在讲范畴为什么有“客观实在性”时却非常含糊。但是，康德提示了范畴的“客观实在性”是来自“与对象相关”的统觉的基本方式的。但从“与对象相关”的方式到得到这个结构，其过程很含糊，康德也未加以阐述。但要强调的是，“客观实在性”的根本，来源在于“自我”问题，康德在关于“自我”、特别是关于“自我”为何要以“与对象相关”的基本方式来实现自己的能力，即为何要自我异化的问题上，说得特别含糊。《纯粹理性批判》看起来清晰，但这些清晰都是在通过某种更深的含糊过程得出一些结论后的清晰，所以可以说，《纯粹理性批判》在最根本处即“自我”问题上是含糊的，一个很明显的证据是，康德的批判哲学整体在一个“我们有经验”的人类基本现象上，区分了三种自我：认识自我、道德自我、审美自我。“自我”应该都是同一的，康德也承认它们是同一的（正是因为认识到认识自我、道德自我要同一，才有了一个审美自我）。但如果是这样，那么这几个自我在其专题建构中，就可能存在问题。

康德的一切综合判断的“最高原则”，其实并非是最高的，它是“自我—统觉”、“范畴”问题的延伸。康德说：“统觉的原理，是人类知识全范围中最高的原理。”前一个最高原则，讲对象从属先验主体性，而先验主体性又具有客观实在性，客观实在性又来自“统觉”的问题。而最后这一步是很含糊的。但是，我们这样说并非否定康德，深刻的含糊比浅薄的清晰深刻得多，前者触及了最根本的东西。

海德格尔在表面上确实篡改了康德的“最高原则”，但他的解释并非无涉康德，而正是试图在最根本的源头上解释康德。不过海德格尔做得不够的是，对于康德最根本的含糊，他并没有分析（尽管他整体思想一直强调“基本本体论”——人的问题的核心地位），没有指出这根本的含糊的开始点如何，没有分析这含糊中的真理、含糊中的谬误，含糊又是怎么导致的。当康德的话可以为他所用时，他就拿来用；当不可用时，他就自己说，不过他自己说的又能够契合康德含糊中的真理。本来，康德的含糊，其中就包括有导向真理的可能性，也有导向谬误的可能性，本身就包含有自相矛盾、脱节的地方。作为严格意义上的阐释，应当指明这些，并且在要用自己的语言时，也应当指明自己的语词与本文的语词关系如何；要在某个意义上用本文的词时，也应指出本文中的词本身就有两可的用法，而自己如果用是依据什么理由，是依据本文中含糊的真理的可能性呢，还是完全和本文无关的理由。海德格尔没有这样做，他倒是在“想象力”问题上分析了康德的含糊，但对康德《纯粹理性批判》一书中更为基本的“自我”问题中的含糊却没有涉及。同时是大量地替换康德的词义，康德《纯粹理性批判》一书中的语词都为该书的系统服务，而海德格尔却用这些词去为整个批判哲学整体服务。关于这些替换，上文举的“最高原则”就是一个例子。此外，纯粹感性、纯粹知性、范畴、概念等基本语词都有这个问题，本文不做一一分析。对于这些替换，我们的态度应该一分为二，一是它们总体符合康德整体批判哲学，并且符合《纯粹理性批判》一书中含糊中的真理的可能性。二是海德格尔的阐释态度确实是“暴力”的，从文本解释的角度来看，它与整个文本发生了错位。对此，我们只能说，这是两个哲学巨人之间“相契”性的理解。

三、时间、纯粹感性和主体能动的展开

海德格尔指出，本体论的综合就是知识可能的条件，本体论综合就是纯粹成真性综合。它先天地给出同“转向”与“站在对面”相对立的经验结构，它同时是“能转向”与“让站在对面”，是先验性，是人的“出窍”。其中，“转向”与“站在对面”分别是两个相对的“境域”，“境域”中总是包含有作为整体的“无”与作为个体的“有（某个东西）”的两重性（不过，在对康德的阐释中，海氏主要讲对象方面的“境域”，先验性是综合两个境域的综合者）。

如果我们稍微深入地考虑一下两个境域的综合，就会感到，这综合还是有些复杂关系的。因为每个境域分别有先验与经验之分，则两个境域的相对即有纯粹的相对与经验的相对之分。先验性的综合是综合纯粹的相对呢？还是综合经验的相对？还是两者都综合？海德格尔的思路是保留经验的相对，同一化先验（纯粹）的相对。海德格尔认为，先验的“转向”——“能转向”、转向自身，就是先验的“站在对面”。能转向在把自己转向的同时，就让……站在对面。他说：“如此把自己转向的‘让……站在对面’，形成了客观性的境域。”[①]相对于经

---

① *Kant and the Problem of Metaphysics*. trans. by Richard Taft. Indiana University Press, 1990: 81.

验中的“转向”来说，先验的“转向”是对经验的“走出”。这里，我们可以看出这种表达与康德的先验统觉总是以“与对象相关”的方式统摄对象的表达有契合之处的。经验中的自我的根据、它的纯粹者是“走出”它。这也是一种“自我异化”的模式，并且，两者都在这样的表达中表现自己为一种动态的关系。

这样，我们基本上可以勾勒出海德格尔的整体知识结构：先验性在上，经验性在下；先验性是统一的，它给出以“自我与对象相对”的模式而存在的经验。

那么，在知识中可分析出的直观与概念的分别对应者：感性与知性，其关系如何呢？它们在经验中是并立的、相对的，而这相对，正相应着经验中有自我与对象的相对。那么，如果先验自我与先验对象在先验性中统一，则纯粹直观与纯粹概念也应在先验性中统一了。按康德的观点，直观与概念有纯粹的与经验的之分，纯粹指一种方式，纯粹直观是先验感性处理材料的方式，纯粹概念是先验知性处理材料的方式。

海德格尔确实认为“纯粹”感性与“纯粹”知性是统一的，即在先验性中，主动性与接受性是统一的。接受性的标识者感性，在其先验性中有主动性；主动性的标识者知性，在其先验性中有接受性。

先看海德格尔对“纯粹”感性的论述。

康德说纯粹直观的方式是空间与时间。海德格尔认为，空间是各种关系，如在……旁边、在……之上、在另一个之后，空间不是像存在者那样的“在手之物(the thing at hand)”，它不能在“这里”或“那里”等任何一个地方被发现。空间作为方式是纯粹的，它是各种经验关系的根据，毋宁说空间是各种经验关系的整体与关系本身、关系的“境域”。海氏说：“为了使在手之物能够被显示为延扩的、在各种限定的空间关系中的延扩体，则空间必须先在于任何一种这样的处理。”如果空间要被意识到、被表象的话，那么它必须表象为“某种使在手之物能‘在其中’被遭遇到的东西”。[①]

海德格尔指出，由于空间本身包含各种经验的空间关系，则它常被表象为某种“可应用于多”的东西，成了一概念。但他强调，空间与各种经验空间关系的关系绝非如概念与杂多的关系。他说空间是一统一体(unity)，它不可由各种有限关系结合在一起而得到。空间的统一体不是概念的统一体，它是一种“在其自身中就是一统一体”的东西，各种经验空间关系不过是这统一的空间的限定。而且，这限定就是空间的本质，空间不仅是一统一体，而且在其本质中还必须要把自己限定为某种限定的空间关系，在每一个限定的空间关系中，都有空间的整体，“所以，对空间的表象直接就是对限定的空间关系的表象，即直观”。[②]这话就是说，如果对空间进行表象的话，总是把它表象为某个空间关系，而无法直接表象出一个空间本身，这就是空间是直观方式的意义。直观，总是以空间方式直观，它必须使直观中有限定的空间关系，而反过来，空间本身，如果要显示出自己，则必然是在直观中显示自己，必然是以其特殊的空间关系显示自己。而且，空间必然要以特殊的空间关系显示自己，空间不可不在直观中限定自己，限定自身是空间的本质。因为，空间是直观的方式，离开直观，空间不可存

①② *Kant and the Problem of Metaphysics*. trans. by Richard Taft. Indiana University Press, 1990: 30.

在，既然不可离开直观，则它必然要进入直观的产物——直观（名词），必然要限定自己。

海德格尔说，空间是延扩本身，它和具体的延扩的关系是这样的：它必然要限定自己为限定的延扩，但它必然又本质地不同于那种限定的延扩，它们之间是无限与有限的关系，也就是整体与部分的关系。整体与部分的关系不同于概念与杂多的种属关系，它没有杂多"在它之下"，而是在它自身内部，同时"给出它的部分"。

在此，海德格尔比较清楚地阐述了一种德国观念论比较熟悉的、和黑格尔思想很接近的整体与部分的关系，可为前文讲的整体与部分（"无"与"有"）参证。

空间的部分与整体的关系，反映出了纯粹直观（必然会限定成部分的整体）的主动性。空间的部分和有限的存在者结合在一起（按：传统上把有限的存在者称作"延扩体"，如《存在与时间》专门就此批判笛卡尔），同理，有限存在者的无限整体则与整体空间结合在一起，而如果空间整体与存在者的无限（按即"存在"）结合在一起，那么空间本身中就有它的被处理者，而不需要去接受。所以海德格尔在这里说："纯粹直观作为直观，必须是：它不仅直接给出被直观者，而且直接给出它的整体。"[①]而有限直观因为只拥有了被直观者的部分，所以它们还要有所联结地外指，设对象在自己外面，设自己为对对象的接受，所以，纯粹直观关系到的是"存在而非存在者的知"，它"必须给自己能够被

① *Kant and the Problem of Metaphysics*. trans. by Richard Taft. Indiana University Press, 1990：31.

表象的东西”。[1] 也就是说，对于有限直观来说，它的被直观者是外来的、是有限的，而这个被直观的本身、存在，则在无限直观中。无限直观限定自己为有限直观，就是把有限对象给予有限直观，正如前文所说，先验性给自己（它的自我意识、经验中的“我”）以对象一样。所以，海德格尔说：“纯粹直观必须在某种意义上是‘创造性’的。”[2]

关于时间。海德格尔依康德说，时间比空间更原始。这是在时、空都属于“主体”的意义上说的，时间与主体的关系比空间与主体的关系更原始。

“空间只先在地给出了被遭遇者在外部意义上被安排的关系的总体。”[3]它们还必须与“主体”有关才有意义。但不管这外部的秩序如何，它当下对主体的关系只是像敲门那样一下一下的“内感”。“‘内感’的被给予显示出它没有空间性的形状与空间性的指向。”这一下一下的“内感”被时间联系成一个“我们心的状态的连续”。内感犹如特殊空间，时间犹如整体空间，其关系是部分与整体的关系，故而时间是“内感的形式”。[4]

基于这些，我们可整理如下：时间是主体的内在状态及其关系，它把外在的空间关系收入主体。但我要指出的是，时间收入的，只是特殊的空间关系，绝非整体的空间，整体的空间是纯粹的，它没有对象在它之外，故而它也不会在主体之外，应该说，纯粹的空间与纯粹的时间作为统觉的方式，并不存在谁属于谁的问题，而且它们必然结合在同一个直观活动中，一次直观，必然在“内感”与“外感”两方面产生直观。

---

①②③④ *Kant and the Problem of Metaphysics*. trans. by Richard Taft. Indiana University Press, 1990：29,30,32,31.

从理论上，外感系于内感，并从属内感的方式时间，但纯粹空间并不从属纯粹时间。犹如在先验性中，纯粹感性与纯粹知性是统一的，在纯粹直观中，“内”、“外”也是统一的，纯粹时间与纯粹空间也是统一的。时间与空间之分是经验层面的问题。

不过，海德格尔还是笼统地采用了康德的说法，时间比空间更原始，因为纯粹时间比纯粹空间与主体的切近关系更明显一些。在此我们不必追究纯粹时间与纯粹空间究竟哪个离主体切近些，但起码有限空间是从属纯粹时间的，在此意义上，就不妨承认这个说法。因为这对我们不重要，更重要的是下面的结论：

时间直接地约减到内感的给予，然而，仅是当主体的主体性在向存在者的开展中生存时本体论更普遍一些。更加主体性的时间，即更加原始和扩展的东西是主体的展开性（expansiveness，Entschrankung）。[①]

更为重要的是主体的展开性，即纯粹直观指的是主体向存在者的展开性。至于是用纯粹时间还是用纯粹空间来标识它并不重要，康德既然已赋予时间以优先地位，不妨就以纯粹时间标识它，但标识它的，应是纯粹的感性方式，不可是有限的空间或时间。把纯粹直观当作主体—自我的展开性，在海德格尔的阐释中有重要意义，既然它是向存在者的展开，那么它必然就是“能转向”，“展开”表示了先在地允许对象“站在对面”，先在地知道了站在有限直观对面的存在者的存在。所以海德格尔说：

① *Kant and the Problem of Metaphysics*. trans. by Richard Taft. Indiana University Press, 1990：33.

> “先验感性论(transcendental aesthetic)”的任务是建立起本体论的感性(aisthesis),这感性(aisthesis)使先验感性“先天地揭示”存在者的存在成为可能。[①]

如果先验感性能先在地揭示存在者的存在,那么它有最深刻的主动性是无疑的了。

按照海德格尔的思路,对于康德的阐释,主要是寻找到“时间”对于自己存在理论的支撑。现在,他在先验性问题中,把先验性依照康德解释为“纯粹感性”,这个“纯粹感性”是主动性的,是一个展开。而展开,则是时间和空间性的,其中,时间性更为原始,也就是说,无限到有限的通道,就是时间性。那么,康德还提到有限知识的成分:知性,并且把知识生产过程中的主动性划归为知性。但按海德格尔的说法,在经验中,知性的主动性在先验的层面上是和纯粹感性合一的,它的主动性来源于人的感性的、时间性的、主动的展开。下面看看他具体的论述。

前面讲过成真性综合中“决定”的作用,海德格尔认为知性就是起对直观联结进行决定作用的。这个决定作用,一方面是对直观决定,另一方面,它正是因为主动把自己引向直观给予者,才使自己有这种作用。这一作用的被表象的表象,就是概念。

海德格尔说,表面看来,概念是一种可应用于多的表象,但这不是概念最原始的特征。海氏要讲概念的原始特征,就是要讲它的“纯粹

① *Kant and the Problem of Metaphysics*. trans. by Richard Taft. Indiana University Press, 1990: 34.

性”，即纯粹概念——范畴的意思。前文已叙，概念是直观统一的某种方式的表象形式，所以，概念的原始特征应当是直观在某种方式中的同一。这同一，是概念性的表象所表象的东西，它是如何与直观杂多相关呢？是作为一个与直观并立的表象，与直观表象有一与多关系的表象吗？海德格尔说："在概念中，某种东西并不是简单地被表象为那事实地属于多的东西；而是，它正是这属于，即在它的一性中的属于。"[①]概念表象的，正是直观对……有所统一的属于。海德格尔的解释还是比较符合康德的，康德在《逻辑学讲义》中的观点正是这个意思，在《纯粹理性批判》中，他没有这样讲，但从他讲概念的“纯粹”者范畴是统摄的方式的讲法中，可以窥见这种意思，范畴是一种方式，这种方式是附属于一个统一、是属于过程的，只有在这过程中才有方式。

当然，康德的这种意识是不明确的，在 19 世纪与 20 世纪之交，弗雷格在“意义”、“函数”的学说中则比较明确地体现这个意思。“函数”就是一种方式，如 $f(x)=x+1$，当 $x=4$ 时，$f(x)=5$。4 与 5 的关系要经过含有某种相关方式的过程。这个过程可以被表象为象 f()一样的符号，过程与符号的关系就是范畴过程与概念的关系。后来胡塞尔在他的“理念描述(eidetic deicription)”的方法中，也反映了相似的思想，即通过对某个特殊现象的理念进行描述，可得到这个特殊现象的概念。海德格尔阐释康德的思想在这方面的倾向(在关于“概念”时，他引证的都是《逻辑学讲义》中的话，而不引《纯粹理性批判》中的话，鲜明地反映了他的目的性与倾向性)，应该说受到胡塞尔的影响。

---

① *Kant and the Problem of Metaphysics*. trans. by Richard Taft. Indiana University Press, 1990: 35.

基于这种看法，海德格尔说："概念性的表象行为是杂多在一里面的和谐的让(allowing)。"[1]应该说，这一"让"是最根本的，它让杂多在"一"中统一。它总是以让杂多在某个一中统一的方式来统一杂多。在这个方式中，它必然设置了这个"一"，从而设置了一个对象。至此，我们可以更明白前面讲的统觉总是以"与对象相关"的方式统摄直观的说法。统觉总是一种概念性表象行为，它总以这种性质的行为在"与对象相关"的方式中统摄杂多，于是设置了一"对象"在自己之外，还产生了"概念"。海德格尔提到康德称概念的形成行为为"反思"，海德格尔并没有深究为什么康德名之为"反思"，也没有将之与统觉的行为的必然方式联系起来。但我们可以说，正因为概念的行为关系到统觉的行为，而统觉的根本行为是"自我意识"——反思自我、反观自我——因为具有根本"反思"特征，所以同时而有的概念形成的行为才会称为"反思"行为。

这里我们还要说的是，"反思"，总是一种"反观"，回过头来看自己。这样，这个自己总是在"看"中，因而是在直观中，因而是一种表象，所以康德会称统觉的自我意识为"我思表象"。这个表象是这个反思的主体的，同时，又绝不是这个反思的主体。而且，因为统觉总是"统摄直观"，它必然总是在对直观统摄的行为中反思自己，这样，也必然要在"与对象相关"的方式中，所以，这个反思的产物："我"的表象，必然不可能是孤立的，而是与对象相关的，这个"我"的表象本质地包含了总是处在与对象相关的状态中。反思的主体——先验自我不会

① *Kant and the Problem of Metaphysics*. trans. by Richard Taft. Indiana University Press, 1990: 35.

处在与对象的关系中，但它的结果，我的表象，必然是处于对象中的。我之所以提这一点，因为这是海德格尔的基本命题“此在是在世界中存在”在传统哲学中的来源，这里面的“此在”有两重含义，一是先验自我，一是经验中的自我。经验中的自我总是在世界之中，即处在各种对象的关系中的（对象的整体境域就是“世界”），而“此在”的另一种含义——先验自我，则总是处于一种“去到世界中存在（being in the world）”的状态中。在此在“是在世界中存在”的表达中，“是”有两种含义，它一方面表达一种静态，讲的是经验中的自我在世界中存在，处在对象（存在者）的包围之中；而它另一方面则表达一种动态。“去向、成为”，讲的是先验自我总是在一种“去到世界中存在”的方式状态中。海德格尔有意不加分辨，他有他的理由，不过却为理解这个表达增加了难度。

统觉其实就是“直觉综合”中“综合”这一行动自身，这个“综合”要自立，总是要“自我意识”来确定自身，但经由“自我意识”的确立的自身不再是自身，同时又是自身。由于统觉就是这个“综合”，属于“直观综合”这个现象，而“直观综合”又理论上要求一个引导这直观进行综合的最原始的统一体。所以“自我”—“综合”虽然在直观之上，涵盖直观，但它仍不是自足的，它总要为这原始的统一体所引导。正因为这样，统觉总是在“与对象相关”——即自我异化的方式中涵盖直观，它反映了统觉的不自足、被引导的状况，反映了“客观实在性”即直观综合的真正理由的来源与必然性。但康德没有清楚地意识到这点，他在理论上又设立一“先验对象”为对象的根据，殊不知“对象”之被设立的根在于统觉的这种状态。如果“先验对象”要成为“对象”的根据，则它必然是“我（经验中的）与对象相关”这一状态的根据。而“先验自我”如果总是在“与对象相关”的方式中行动，那么它也必然会导致一个“我（经验中的）与对象相关”的状态。在两者都涵盖“我与对象相关”的意义上，“先验自我”与“先验对象”是同一的。在“先验自我”与“先验对象”之上，还有一个原始的统一体。康德没有清楚地讲到这个过程，但他又似乎意识到这点，所以他又讲先验自我先天地具有客观实在性，而他讲它的理由时，就显得很含糊，他的解释是：一是直观不是自生的、自发的，它需要一个提供者；二是直观同时总要被范畴整理，反过来范畴不可离直观而运用，范畴又系于直观；三是范畴又从属一个最根本的方式“与对象相关”；四是由上三步得之，范畴具有客观实在性。第四步显得比较突兀一些，不过勾连一下，还是可以理解：由于范畴总是在“与对象相关”的最基本的方式中被运用，而对象又指称的是直观之“外”者、直观提供者，所以范畴的运用后面总是一个已包含直观提供者的主客统一体的背景，所以它先天地具有客观实在性。但如果明确了这些，则应把先验自我与先验对象合而为一，但康德又将之分立，导致了含糊。而且更为复杂的是，如果在“先验自我”之外又设立“先验对象”的话，那么在“先验自我”之“外”的意义上，“先验对象”又极容易混同于原始统一体。

海德格尔在阐释康德时，体现了一种某种程度的折中与回避。一方面，他的思想看到了这一点，所以他要在自我之上讲一个原始的统一体。当然，为了使理论结构简明一些，应该去掉一些易引起混乱的术语。当然，要做到这一点，必须做一些清理工作，指出康德含糊的地方，发展、明确其真理部分，去除其错误部分，指出如果两者并存产生的矛盾，等等。但海德格尔却又采取了折中的态度，他保留康德的术语，又在不够用时添入自己的术语，而康德的术语中本来就含有新添术语的意义，只不过比较含糊、与另外的意义混在一起而已。于是旧有的术语就常和新添的术语在某种程度上交叉，使这阐释显得比较混乱。

统觉的行为是自我意识的行为，同时又是获得概念的行为。统觉总是认为自己与直观的提供者有关，从而把直观依这提供者统一为概念，并在这统一中自我意识到自我，在直观提供者面前意识到自我，在对直观的统摄中意识到自我，在创造概念中意识到自我。只有这样，我们才能理解海德格尔的这段话：

> 这一反思的统一性的行为（按：即形成概念的行为），只有如此才可能：即在它自身中，它已被一个统一体（按：即原始的统一体）的原始性指向所引导。这反思自身，相当不同于那从它的行动中生出的概念，它已是一原始的对一个统一体的表象行为，这一统一体……引导着本次统一。如果对统一体的表象行为在于反思行为自身中，那么这意味着：对统一体的表象行为就是理解（understanding）的基本行为的本质结构。

理解，即知性，即规定性判断能力，康德正是把它的自我意识行为称作“统觉”，即先验自我，它产生了“我”的表象。

海氏接着说：

> 理解的本质是原始的理解(comprehending)或把握(grasping)。引导性的统一体的表象已经在于作为表象性的统一化行为的理解和结构中了。这些被表象的统一体就是纯粹概念的内容(content, inhalt)。这内容正是那在每种情况下使一个统一化可能的统一体。(而且)这些统一体的表象行为在自身中先天地在其特殊的内容上已是概念性的,(所以)纯粹概念不再需要被赋予一个概念性的形式(form),它在一原始的意义上自身就是这形式。[1]

把握行为把原始的统一体把握了,这原始的统一体就在它自身中了,这样,把握行为就有了内容(拥有物),而它同时又是一种概念性的行为,即必然能给出形式的行为,因此在它自身中又有形式。海氏通过这个阐述,把"纯粹概念"——范畴的内容与形式统一了。范畴本质上是一行为,在它之中,本质地含有内容与形式。

这样,我们可以看到,纯粹知性、纯粹理解是对使直观提供者的接受,它的主动性是对直观的主动性,而非对直观提供者的主动,只因为它对直观提供者——原始的统一体的接受,它才同时是对直观的主动。再回忆一下纯粹感性,纯粹感性亦是对直观提供者的接受。纯粹知性与纯粹感性本质是同一的。两者都是主体的一种展开,即对原始统一体的展开。

那为什么康德会把两者分开呢?海德格尔没有讲,但这其中一定

---

① *Kant and the Problem of Metaphysics*. trans. by Richard Taft. Indiana University Press, 1990: 36.

有理由。这里我们稍做分析:康德讲过,直观有两属性,即它处在自我与对象之间。[1] 这是在经验层面的问题。而在整个先验层面上,即原始统一体通过先验自我而达到直观、经验的过程中,自我有两属性,是接受性与主动性的统一体,是同一过程的两个方面。即当它面对直观时,他拥有了原始统一体的力量,有主动性;当它站在直观一方面向原始统一体时,它又是接受性的。康德也承认知识有两个前提,一是主动性,二是接受性。但他没认识到两者在同一个过程中的统一,把两者分开了。为何会如此呢?因为在经验中,直观与概念是分开的,康德被经验中直观与概念的分开误导了。康德认为产生直观是由于接受性,产生概念是由于主动性。但他在这时却忽略了自己在整个《纯粹理性批判》中强调的直观与概念不可分的说法。确实,直观从来都是处在一个统一中的直观,不可能有一个纯粹感性先接受产生一个直观,再由一个纯粹知性去用概念整理它。当先验自我一旦对原始统一体有所触动,它一定是同时产生一个在互相联结中有所指向的直观。当康德在"直观综合"中的"综合"这里得到一个主动性、知性以及先验自我时,他把直观当作"我"之外的,从而把纯粹感性与纯粹知性区分开来。但当他区分可以概观(synopsis)的直观与纯粹的感受(内感)时,他又把直观当作"我"之内的。这时为了保持纯粹知性和纯粹感性的区分,他又把纯粹感性当作承担纯粹的感受(内感)的东西了。细究《纯粹理性批判》,可以发现康德的理论在貌似的清晰下,有不少含糊的地方可以从不同角度推敲。

海德格尔应该认识到了这一些,所以,在知识的形成中,就主体只

---

① 康德:《纯粹理性批判》,蓝公武译,生活·读书·新知三联书店 1957 版,第 103 页(B137)。

有先接受(原始统一体)才能再整理(直观)而言,在如果要把两者分开讲的情况下,他认为“纯粹知性本质地从属纯粹直观”。[①]

康德由于把纯粹知性与纯粹感性区分开来,从而把范畴当成了纯粹知性一边的、面对直观而将之整理的先在知性要素了。海德格尔因此批评了康德,认为他没有在理解力的本质上讲清楚范畴,错过了真正本质的东西。[②]他说:

> 范畴不是作为一个纯知识的“要素”(概念)而起作用,而是,在它之中,直接有存在者的已知的存在。而且,对存在的知,是纯粹直观与纯粹知性的统一体。[③]

范畴作为一行为,它是一个对直观统一体(直观与概念的综合、述谓综合,它产生一存在者显象与本体相结合的现象)的来源的原始统一体(对于存在者来说,即是存在者的来源——存在)的接受;范畴作为一静态的范式,则它就应是“对存在的理解”。它是对经验知识而言的先在的知识,对经验的理解行动而言的前理解。

由于康德区分了纯粹知性与感性,并且把纯粹知性对直观的整理转变成了对纯粹感性的优先性,所以他把作为整理、统一的力量的范畴归到知性一边了。海德格尔批评了康德把范畴归到“概念分析论”,使逻辑优于感性。他认为,如果区分先验感性论与先验逻辑的话,那

---

①② *Kant and the Problem of Metaphysics*. trans. by Richard Taft. Indiana University Press, 1990: 37.

③ *Kant and the Problem of Metaphysics*. trans. by Richard Taft. Indiana University Press, 1990: 44.

么，范畴论就应在先验感性论与先验逻辑之外，是关于纯粹直观与纯粹知性结合体的研究。这个问题康德没有涉及。① 海德格尔指出，康德把逻辑置于感性之上，是受传统逻辑优先的影响，他说：

> 最终，由于向在西方形而上学中有相应意义的逻各斯(logos)和理由(ratio)的偏向，使它们在为形而上学奠基的行动中，从一开始就自矜有优先性，在这奠基行动的决定意义上，这一优先性最终得以表达为"纯粹理性批判"。②

显然，就《纯粹理性批判》为形而上学奠基、要阐述原始的统一体的任务的意义上，海德格尔不满意这个书名，或者应该称《存在与时间》吧。在海氏思想中，"存在"指的是一个先验性过程，即无限到有限、超验到经验的过程。"时间"也是如此。

---

①② *Kant and the Problem of Metaphysics*. trans. by Richard Taft. Indiana University Press, 1990: 44,46.

第二节　想象力是知识的根据

一、为何会有“看”？——时间性与想象力

根据海德格尔对康德的有关问题的阐释，我们看到这样一个链条：原始的统一体——先验性——经验。先验性是原始的展开性，从被动方面来看，它把自己表达为对某个统一体的展开。从主动方面来看，它就是统一体的展开。严格说来，在经验性直观这里，总是一边站着一个“我”，一边站着一个“对象”。“我”和“对象”其实就是先验性从被动和主动两方面的产物。如果从被动方面看，我就是这个被动的展开（内容），对象就是这个展开对着它所展开的统一体（形式）的体认。从主动方面看，我就是这个展开行为（形式），而对象就是展开所展开而下的东西的体认（内容）。

直观向来有两属性，一方面属于主观，一方面属于客观，因此，真正的（纯粹）的直观里面，作为一个展开，总是具有主动与被动、上升与下行两个方向。因为是阐释康德，康德是站在接受直观的认识主体的立场的，所以，海德格尔总体上是抱着双重意识，但跟着康德把先验性当作被动性来说的。于是，如果把先验性当作是对于一个统一体展开来说，先验统觉先天地趋从于一种向上统一的趋向，从而总是以“与对象相关”的方式来整理直观，使直观处于“我”与“对象”并立相对的模式中。其中，经验中的“我与对象相关”的“我”是作为被动的展开的自

我意识（表象），而“对象”是这展开对自己趋向的引导者的表象、对自己所接受者的表象。“我与对象相关”的经验结构是统觉从被动方面对自己先天状态的经验性表象体认。所以，统觉一旦自身成立，有自我意识，它总是必然要把自己体认为处在诸多存在者（对象）之中的“我”，统觉先天的这种状态使他不得不体认自身处身于世界之中，从这个意义来说，统觉“被抛”向世界之中——正如康德说统觉“总是”用“与对象相关”的方式存在一样。当然统觉不仅“被抛”，它其实还有主动性的一面，所以它还“筹划”，它把它接受到的东西在“我与对象”相关的模式中把直观统一成某个存在者、某个世间之物。在此，我们要注意，采取被动的立场，并不是说就完全不管主动的方面，而是，在被动的立场上会把展开中主动的因素以某种形式结合进来，比如说，被动的自我，会先天地具有能动的知性，这就是一种结合方式。康德自己因为没有在海德格尔的那种视野中考虑认识问题，所以不会把能动性的知性理解为被结合进来的展开的主动方面，只是对这种状态进行描述。但显然，海德格尔是有这种意识的，所以，他要把能动的知性归属到展开的被动性上去，从而引发了他对康德理论的一系列改造。

还必须对上面所说的做一些补充。

对某统一体的获得、容受，总是以主体的展开为前提的。这展开，是主体获得统一体的最基本的条件。主体通过展开，获得了统一体、客观实在性、范畴力，也因而才有可能把自己体认为综合力、统摄力。而且，主体的自我意识是在展开的基础上才有的。只有展开了，有物授与了，才可能有接受的自我意识。展开是最原始的发生，有了它，才有了它自身的自我意识“我”，才有了“我的展开”这一说法，而正因为

"我的展开"才有了对统一体的体认,并将之视为"先验对象"。这里要注意,在海德格尔的语境里,这个展开,这个转向一展开,就是客观性的获得、无限性的获得,就是展开从被动方面所整合的主动性的一个表现。主体展开了,就意味着统一体进入了,居寓在展开中了。展开的整体,就指的是客观性。接下来,展开还有另一面,即展开的具体性,具体的直观内容。

展开有了自我意识,这自我意识通过展开获得了统摄力,那么,它统摄的是什么呢?它统摄的仍然是"展开",但它统摄的不是原始意义上的展开,而已是经验的展开、被感性化了的展开——直观了,因为直观还是展开形成的,所以仍可说"我统摄展开"。这里有一个微妙的转换过程:最原始的展开给出了自我,同时也给出了自我的统摄力,而一旦有自我意识,形成了自我,它就由展开的接受变成了展开的主人,它把展开视为"我的"。但这自我实际能统摄的是原始的展开吗?不是。自我一旦把"我"从原始的展开中抽取出来,它就失去了自己的原始性,在这同时,它把原始性的展开变成了直观,置于自我之下。原始性的展开本来是直接与原始统一体接触的、与之同一的,但它由于被"自我"所攫取,也离开了自己的原始性,它与原始的统一体分离了。但从内容上说,它并没有增加或减少什么,所以与原始展开是相等的。这就如照相一样,相片可以和当下的取摄分离。

自我从展开中获得客观实在性,又用客观实在的约束去规范被感性化了的展开。在前者,有一个接受过程;在后者,有一个主动过程。这个抽取出来的自我,自身失去了自我与展开合一从而与原始统一体合一的原初性,它堕落为一个盲目的、好像一切规则力都来自自己的自我，并为自己的对面设立一个站在对面的境域、一个直观境域，它又不能看到这境域，它只能看到一个个存在者，而这存在者又不再是它原始接受的直观给予者了，而仅是一现象：显象加对象（实体）。

最原始的展开是先验自我与先验对象得以通达，并各自获得自我定位的最基本现象（没有展开，则没有自我；没有自我，也就谈不上统一体、先验对象等了）。同时，最原始的展开又是作为“转向”（抽取出来的自我）和站在对面境域（被移置、割离的直观）的根据（因此它也就是先验性，自我的原初自我、自我的出窍、主客的原始同一等）。而它的基本特征是什么呢？康德把最根本的主体容受力称为纯粹感性，把纯粹感性的基本方式称为时间；海德格尔也就是要把这最原始的综合、展开称为时间性（前节已述，他已把主体对对象的展开称为时间）。

上述转换中比较难解的是自我对原始展开的脱离，自我不得不脱离，脱离后又不得不堕落，再也意识不到原初性。展开为什么一定要有一个自我意识呢？这点康德在讲统觉的自我意识行为时已讲得比较清楚。原始展开虽是最原始的，但如若它之不被意识就不会有意义，自我的脱离是原始统一的自我异化。前文所说的“被抛”与“筹划”等，在海氏对康德的阐释中并未出现，而且前文所说的转换、先验性过程等，海氏对康德的阐释也未专题言及。但海氏所为，对于康德的文本主要意义有较大转换，且不加说明。故此处做一些勾连工作。

由上面可知，自我、感性（直观）、知性、对象都有两重性，并且它们之间都各有在经验中分开、在原初性上合一的特点。在此先在认识下，我们进入海德格尔的进一步阐释。

海德格尔指出，在经验中，自我处理对象，这要求自我能与对象先于处理的遭遇，要求有这么一个结构，即自我“转向”对象，而且还有一个站在对面的境域，让对象在其中出现，海氏把这境域本身与境域内容分开，说境域是存在者在其中提供给自己的“看（look）”。要注意，此“看”与海氏思想总体要批判的“看”有本质不同，正如先验想象力与“再生”的对应者想象力的不同。前者是后者的根据，而后者又把前者的原始性和丰富性变得抽象和平板了，把前者掩盖了，产生了主客两方的对立。这个“看”，是一个“纯粹的注视”、“纯粹的看”。这纯粹的看同时把存在物提供给人，让人通过这看而接触物，所以他说，这境域不仅是纯粹的“看”的境域，而且它本身就是“提供”。于是这“看”就有两重性，一方面它是自我纯粹的感性的（看的）展开，另一方面对象就已同时包摄在这看中，在这看的境域中展示自己，并因而与那个自我发生关系。“看”是自我与存在者遭遇的可能性，自我通过看把看的提供者“收入心中”，使存在者有可知觉性。[①]

海德格尔这些话并非与康德没有关系，而是对康德关于想象力的再生综合说法的引申。在前文我们已提及康德在《纯粹理性批判》第一版中曾说：感官形成的孤立的内感，如不经想象力概观的收罗而成为一“心象”，则它无关于统觉，没有意义。[②] 所以直观的存在，依赖于想象力的综合。直观在想象力的概观中，必然是有所规律地互相联结的，这一联结是有所根据的，康德称这根据是客观的，是显象的“亲和性（affinity）”。亲和性是谁赋予的？是想象力还是统觉？康德在此表

---

① *Kant and the Problem of Metaphysics*. trans. by Richard Taft. Indiana University Press, 1990：61.

② 康德：《纯粹理性批判》，蓝公武译，生活・读书・新知三联书店 1957 版，第 133 页（A119—120）。

现了微妙的、几不可察的模棱两可。一方面，他说，依照理论上统觉先天地具有客观实在性，而直观最终要为统觉所统一、归属，可以说是统觉赋予的，“就其属于我之一切知识而言，则除统觉的统一原理以外，实无处能发见之”。[①] 依照这条思路，统觉先天地是有客观实在性，先天地能统摄直观在自己之下，那么它就可以一方面以范畴规范概观中的直观，一方面还要产生一种力量把材料收罗进“心”中，即产生想象力把直观置于范畴之下。这个思路体现在该书的第二版中。在第二版，想象力已成为知性的了，但我们要强调的是，此时的知性，则是指那种既能规整直观，又能把直观带入自己的力量的知性，因此它不仅仅是概念的根据，还是概观的根据。但是，第二版没有完全维持这种意义，因此有些含糊。但在第一版中，知性尚分在概念一边，它还需要另设一想象力来结合知性与感官，想象力尚有独立性。所以康德说“就其属于我之一切知识而言”，显象的亲和性的客观性来自统觉，语调有权宜的意味，它的前提是统觉先天地具有客观实在性，作为客观实在性的拥有者而言，它是显象亲和的根据，但真正的根据是客观实在性，谁拥有了它，谁就是主宰。在第一版同节此语之前，康德讲了统觉的局限性。统觉是“直观综合”的统一，它之有自身，尚须一“直观综合”为前提，而“直观综合”是先验想象力造成的，真正的核心是先验想象力，有了它，统觉才能有自我意识；有了它，理论上处于一侧的范畴才能运用到直观上。[②]“故‘为一切先天的知识的条件’的纯粹想象力，是人类心灵的根本能力之一……感性与知性的两极必须由想象力的

①② 康德：《纯粹理性批判》，蓝公武译，生活·读书·新知三联书店1957版，第134页(A122)，第131页(A118)。

先验的功能为媒介，互相必然地联结。”[①]想象力所拥有的是“纯粹综合力”，在这种情况下，我们拥有的亲和着的直观。[②]其亲和性是谁给予的？这只是在设定客观实在性的拥有者为统觉时，才从属统觉。但我们可从上述理论见及，如果想象力本身即拥有客观实在性，并且由于它的自我意识，才有统觉、才有统觉的客观性，而且由于它的概观，才有个别的直观存在（这种推论是存在于康德理论逻辑发展的可能性中的），那么，我们岂不是得到了最高的概念，这拥有客观实在性的“综合”——“概观”本身？康德亦承认，在某种意义上，显象的亲和性来自统觉之外，它亦可来自想象力：“但若无显象联结中的综合的统一，则与统觉的统一相合殆为不可能之事；故这种综合的统一（概观），它自身即是客观的必然者。”[③]既然想象力的综合，这一概观本身就有客观性，并且，统觉之运用以这一综合为前提，统觉不过是这综合统一的自我意识，为什么不可以说先验想象力是最高能力呢？请注意这点，康德的论审美判断的《判断力批判》正是在这点做文章的，想象力通达最原始的知，它把道德自我与认识自我联系起来。想象力要被取消主导地位，除非像第二版那样扩大知性的功能（但这样就破坏了知性对应于概念的定位，知性自我超越了），方可把想象力的作用削减并归入知性。

海德格尔整个阐释偏于《纯粹理性批判》的第一版，而摒除第二版。他这样做，就是为了标举想象力这一纯粹的“看”。他的做法是有道理的，因为第二版修正得并不好，知性并未严格地按照能拥有想象

①②③ 康德：《纯粹理性批判》，蓝公武译，生活·读书·新知三联书店1957版，第135页（A123），第132页（A118），第134页（B122）。

力的功能那样设计，但第二版在说想象力属于知性这一段时，康德的意思还是清楚的，在下文中我们将看到，海德格尔对康德的第二版进行了批评，很深刻。但他却没有认识到当时那段话还是有道理的，并不存在矛盾。第二版的问题是整体上对知性——统觉的认识含糊，关于这个，海德格尔却没有涉及。

现在，让我们再回到海德格尔的阐释顺序上来。"看"既是一种原始的展开与境域，又同时是充满内容的境域，在这意义上，它不仅接受，且又提供。也就说，客观性要进入，要通过"看"来进入，主观性要接受，也要通过"看"来接受。"看"就其提供来说，是来自外的，它把直观的提供者提供给自我。因此，它给自我提供了客观性，所以海德格尔说："有限理解力的'让站在对面'必须直观地提供(offer)客观性，即纯粹理解力(知性)必须奠基于一引导它及保持它的纯粹直观中。"[①]这也就是海德格尔一直强调的观点：知性是从属于直观的。知性被直观所引导，纯粹直观并不是一个完全被动等待的东西，而是，直观有另一面，它也是客观性本身，即纯粹直观是那个转向，那个转向就是客观性。注意，这里知性属于的，不是作为知性可对之整理的那个一般说来被动的直观，而是作为纯粹接受的纯粹展开的直观，它在理论上先于被整理的直观。所以海德格尔并非在知性与感性的对立中提倡某一方面，而是讲两者的统一(所以海氏思想整体上反对传统的理性主义，同时又反对非理性主义)，不过，海氏倾向于用"感性"——"时间性"来标识这统一。

---

① *Kant and the Problem of Metaphysics*. trans. by Richard Taft. Indiana University Press, 1990：61.

在存在者自身把客观性通过展开提供给自我的同时，这展开又展开了一直观，把存在者展开为一直观，形成了自我－客观性与直观－材料的对立。存在者自身在同一个展开过程中既给自我提供了统一的客观性，也给自我提供了直观。对此似乎难解的说法，可以这样理解：直观是在自我有清楚的自我意识的条件下才能被意识到的，当没有自我意识时，直观不可知，于是，当存在者自身通过展开授与人时，人因为这展开的授与而有意识，自我意识才得以形成，自我、自我意识的形成从来就是与客观实在性的获得是同时的（这可用来解释康德之范畴先天地具有客观实在性之说），在自我意识形成后，自我意识再反观这展开，把它作为直观，并将之向自己先在获得的客观性引导。也就是说，“展开”被自己的自我意识通过反观降低为经验直观了。展开—自我意识—反观—经验直观，这么一个过程，也许是暗含在海德格尔心里关于存在的运行过程吧。总之，在同一个过程中同时通过直观获得客观实在性与直观，这对把握海德格尔的思路是关键性的。虽然，他没有在对康德的阐释中把这点展开，但唯有如此考虑，才能理解他的阐释对康德的发展，且这些勾连是可以与海氏其他观点较为鲜明、展开较充足的著作互为参证。

“看”的形成有两重性，即单纯的展开——接受、“看”，与提供的结合。海氏说：

> 转向的有限造物（人）必须自身能够使这境域（站在对面）可直观，即，它必须能够去“形成（form）”。这来自它自身之外的看。……现在如果纯粹直观（时间）站在一与纯粹综合（按，康德的想

> 象力功能)的本质关系中,那么是纯粹想象力实施这境域的看的形成。但它不仅在它作为一自由的转向而“创造(creates)”这境域的意义上,“形成(form, bildet)”这境域的可直观的可知觉性(perceivability)……它还有第二个意义,即它还提供了某种像一“想象(image, bild)”的东西。[①]

第一,“看”是纯粹想象力的产物,纯粹想象力“想象”这么一个境域,创造了这么一个可知觉的境域。这个可知觉的境域,表示着一种最基本的展开,它作为所有“看”的内容的整体,具有统一体、客观性等意义。第二,这“想象”的产物同时是充满内容的,不是空的,它已被提供,进而它为知性而提供。这些内容是具体的、有限的,它们似乎是睁眼即有,但其实它们依赖于第一种意义,即打开的境域。打开的境域一旦打开,立即表现为各种具体的内容。第三,纯粹想象力与时间有本质关系(这也是康德的看法)。既然纯粹想象力是作为知识的最基本的源流来理解,而能做这种理解,必须把知识理解为一种最基础的打开,那么知识最基本的也就是纯粹感性,也就是时间。

当然,如果某种东西能满足这些,则它就是知识的根据(既提供了直观,又提供了客观性,提供了两者的联结)。他说:“在‘看’的双重形成中,就有了先验性的可能性的根据。”[②]即先验性就是“看”的双重形成。当然,它也就和海氏所谓的一种“可感性造成(making—sensible)”密切相关。

---

①② *Kant and the Problem of Metaphysics*. trans. by Richard Taft. Indiana University Press, 1990: 62.

“可感性造成”从字面上可以理解为给无限者以可感知性，把它变成有限的可感知物。它造成一展开的境域以容受存在者本身，并且还同时以时空等基本范畴把存在者表现为具体的存在者，即感性材料。它是发生于原始的想象力中的。但从理论上细分的话，它只是原始想象力双重形成的一方面，因为它强调“看”的单向展开（其实也就是存在进入人的世界的在人这方面的可能性）。它并不“提供”、即容受，尽管它之创造是为了容受。它是想象力自发、主动的一方面，故而它是想象力的“自由的想象”，是想象力自由的方面（想象力为了容受，以达到提供，还有不自由的、接受的一方面）。[①] 这样，可感性造成可以说是自我的自由展开，以迎合那被提供的东西。

如果说自我就已经有范畴的获得，而在自我对面的已是直观的话，那么可感性造成就是范畴对直观的通达，即范畴走向可感性，把可感性里的直观综合起来，换言之是范畴走向可感性，在可感性中有所约束地表达为直观。所以，这个自我的打开一个“镜”面的可感性造成，就是范畴走到这个“镜”面去发挥作用的过程，故而它就是范畴的纯粹的“用”，就是康德理论中的图型论。[②]

二、康德的图型说：想象力与时间作为中介

海德格尔很重视康德的“图型”论，认为这个短短的部分是《纯粹理性批判》最有价值的地方。那么显然，那是因为这个理论里面有对

---

①② *Kant and the Problem of Metaphysics*. trans. by Richard Taft. Indiana University Press, 1990: 66, 62.

他的思想形成关键支撑的地方。前面说过，海德格尔认为康德把时间现象和存在联系在一起，具有非常重大的意义。在康德看来，时间是人认识的最初界面、感性的最基本范畴。但海德格尔认为，不仅如此，时间还在康德理论里显示自己是知识结果里的最基本要素。这个理论就是康德知识论中的“图型”论。图型论把时间在知识中的决定性作用显示出来，甚至还显示出了自己如何影响知识，使得存在这一无限到有限的过程是如何有时间性的。海德格尔说：“只有当时间状态的问题之提法已经确定了的时候，才能成功地引进光线来照亮图型说的晦暗之处。”不过康德也说图型问题是“潜藏在人们灵魂深处的一种技术”，“很难从自然手中获得破解这种技术的真正机关”，所以海德格尔认为康德虽然有了洞见，但却没有揭示它的“存在论功能”。因此，他要做一个工作，“本书(《存在与时间》)的第二部将试图解释图型说那一章并由此出发去解释康德的时间学说”。[①]《康德与形而上学问题》应该是作为《存在与时间》的第二部来写的，尽管解释图型说不再是唯一的任务，但它的重要性不言而喻。

康德的图式讨论的是范畴与直观的关系问题，即解决“直观如何能包摄于纯粹概念下，即范畴如何能应用于显象”的“极自然而极重大的问题”。康德认为，范畴是普遍的、先天的，而直观是特殊的、经验的，知识是范畴去统摄直观，但范畴因为和直观不是一个性质，不在一个界面，所以不能直接做到发生关系。

解决的方法如何呢？“必定有一个第三者，一方与范畴同质(homogeneous)，一方又与显象同质，它使前者对后者的运用成为可能。这

① 《存在与时间》，陈嘉映、王庆节译，生活·读书·新知三联书店1987版，第29—31页。

一中介性的表象必须是纯粹的,即空无任何经验的内容,并且同时'一方面是智性的(intellectual)'另一方面是可感的(sensible),这样的表象就是先验的图型。"

注意,这是《纯粹理性批判》第一版与第二版都有的文字。这个"第三者"显然不可归附为知性范畴,应是知识的第三源流。但第二版同时又说知识只有两种源流,这就是康德对第一版修订尚未能全然放弃想象力是第三种源流的尴尬痕迹。

这个"第三者"是图型,图型是一种特别的形象,它既有普遍性,又有个性,它表示着范畴的统摄能力(动词化的规则),又体现为具体的"规则"(名词),让直观根据它聚拢在一起。它是形象,但却存在于认识主体的思维里。也就是说,在知识产生的过程里,范畴通过自己的图型化,让直观"模仿"图型,从而被自己统摄。

正如前文所说,产生这个第三者的是第三种知识源流:"先验的想象力"。康德说:"图型自身常为想象力之所产。"[①]想象力产生图型,它产生的图型表面上看来是范畴的中介性形式,但它的实质是什么呢?

康德又说:"范畴对显象的应用通过时间的先验决定性而可能。时间的先验决定性是知性概念的图式,它使显象包括(subsumption)于范畴之下。"想象力产生的图型实质是时间的规定性。看来,或者是第三源流的想象力,使用了第一源流的时间而产生了实质是时间规定性的图型,或者说,想象力和时间合流,想象力就是时间,想象力产生了时间性的图型。时间为什么可以让自己的规定性成为图型呢?那

① 康德:《纯粹理性批判》,蓝公武译,生活·读书·新知三联书店1957版,第143页(A140、B179)。

是因为，“知性概念包含一般杂多的纯粹综合（按：想象力）的统一体。而时间，作为内感知的杂多的形式条件，进而作为所有表象的联结，在纯粹直观中包含有所有先天的杂多，故而，时间的先验决定性（按：纯粹时间、时间整体），在它们是普遍地且都依据一先天的规律的意义上，与构成时间的统一体的范畴是同质的。但另一方面，它又在时间被包含于杂多的每一经验表象中的意义上，它又与显象同质”。[①] 原来时间符合图型要求的特质，具有两面同质的特点。

这段话很重要。第一，时间的先验决定性与范畴同质意味着什么？我们知道，时间的先验决定性是时间的特殊决定性的整体，它把所有的内感联系在一起，它就是想象力的概观的产生者先验想象力。它与范畴同质，意谓先验想象力与范畴同质、先验想象力本身就是统摄作用，此言证明了前文所述之先验想象力直接通达客观实在性之言。惜乎康德第二版没有将之发展，而是将其转向系于统觉，由统觉去联系客观实在性，但这样做的结果是，虽然建立了一个为知识尺度的自我（认识自我），但却把认识自我与道德自我分裂了。最终还是要在审美判断力批判中走想象力这条线将两者综合起来。第二版比第一版理论上的体系性强一些，但也因此显得封闭一些。第二，要注意，时间的先验决定性同时就限定自己为一特殊性，故“时间”一词有从先验性到经验性的过程之意，并且正因为此，它比不能自己下行的范畴更强一些。但康德在第二版的另一地方又说统觉可以联结概念与直观，即可下行，这只说明一方面康德的第二版知性的意义不统一；另一

① 康德：《纯粹理性批判》，蓝公武译，生活·读书·新知三联书店 1957 版，第 142—143 页（A138、B177）。

方面则反推可说统觉就是时间，这个结论对理解海德格尔整体思想相当有用。

现在看来，其实在康德那里，确实有时间性和先验想象力合流的倾向，而且，这两者都具有联结先天范畴和感性直观的能力，也就是说，它们能够让先天的东西走到经验的东西，让无限通达为有限。

康德还说："图型应与心象有别。"[①]因为"心象"还包括有经验内容，而图型的目的不在特殊的直观，仅在那感性的统一。图型是一种独特的东西，即我们一般所认为的那些感性事物的规律、规则，它既是我们可以意识到的，但又不是我们感性中的那种具体材料。此言对应于海德格尔区分可感性造成与想象。可感性造成是想象的一方面，想象产生"心象"，"心象"还有提供的因素。想象力造成一种范畴的可感性，也造成为这可感性的范畴（图型）进行规范与规则的材料。这看起来复杂，但这个区分，只不过说明了，想象力和时间，在使无限进入有限的时候，机制是复杂的，它会内在分化为两个方面，会把无限分为两部分来处理，一部分是主动的，一部分是被动的。正对应着前面所说的海德格尔的阐释，看起来分属不同阵营的感性、知性、想象力其实都内涵对方，实质上是一个原始统一体下行的复杂通道。

其实康德的图型论，最为难处，是要说明图型为什么是时间的规定性。因为图型从最表面上看来，就是各种范畴和概念；如果进一步理解，会发现图型还不是先天的那些范畴和概念，而是那些先天东西在经验中的"化身"，是这些范畴的"形状"，它们就像经验感性对于这

① 康德：《纯粹理性批判》，蓝公武译，生活·读书·新知三联书店 1957 版，第 143 页（A140、B179）。

些范畴的直接的直观，是这些范畴的“个性”。那么，这些“个性”为什么都是时间性的呢？这才是康德理论的难点，也是海德格尔重视这段理论最重要的地方。

康德在图型论中，非常精彩地阐述了范畴的时间性。他对各类范畴进行洞见，发现它们都是时间性的。“量”其实是“数”，表示一种统一，是“我所产生之时间自身所成也”。“实在”与“否定”，是“依据同一时间或充实或空虚之不同”；“实体”，“乃时间中实在者之持久性”；“因果作用”，“由杂多之继起所成”；“相互关系”实质上是互为因果；“可能性”，是“一事物不论在任何时间所有之表象之规定”；“现实性”，“乃在某一时间中之存在”；“必然性”，“乃一对象在一切时间中之存在”。所以，各种图型，无非就是“时间系列、时间内容、时间顺序及时间范围”。“因此我们知道各范畴之图型，仅包含一时间规定及仅能表现此时间规定。”也因为如此，康德在理论的这个地方，非常强调范畴使用的制限：“感性之图型，最初虽为使范畴成为现实者，但同时又制限范畴。”[①] 因此，范畴不能够离开经验而使用。这成了知性的一个最重要的原则。

三、再破“镜”：图型论里范畴的再生性质

海德格尔说，就为形而上学奠基的意义上说，关于“先验图型论”

① 以上见康德《纯粹理性批判》，蓝公武译，生活·读书·新知三联书店 1957 版，第 145—147 页。

的《纯粹理性批判》的这 11 页内容结构了整本书的核心。[①] 因为在海德格尔看来，图式论就是可感性造成的问题，表面上看，它涉及的是范畴对直观的运用，它解决的是"包容"的问题。但如果它是"包容"的可能性，那么它必然是一个由范畴到直观的展开，由主动性的自我到它的接受境域的展开。如果能够进一步说明，范畴不是先于各展开、而是通过这展开才被形成，以及同时这展开必然是有所提供的展开的话，那么在更深层上，图型论是客观实在性、存在者自身能通达到"自我"的条件，既给出范畴(客观性约束)，又给出直观，给出两者的关系的条件，它作为一个统一体的体现，体现了这个统一体既给出了"转向"，又给出了"站在对面"，并能将两者结合起来，从而才产生有限知识。故而，图型可以说是"有限知识的本质"，因而"先验性的发生必须是图型论"。[②] 海德格尔正是这样结构先验图型论的。正因为如此，他的图型论比康德理解的图型论处在更深刻的位置上。不过，在这个阐释中，海德格尔没有过多注意时间问题，主要讲想象力问题。也许，因为康德的理论已经把想象力和时间牢牢捆在一起了，想象力就是时间。

海德格尔是把"可感性造成"、"想象力"、"图式论"结合在一起讲的，并以"相片"、"房子的想象"为例肇始。本文亦以这例子为起点，加以整理与补充，以阐述海氏对这些问题的总体看法。

海德格尔说，康德讲的"想象"其实有三重含义，这三种意义互相

---

①② *Kant and the Problem of Metaphysics*. trans. by Richard Taft. Indiana University Press, 1990: 60,63.

联系于“想象”的总体存在方式中。[1]

他说，人们要获得一“看”，总是通过对那显示自身者进行经验的直观，在此意义上这一显示自身者就有了特殊的、直接地被看者的特征，即有一个“这、此”的特征，它给出了它的“这、此”特征的直观一看，于是与此相应的想象一看，也总是直观性的“这、此”。这是“想象”的第一含义。

正因为这样，想象的第二含义就是对把自身直接显示为第一含义的“想象”者的复写，正如相片一样，它有“类似(likeness)”的特征，这是人们一般讲的“想象”的含义。[2]注意，此处的第二含义指的就是与当下的看相分离的图像。从它那里分割出来的图像，正如画家画的画或镜像本身。它与第一含义在内容上没有什么不同，关键的是“此”与“不是此”的区别。

海德格尔指出，“想象”除了上述两个含义外，还有第三个含义(也就是图型)。如相片不仅有所展示、展示了它的展示者，还展示了“一般的一张相片如何的展示”。这个一般的展示是一个“一般”的“像”，海氏又称之为“概念的直观”，并将它与柏拉图的“理念(eidos，idea)”联系起来。他是在“idea”原初的意义上理解“理念(idea)”的，即它是一个一般的“像”。他称它为“这”个展示者的概念的直观，是在概念式直观的方式中所表象到的表象，它作为某物的“一般”显示，可以与“想象”的第二种含义有一与多的对应关系。[3]

---

①② *Kant and the Problem of Metaphysics*. trans. by Richard Taft. Indiana University Press, 1990：63.

③ *Kant and the Problem of Metaphysics*. trans. by Richard Taft. Indiana University Press, 1990：64.

那么这三种含义是如何产生的，它与前一种含义有何关系？海德格尔举了一"房子"的比喻。我们可以想象出各种房子的样子，这各种房子的直观总在某一个范围内，我们不会把房子任意想象为一个有手、有头发的东西。这房子的所有可能性直观都在一个范围内，它们显示自己是属于这个范围内的。那么，是什么约束它们在一个规范内？对在一可能范围内直观的现象的认识就使我们把这些直观决定为一某物的直观，这些直观"像"房子一样显示，房子的各种"像"使我们知觉到那"像"的归属，同时我们把这归属知觉为"房子"这种在"像"后的东西。这房子自身不是别的，其实就是约束各种直观的归属本身，是法则。我们想象各种房子，我们总是按房子一般会如何显示来想象各种"像"，于是，这房子自身又常被表象为某种一般的东西，这一般的东西其实就是那些法则的表象。海氏指出，这一般的表象是当我们从它之中"看"出来，形成各种"像"时，它才存在，它是"那规范在一经验的'看'中互相关系性的可能归属的东西的表象"。① 它是各种显象"如……一样"展示所产生的表象。它是那决定者的一种特殊的可感性造成的。那决定者就在它之中，通过它达到经验的可感性造成。

从这里我们可以看出，海德格尔用的是现象学的方法，它几乎完全同于胡塞尔的"理念描述(eidetic description)"通过显象的可能范围来确立概念所进行的描述过程(参见胡塞尔《笛卡尔的沉思》)。当然这种应用，并不违逆康德在《逻辑学讲义》中的说法。

如果把它同前文所述联系起来看，我们可知，这一般的表象其实

---

① *Kant and the Problem of Metaphysics*. trans. by Richard Taft. Indiana University Press, 1990：65.

就是概念的机制运用所造成的。概念是这么一种东西，根据它，我们总能把各种表象约束在它之下。在它是这种约束时，它指向一个约束表象的原始的约束者，而这些表象因为被约束而如它一般地如何显示那样显示时，它又是一个"一般"的表象。这个"一般"的表象并非是在高于各种显象层面的层面上，它不过是各种显象的抽象，所以海德格尔会称这种"一般"的表象为概念的可感性造成。它是概念的感性方式的运用性展开。海德格尔把概念当成规则，当作各种直观的可感性造成过程中的规则运用。这样，海德格尔就取消了概念的独立性位置，把它当成一种原始的可感性造成过程的展开规范。它附属于这一原始的展开上，由它而有展开，由展开而体现它，它就是直观提供者的可感性造成的"图型"。它为人所认知，但人们是在一种"非理论"、"非可悬搁"的方式中把握它，人们在一种原始的可感造成的过程中把握它，它就代表着那给出可感造成者。但是，另一方面，人们也因此又将它表象为一规则的统一体，它伴随着一种它代表的某物一般如何显示的"一般表象"。此时，概念（此时其实是指范畴）就和各种显象脱离了，它又要通过这个"一般的表象"来与各种显象发生关系。在这种情况下，这"一般的表象"就是一种"图型—想象"。[①] 它是作为原始统一体的展开的图型，他指出："一经验的关于存在者的看，指向它的概念，不可能有'相似'的功能，它相似的只是图型—想象。"这是一个很重要的结论，因为传统认识论，总是把显象看作是相似于显示者的对应物，也就是"模仿"的模式，而海德格尔通过图型，指出图型不过是直观给

① *Kant and the Problem of Metaphysics*. trans. by Richard Taft. Indiana University Press, 1990: 66.

予者的可感性展开的有规范的运用，它的运用产物——个别的显象，并不“相似”那个给予者，“相似”的只是那个给予者的“图型—想象”。换句话说，显象并不相似那个给予者，而是反过来，给予者相似显象而被构造。

此时，海德格尔已把康德的范畴转化成是对直观给予者的接受，它把那给予者接受为（决定为）一个统一体。在它会影响规范直观的意义上，它自身就是统一体。或者我们可以干脆说，统一体（先验对象）究竟是不是一个“统一体”我们完全不可知，我们只知直观是有所规则地被给予，直观是一种涌现出来的直观，它需要一个统一体来作为它的给予者，它是我们设立的一个原始的范畴——先验对象。这一原始的、直观的涌现、发生，就是原始的一种可感性造成的，这就是先验图型论所表达的一个隐秘的过程。

海德格尔在图型论里强调的，是一个“打开”、一个“可感性造成”，而不是“图型”本身，或者说，他要把图型的秘密揭示，从而把我们一般意识中的范畴和概念的秘密揭开，指出它们不过是一个原始的“打开”的产物。也就是说，他指出，一个原始的“可感性造成”是先在的，这里面含着原始的无限物、原始的统一体。这个原始的统一体，在可感性造成中分化，一方面分为材料（接受性），一方面分为范畴和概念（主动性）。但是，范畴和概念不是这个原始的统一体，它们只是后者的化身，并且，它们是后于现象的东西，是现象被统一之后想象出来的东西，“可感性造成”这个力量，把统一体可感化为现象，同时依据现象，对统一体做了一个特殊的可感化，形成图型，并且把一般的可感化——现象看作是被这个特殊的可感化——图型所规范的。虽然海德格尔没有论述，但我们可以结合他的《存在与时间》和康德的理论，同时认为，鉴于现象和图型都是以时间为基本维度的，这个“可感化造成”就是时间性，原始统一体到达现象、无限到达有限，就是一个时间过程。时间，显示了原始统一体，又有限化了原始统一体，这正如前引康德之言：“感性之图型，最初虽为使范畴成为现实者，但同时又制限范畴。”不仅图型，整个可感性造成，让存在（原始统一体、化身为范畴）来到现实，但是，它又在现实中把统一体变成现象，制限了它，甚至可以说，“遮蔽”了它。这就是有限性的最深含义。

正因为图型论揭示了这么一个过程，所以，人的一般意识中范畴、概念的性质不应该是那个原始统一体的本身，而只是“化身”，也就是说，我们一般认为我们意识中的现象所“模仿”的那些在外面的规范者，其实是虚幻的、被构造出来的东西，“镜像”模仿的模式应该被解构到更深的知识发生过程里去。海德格尔说：“在先验图式论中，范畴首先被形式化为范畴。”[①]正因为如此，在这原始发生中被形式化的给予者、规则者，必然是本质地有不得不进行可感性造成的特征。海德格尔指出，由直观中体现出的一般的规则必然要限定自己为某一特殊的直观，正如整体空间不能离特殊的空间形式而成立，本质地要把自己限定为某一特殊空间关系一样。他说：“规范中就有特殊的决定，它无法不决定。”理论上也许可以把一个一般的东西与一个特殊东西分开来作一和多的对应，但实际上，不可能并存这两个层面。海氏强调说：“（规则）的特殊的实现就去除了（这一般规则）成为任何其他可能性的

① *Kant and the Problem of Metaphysics*. trans. by Richard Taft. Indiana University Press, 1990：75.

可能性,特殊者就成了那规范一切可能性者的体现(example)。”[①]故而,作为在知识中与直观相对的表象性的概念,必然有一个与“下行性(discemibility)”的已成关系。而作为在这原始的过程中被定位为这一过程的某一端的统一体,纯粹概念、范畴,也就“要求有一个本质的纯粹下行性”。因为,“纯粹概念奠基于纯粹图式”。[②]

四、想象力作为先验性

既然如此,那么,知识的根据,就不是那作为“化身”的范畴和概念,而是那个“包容”性、中介性体现的整体性过程。

海德格尔说,康德提出图式论,就是为了解决直观在概念之下的包容关系。[③]我们依据海德格尔对莱布尼茨的阐述可知,“包容”是逻辑的基本问题,因此,先验图型论应是逻辑中的包容关系的对应物。也正因为此,我们才能认识到海德格尔为何要选择这《纯粹理性批判》中的短短的“十一页”来作为自己的突破口。海德格尔认为,知识中的直观的互相属于,是在一个“纯粹综合”的展开面上进行的,正是在这“纯粹综合”中的直观的互相属于(如各种房子的想象之间总会有种亲和性),才有纯粹知性概念,才可能进而让纯粹知性概念把这纯粹综合的直观当作是站在自己对面的“平面”。海氏提出先验图型论,即一种纯粹的、原始的可感性造成过程来解决这一切问题,当然也就解决了前文我们提到的逻辑的形而上学基础,当然,也是有限知识的基础。

---

①②③ *Kant and the Problem of Metaphysics*. trans. by Richard Taft. Indiana University Press, 1990: 67, 69—70, 74.

这想象(先验图型体现的那个创造者),把那遭遇者收入自己的想象中,并因而为显象带来了一个作为站在显象对面的有客观性的规则统一体(范畴),形成了纯粹概念,它们本质地具有"下行性",与显象有关系,并且这一先兆性的想象,在经验中把自己表现为处在范畴之下的图型。但其实正是它,带来了规则。"在这些规则中,那作为对所有对象的可能的遭遇的原始境域的客观性得以形成。"[1]这也就是说,如果范畴作为"我"固有的、站在直观对面的东西,那么它们是来自更原始的展开,也正因为这样,这些范畴把这更原始的展开当作"外"的,并把它移置自身之下,作为被处理者。但这一移置,却抹不掉这原始的展开的痕迹。那就是,这些在概观中的直观,总是被展开,是谁把它们展开的?它们展开的可能性是什么?范畴不可能从自身中找到展开那直观、那"像"的可能性,这一展开的可能性、站在范畴对面的境域本身,牢牢地把自己显示为先验的、先于直观,并且就范畴只有在对直观的运用才存在的意义上,它也先于范畴。这就是为何直观有两重性,一方面,它是范畴客观实在性的提供者,它是在知识之外的先验对象一边的,由对象给出的;另一方面,它又摆脱不了范畴的控制,似乎一切都可归属到范畴,甚至连它的实体(经验中的对象)也是范畴,范畴直观的产物。

例如,我们面前这只茶杯,它有它的色泽、形状,我可以触到它。我们可以说,它是由我们的一切知觉综合而成的,它的一切都可还原到我的知觉。但是,如果这样,是否就可以说它是我们主观的产物,它

① *Kant and the Problem of Metaphysics*. trans. by Richard Taft. Indiana University Press, 1990: 69—70.

没有客观实在性？不可。因为尽管我把它的一切性质都还原到我的知觉，我仍然要问：我为何要有这些知觉，我的知觉并非是莫名其妙地有的，它总是有所触动才有的，那么这一触动遭遇者是谁呢？是这个杯子吗？是，又不是。说它不是，因为杯子的一切都可还原到“我的”；说它是，因为正是面前这个东西，引发了“我的”知觉。这个东西展示自己为“我的”知觉，同时又总在我的知觉之外，我的知觉开展它又遮蔽它。这个东西顽固的客观实在性体现在我们的知觉还原不掉的“可能性”上，体现在我们所有的知觉都必然地被它牵引综合在一起成为一个“杯子”这个在手之物的可能性上。它是各种直观展开的可能性，就是客观性自身（所以海德格尔称站在对面的境域就是客观性，是先验对象，是经验的可能性——参见《康德与形而上学问题》第 24 节）。正是因为它的先于一切的开展——“看”，便有了直观，有了直观的概观，有了直观的亲和性，于是有了统觉，于是才有了自我意识，有了概念与直观的相对，有了“自我”与存在者的相对。海德格尔在另外的论文中指出，这存在物的存在本身，就是我们知觉的整体，这整体与个别知觉处于一种不即不离的关系中，只有“畏”这一超越于一切在物中烦忙的“烦”的情绪才能把握它，它对于个别的由知觉综合的存在者来说，是“无”。“畏”把我们从在各种“烦”的关系中（即在与各种存在物的关系中、在各种知觉中）解脱出来，把我们“托举入无”（参见《什么是形而上学》等）。我们的各种直观，即展开的特殊限定，总是指向这一“无”的，但在知识中，这一指向，体现在它对在手之物（经验中的存在者）的“模仿”、“相似”（取像）上。这种关系的根据来源于那最原始的展开、纯粹的看（看无的看），它就是先验性、本体论知识。

这种先验性，是经验中的我超越自身的对原始的遭遇者的通达。如果说它在康德哲学中有什么痕迹的话，它就体现在康德哲学中处于概念这一符号范围外的一切东西，它是先于经验中自我的先天具有客观性的范畴、统觉，是先于直观的纯粹的内感，是先于再生面的“创生的想象”，等等。它是整个符号知识（命题——述谓综合）的向完全相异者的超越。海德格尔说：“这一向‘完全相异者’的走向，要求一个‘在此之中（being-in-there, Darinnensein）’，正是在此‘中介’中，‘完全相异者’——认知的有限造物所不是的，并且人也不是它的主人——才能被遭遇。”这让我们联想到，当我们在图型中从它之中“看出去”时，我们真正地处在与给出直观者的通达中。而当我们意识到图型，把图型理论地把握时，我们就不在“此之中”，从而导致因通达而发动，却“忘记”了通达。海德格尔指出，使这超越可能者——“在此之中”正是康德所说的主体的先验性。他说，康德把主体的先验性分为时间、想象力与统觉，他要进一步把三者统一在一个以先验想象力为中心的统一体中，并且认为先验图式论正阐明了这一点。[①]

海德格尔指出，作为先验性的阐明，先验图式论阐明了一“纯粹境域”的打开，也就是作为先验性的知的根据。它给出了知如何打开客观境域的说明，知要求一个先在的“打开境域”，以获得客观性，从而获得主动性，并在打开的境域那儿再获得自己的材料。海德格尔指出，先验性、本体论知识就是境域的开展，从它们先在于知识来说，它们不是知识。他说，本体论知识被称为“知识”，是因为它们被认为是与有

---

① *Kant and the Problem of Metaphysics*. trans. by Richard Taft. Indiana University Press, 1990：79.

限知识——真理有关。是的，它和真理有关，但它不是真理，也不“拥有”真理、把真理当作它的属性，它是原始真理，即康德所说的“先验真理”。[1] 这即真理的本质，正是由于它，才可能有“真理”。他说：

> 本体论知识“形成”先验性，这一形成正是境域的打开，在境域中，存在者的存在在一个原始的方式中成为可下行的。如果真理实际意味着“对……的揭示(解蔽，unconcealment)”，那么先验性就是原始真理……如果本体论知识揭示境域，那么它的真理(真正意义)在于：“让存在者在境域中被遭遇。”

也即是，按海德格尔自己的思想，先验性是一种“让存在者存在于世界中”，原始的真理，是“让……在”。

海德格尔称，这形而上学的基础在图型论中已达到了，不再有进一步的奠基了。[2]不过，他还要进一步把它与想象力联系起来，以图对这一“基础”的澄清。当然，对我们而言，想象力是传统美学的一个核心范畴，如果它被海德格尔当作了“基础”，那它就成了原始真理，美与真的关系将出现微妙的转换。

海德格尔指出：“本体论知识、先验性、境域的打开、通过图式下行”等等，都是“作为先验想象力的产物而涌出”。先验想象力是“原始的、纯粹的综合，它形成了纯粹直观与纯粹思考的本质统一体”。[3]

为什么它们是先验想象力的产物？从前文可知“想象”的三种含

---

①②③ *Kant and the Problem of Metaphysics*. trans. by Richard Taft. Indiana University Press，1990：84，77，88.

义包含了最原始的接受与打开，其中，最原始的此—这的展示，不仅意味着一原始的开展，又是意味着原始的提供，开展的同时而获得，获得的同时而开展。正因为有它，才有了“相似”的直观从它自身中的分割，才有了一般的“像”，进而形式化为概念。这三种想象的含义，都应来自先验想象力，因为从理论上说，先验想象力是给出所有经验的想象的源头。

海德格尔指出，想象力是一种“能”直观（能想象）的能力，它呼应着遭遇而给出一纯粹的“看”，同时又在纯粹的“看”中接受那遭遇者，想象力在自己的实施中“同时”有容受与创造。[①] 他说，正是这原始的容受与创造的实现，导致了知识的可能，比之作为对存在者的经验的知识，它是先在的、形成客观性的、境域的“看”。它是最初的提供，因为有了它，才有了其后的直观对一存在者的处理的关系样式。所以，海德格尔认为，要在“更原始的方式中”把握想象力的本质，不要把它理解为形成一个存在者，它也不是形成一个概念之下意义上的直观，它也不是形成一概念，它就是“客观性境域”的打开，只有在有“客观性的境域”的条件下，才可能有客观性——约束、直观以及约束对直观的约束这些经验的基本要素。因此，海德格尔说：“想象力使经验可能。”[②]想象力应该在解决经验的可能性的意义上得以定位。故海德格尔称先验想象力是一种“去做事的基本能力”，即它是行为的基本可能性，是一切行为的根据。[③]海德格尔指出，纯粹感性就是纯粹想象力，是

①②③ *Kant and the Problem of Metaphysics*. trans. by Richard Taft. Indiana University Press, 1990: 88,91,92.

开展境域的可能性。[①] 他进而说，境域一方面是自由的、主动的展开，另一方面它同时是对一的展开，当然它所对的不是某个对象，而是先验对象、无，但它总是有所指向的展开，换句话说，它总是被有所给予的展开。正因为如此，境域中的直观有结合的可能性，海德格尔指出，这是一境域的“自我—指向……”的现象，正是在这“自我—指向”中，它把指向所向的“无”把握为一个指向的属于、规则的统一体，它就是“范畴”，于是，作为范畴的拥有者的纯粹知性，也本质地属于想象力。[②]

海德格尔还指出，在“自我—指向”中，除了得到范畴外，还有一个现象，就是“在‘指向’中的‘自我’被抽取出来了”。于是有了自我意识，这“自我”“伴随”着一切直观，也伴随着一切范畴，于是有了“我思”这一现象，但海德格尔指出：“纯粹思的本质与‘我’的本质都在于‘纯粹的自我意识’之中。”也就是说，“我”并不拥有“思”，“我”只是伴随着“思”，它们两者都是一个“纯粹的自我意识”的产物。所谓“纯粹的自我意识”，指的是“自我意识”这一“我”的意识的根据，这根据只能是境域的自我—指向。进一步说，因为境域的开展本质地是有所指向，所以“自我”的根据在于境域的开展。“我”为什么能“伴随”着所有的范畴，为什么有“我的范畴”即“我是范畴的转轮”的现象？海氏解释说，正是因为在形成“我”的“原始的自我—指向……”中，范畴也被形成。[③] 所以范畴总是系于“我”的。但真正的拥有者，是原始的自我—指向，它是先验的自我，但它又不是“自我”，它是“自我”的“出窍”，即自我的

① 参见 *Kant and the Problem of Metaphysics*. trans. by Richard Taft. Indiana University Press, 1990: 91—100.

②③ *Kant and the Problem of Metaphysics*. trans. by Richard Taft. Indiana University Press, 1990: 103.

动态化。

海德格尔提出，纯粹的思作为对那给出自身者的处理，就是纯粹的直观，而反过来，纯粹直观就是“不可直观”的范畴、纯粹的图型。[1]先验想象力是这两种基本的知识来源的“根”，这两者是从它这儿生长出的“两枝”。[2]

①② *Kant and the Problem of Metaphysics*. trans. by Richard Taft. Indiana University Press, 1990：106，95.

第三节　生存实践引导认识

一、海德格尔对《纯粹理性批判》的批判

海德格尔很注意康德关于知识的源流的说法，他说，康德在《纯粹理性批判》第一版中讲了知识的三种源流：感官、想象力与统觉，区分了它们的先验性与经验的应用。在第二版中，康德又只承认知识的两种源流，感觉性与知性，由是把对整个先验性的探究分化为先验感性论与先验逻辑。他说，在第一版中，康德很强调先验想象力的作用，把它当作三种源流的中心，正是看到了纯粹综合的作用。而第二版却干脆取消了想象力的独立位置，使之游移于感性和知性之间，这变化反映了康德思想的退缩，另一方面，这变化却更加证明了先验想象力的核心地位。先验想象力是感性与知性的综合，是超出它们者，康德第二版恰好反证了这一点。①

海德格尔明确指出，康德在《纯粹理性批判》中，对人类有限理性最深的"根"没有进行探索，而是一触即退。康德自己也说这一"根""不可知"，因而不加以探究。②

他指出，在第二版中，康德把本属于想象力的"综合"归为知性的，是因为把"综合是表象的力量的主动性行为"这一正确的阐述有所偏

①② *Kant and the Problem of Metaphysics*. trans. by Richard Taft. Indiana University Press, 1990：93—94,110.

差地理解了。康德在其中抓住“主动性”，故而说“综合”是“对立于感性的知性”。[①] 而海德格尔要求注意的是这表达中似乎无关紧要的“表象的力量”。[②] 他暗指康德没有注意它，即没有注意其中体现的集“主动性”与“接受性”为一体的表象的可能性。

海德格尔说，康德的第二版，虽然略去了先验想象力这种知识源流，但却时时显示出它不可被忽略的痕迹，例如康德在第二版中仍然保持“图型论”。海氏认为有“图型论”这么一种代表自由的纯粹的“看”的东西，正说明了先验想象力的中心地位。[③]

海德格尔问道：“为什么康德从先验想象力这儿退缩？难道他，也许，没有看到更原始的奠基的可能性么？”不，绝对不是。海氏解释说，康德的《纯粹理性批判》没有进一步在先验想象力中取得突破，而不够彻底是肯定的，但这并不能说康德的思想没有深达于此。而是因为《纯粹理性批判》一书的自身目标，限制了这本书对更深的根据的追索。[④]

海氏说，对康德而言，《纯粹理性批判》最重要的是阐明先验主体的必然性，但却非阐明它的本质，即它如何可能。海氏指出，在第一版序言中，康德区分两种演绎“主观方面的”与“对象方面的”。其中，对象方面的演绎是指明可能对象的对象性如何可能。海氏说，《纯粹理性批判》全书只是进行了“对象方面的演绎”，即把可能的对象的可能性条件归为一“对象的境域”的可能，而这境域——对象性，又是形成于“转向”者的“让站在对面”中，这样，对象的可能就归到了纯粹的自

---

① 康德：《纯粹理性批判》，蓝公武译，生活·读书·新知三联书店 1957 版，第 99 页(B130)。

②③④ *Kant and the Problem of Metaphysics*. trans. by Richard Taft. Indiana University Press, 1990: 112,111,113.

我方面，这样就显示出了先验主体的必然性。

但至于先验主体自身的问题，康德并不把它作为当时的最重要的目标。康德说："（对象的可能性方面的演绎）意在说明它先天的概念的客观的效力，而使我们能理解它。故这是我的根本目的，至于其他一方面则为讨论纯粹知性本身，即其可能性及其所依据之认知能力，因而在主观方面论究之。此后者之说明，就我的主要目的而言，虽也重要，但并不成为其基本成分。盖主要问题总是：知性和理性离开一切经验能够知道什么，如何知道什么？而不是：思自身的能力如何可能？"[①]海德格尔认为，这就是康德没有深入的原因。但海氏强调："先验演绎在它自身中必然同时是主观和客观的，因为它是对先验性的揭示，对有限主体性是本质的……故先验演绎的主观方面永不可缺失。"[②]他说，先验演绎的主观方面正是"对主体的主体性的本质的先验的揭示"。康德看到了这一点，但他却没有去做，他把它推延了。但是，正因为它的不可或缺，故它的影响又及于《纯粹理性批判》一书，这就表现在对先验想象力的欲删不能，因为先验想象力直接代表着主体性的整体，涉及主体性的先天客观性的获得，在讲主体性的统摄力时是缺少不了的。[③]海德格尔的分析，确实切中肯綮，依他的指导，可以发现康德《纯粹理性批判》中诸多含糊之处，本书前面已指出过一些。

海德格尔指出，康德并未建立起主体的主体性，因此康德的哲学还染有许多传统的人类学与心理学的色彩，这也使他讲的想象力带有

---

① 康德：《纯粹理性批判》，蓝公武译，生活·读书·新知三联书店1957版，第5页（AⅩⅥ—ⅩⅦ）。

②③ *Kant and the Problem of Metaphysics*. trans. by Richard Taft. Indiana University Press, 1990: 113,114.

感觉性的色彩，并未达到先验的。他指出，如果演绎充足的话，那么主体的主体性整体必然会在整个先验哲学中摆脱传统“浅薄的、模糊的、道德哲学”与“经验主义”的影响，而达到真正的“普遍性”。[1] 正是基于这些认识，海氏对康德的“人类学”态度复杂，一方面“人类学”标识着人的整体主体性，是海德格尔所赞许的；另一方面，它又带有太多经验主义的色彩，显得很不纯粹与彻底。

二、实践引导认识

海德格尔通过对先验想象力的挖掘，揭示出了先验性——人的主体性的整体，并把它当作原始的“境域的打开”。从前面的阐述可以知道，他把纯粹的感性已阐释为对“无”的接受及自身自由的打开了。纯粹知性也一样如此。海德格尔还指出，纯粹知性一旦“纯粹”，其实就是纯粹理性。因为纯粹知性作为“规则的给予”，它是所有规则的整体，而这一整体，是不能由分析出的规则拼合而成的，它只能由一个相对于它整体的东西引导而成。康德哲学中，理性的定位正在于“理念”对规则整体的引导关系。因此，海德格尔说：

> 康德称纯粹理解力为“一个完整的统一体”，但这和谐的、筹划的整体从何处得到它的整体性？这发生在理念(idea)的形成中，因为纯粹知性是“我思”，在它的本质的基础上，它必须有“理

---

① *Kant and the Problem of Metaphysics*. trans. by Richard Taft. Indiana University Press, 1990：115.

念的能力”，即理性的特征，因为如果没有理性，我们就不能有理解的运用。[①]

所以，他把纯粹知性与理性等同起来。这样海德格尔就把康德经验中的感性、知性对比导致的先验性中的纯粹感性与纯粹知性的对比，改变成为纯粹感性与理性的对比，而两者其实又在先验想象力中结合为一体。

因此，海德格尔就对人的主体性有了总结性认识。首先，作为自由的、主动的展开，人的主体性是理性的；其次，作为有所接受的展开，人的主体性又是有限的，以纯粹感性为内核的。因此，人的主体性是有限的理性，是“纯粹的感性理性”，如果要说人是理性的，那么这“纯粹理性在其自身中必须是感觉性的”，正因为感觉性反映了一种有限性（即接受），所以人的本质是有限性。[②]

先验性这有限的、感性的理性，它的基本特征是“打开境域”。那么它为何打开？在这个整体的有限性的层次上，涉及的是什么问题呢？海德格尔指出，它涉及的是实践——道德问题。这样，他把知识的根据的问题，通过对先验性整体的阐明，与伦理学联系起来了，把理论的根据与实践联系起来了。

海德格尔把想象力称为“自由”的，因为想象力在“打开境域”的意义上说，必须是“能”打开的，是主动的。但他又说：“展示在客观性的境域的站在对面中的必然性，只有作为被遭遇到的‘强制性（compul-

---

①② *Kant and the Problem of Metaphysics*. trans. by Richard Taft. Indiana University Press, 1990：104，118.

sion)'才可能。而'强制性'又是发生于一为它而'成为自由(Being free)'之上。"而自由,常常当作纯粹的理论理性的力量,但它之在于理论理性的本质中,仅仅是"当这意味着把自身放在一自我被给予的必然性之下"的意义上说的,"故而,知性与理性并不是因为它们有主动性的特征而是自由的,而是因为这主动性是一接受性的主动性而是自由的"。①

海德格尔强调,在自由中本质地含有接受性,自由是接受性的主动性。

提出自由,则必然涉及实践。海德格尔引康德的话说:"任何通过自由而可能的事是实践的。"因而,"如果有限的理性是涌自先验想象力的,并且因而它的主动性是接受性的,则实践理性也必然地能在其中得到根据"。他指出:"实践理性的源头不能通过'论证'来得以揭示。"而必须通过"对'实践自我'的本质的阐明"。海德格尔指出,纯粹统觉的"我"在于"自我意识"中,而在这自我意识中,自我是什么、如何行事,并须显明在自我的"存在(Being)"上。也就是说,自我的存在是一个整体。只有在这个整体上,自我的分析内涵才能得到根据。这个作为整体的自我的存在,纯粹的"自我意识"具有自由的特征,因而具有实践的特征。它正是在"对……有所接受"的实践的现象中得以显现自身为一整体,而非感性、知性等能力的组合。

于是,海德格尔引入康德的《实践理性批判》来显明这个整体的自我。他把整体的自我与康德的道德自我联系起来。他说,道德自我,

---

① *Kant and the Problem of Metaphysics*. trans. by Richard Taft. Indiana University Press, 1990: 106.

即人的本质、本真的自我。[1] 它的本质性、本真性在于何处？正在于"对在它之外"的"道德律令"的"敬"（respect）上，如果这样，那么这"敬"必然应该是一种"成为自我意识(being self-conscions)"的方式，它的结构中必然有能够达到自我的整体的可能性。

海德格尔说，依康德所说，"敬"是一种"感受(feeling)"，那么它就是一种愉快(pleasurable)与不愉快的表述，属于感觉性。当然，这愉快不愉快不是一种肉体意义上的快感，它应当是纯粹的，属于纯粹的感觉性。在此有愉快和不愉快的纯粹感受中，有这么一个结构：愉快既是对某种东西的愉快，同时它自身是一种"愉悦（enjoyment)"。人在对某物的愉快中，把自身经验为一种愉悦，自身就在这愉悦中显明。[2]

这种结构体现在"敬"中，也就是在对道德律令的敬中，道德律令通过敬而通达我们。同时，自我作为"敬"自身而得到显明，也就是说，这个"敬"就是自我本身的样子了。海德格尔特别强调，作为敬之所敬的律令，并非是某一客观的存在物，不可被把握性地理解，而应在一"对……敬"的行动中得到理解，同样，作为"敬"的自我也是如此。他说："在敬中，道德律令和行动中的自我不可被对象性地把握，而是，两者都在一更原始的、非对象性的以及非理论化的方式中显示自身为责任与行动。"这正如概念要在一个可感性造成的过程中得到理解一样，道德律令也不是一可脱离"敬"的过程的先在的、对象式的条文与东西，它只是在"敬"的行为中作为一种责任才存在，在"敬"的行为中形

---

①② *Kant and the Problem of Metaphysics*. trans. by Richard Taft. Indiana University Press, 1990：107,109—110.

式化自身为律令。另一方面，自我也是如此，“敬”不是“我”的敬，毋宁说我是“敬”的我，我是“敬”的自我意识。海氏说：“感受是‘对……’有感受，故感受的我同时在这之中感受到自身。在律令面前的敬中，敬的自身必须在一决定性的方式中同时被显明。进而……在律令面前的敬……在自身中使作为行动着的自身的我自己得到显明。”①这一强调是非常重要的。海德格尔自始至终都强调一过程是最原始的，只有在一过程中才有过程中的东西的显明，这就是为什么他要强调图型论，而又把图型论说成是一可感性造成过程，并且在过程中安置范畴与直观，也安置自我与对象。正因为过程是如此重要，他才把体现这过程的图型的产生者——先验想象力当作最原始的知识之源。

而且在这种论述中，我们还看到了什么是自我超越与“出窍”。自我只有在过程中、活动中、实践中得到显明，作为显明的结果（自我意识的结果），自我是与对象相对的，它来自这实践与过程，因此才要求有一“从自我中走出”。“出窍”的说法，其目的就是要说明这一前自我意识的通达过程而已。也只有这样，才能理解为何知识的根据、真理的“原始真理”是一种“境域的打开”。

海德格尔在指出“敬”使自我显明并使道德律令通达自我之后，指出敬就是理性，他说：“理性，作为自由，给它自身以敬之所敬的道德律令。”并且他说：“在律令前的敬也是在自我前的敬。”敬律令同时也就是自尊，敬律令并不是把自己引向某个东西、某个存在物，它恰恰把自己引向自己。自尊不是自怜自爱，而是通过对律令的敬而证明自己。

① *Kant and the Problem of Metaphysics*. trans. by Richard Taft. Indiana University Press, 1990：110.

他说："在对律令的敬中，我使自己从属于律令，在敬中的特殊的'对……有感受'是一服从。在对律令的敬中，我服从我自己。在这对我自身的服从中，我作为我自身而是。"这个使我服从的我自身，不再是一个在存在物中自我了，而是："在对律令的服从中，我服从作为纯粹理性的我自身，在此自我服从中，我提升我自己为作为一自由的自我决定的自我。"

在自我服从中，我把我自己提升了，其实就是自我超越了、"出窍"了、走出自己了。海德格尔把这一"自我提升"，称为有了"尊严(dignity)"。人正是在这一"尊严"中成为人的，他再一次强调："故而，敬就是'我'的成为它自己的方式……它(敬)就是本真地'成为它自身(being itsself)'。"[①]

正因为敬是这么一种方式，故而作为它的"感受"，也不再是经验意义上的，而是"应在本体论的——形而上学的意义上被理解"。

很明显，在这个阐述中，海德格尔通过自我整体的问题，把康德在《纯粹理性批判》中进行的先验演绎试图推进到与《实践理性批判》联系起来的深度。自我与道德律令的联系在于一个"敬"——感觉的过程，在于一个感性的、以敬为名的实践，正是它，联系起了康德的道德与知识，如果它要在康德的哲学中得到定位的话，那么，它只能是"审美"。这个最原始的统一体、原始的以感性为主要标记的境域打开，应该是审美——想象力的。在后面我们关于海德格尔对尼采的"权力意志"的阐释中，对此处讲到的问题将有更鲜明、详细的阐明。

---

① *Kant and the Problem of Metaphysics*. trans. by Richard Taft. Indiana University Press, 1990: 109.

第三章　超人与真理

第一节 从“此在”走向“超人”

一、从主体到“超人”

海德格尔对康德，除《纯粹理性批判》外，还多有阐释，我们不拟一一列举分析。但就在他集中阐释康德的这本《康德与形而上学问题》中，我们确实已见到他的思想与德国观念论传统的接口之处，也能看到他思想的奠基之处。从总体上看，海德格尔的思想是从《存在与时间》开始的。在这本巨著中，他在开头即进行“基础存在论”即人的生存论分析，把人的生存视为“基础”的存在论——尽管他在书中曾指明这种观点在胡塞尔哲学中的来源——这还是需要根据的。应该说，通过对康德的阐释，海德格尔为自己的思绪理路暗示了根据：康德在“三大批判”中以对人的主体性进行分析的《纯粹理性批判》为“第一批判”，其理由何在，基本上也就是海德格尔以人的生存状态为思路之始的理由所在。康德所据的理由（参见《纯粹理性批判》导论），比起海德格尔在《存在与时间》中对存在论的粗略划分，是比传统思想方式更为亲和的。我想，这恐怕也是海氏急迫地要把对康德的阐释变成《存在与时间》“第二部”的一个理由吧。

当然，海德格尔的思路是多头的。本书出于将其思想与传统思想接口的考虑，在海氏整体思想中寻找了这条与两大思想家：康德与尼采相对照而进步的思路，并不否认海氏的其他思路。在海德格尔整体上围绕存在问题进行的思考中，人与对象，始终是他关注的两个焦点（当然，这两个主题，在他这儿，即是生存与真理）。《存在与时间》是以生存为焦点的，在这部著作中，他对人的生存做了富有个性的存在论的描述与阐释，大大突破与丰富了人们对生存本身的认识，也突破与丰富了人们对生存中诸种现象如烦、死、时间、记忆等问题的认识。《康德与形而上学问题》是为《存在与时间》做传统意义上的学理奠基的。在这个著述中，他也借对康德的阐释，突破了“主体”的传统内涵，突破了认识的传统内涵，把认识的主体改变为超越主体的“前理解”与“出窍”状态，同时，也把认识改变为触及到人生存最基本层面的实践行为，或者说就是生存本身。在某种意义上说，《康德与形而上学问题》应该在前，《存在与时间》应该在后，也就是说，在逻辑上，先谈认识，先谈主体，然后在《存在与时间》中再谈生存，再谈此在。在这样的逻辑进步中，在对人的阐释主题中，必然要引导海德格尔靠近尼采。因为，在《康德与形而上学问题》中的主体与在《存在与时间》中的“此在”，都不会、也不再是传统意义的人，对这个新的人，要有新的定位，而这个定位，尼采曾经非常鲜明地给出过一个概念：超人。显然，海德格尔对这个概念是着迷的，因为这个概念成了二十世纪五十年代初他在弗莱堡大学两个学期的课程：“什么唤思？”（这个课程记录也是海德格尔核心著述之一）的基本主题之一。在这个主题的阐述中，海德格尔将他对人（此在）的思考推进了一步，再发展一步，就是他关于存在的整体“浑成（ereignis）”的思想了（在此中，人有新的名称：“短暂者”）。在这个思想中，人的问题已经化入“浑成”，以人为支点的“世界观（世界图像）”已经化为无人的化境。在这化境中，人已非支点，而成了和其他物相互映照的一分子了。当然,与人—超人一同化入“浑成”的,是对象,以及与对象对应的对象的本质:真理。

对象是海德格尔思想的另一个支点,在阐述人、改造人的同时,海氏同时也在改变对对象、对真理的认识模式。这种改变,最集中体现在他另一核心著述《真理的本质》中。也在《真理的本质》基础上,他进一步阐发对“物”的思考,进而把物化入“浑成”(也在这个过程中,他也开始对各种诗作进行阐发)。

从时间上看,《真理的本质》早于《什么唤思?》。不过,就海德格尔思想整体而言,他关于人和对象的思想是并行发展的,在前期对人的思考深化发展后,我们不妨循着这条线索,先阐述他关于“超人”的思想,在这样做的同时,本书也想表达这样一个观点:在海氏经历康德后,在理论上是可以以他对尼采的经历来接续,从康德到尼采,可以填满他整个思想发展历程。同时我们也要说明的是:在时间上稍早的真理问题时代,并非与人的问题全无关系,在《真理的本质》中,就有关于人的问题(如自由问题)。

故而本章主题,不仅开始阐述海德格尔之与尼采的对照,也作为从康德到尼采的过渡的说明。

在对传统的知识论的思考中,海德格尔触及人的认识能力问题,也触及作为知识论的核心概念:主体问题。海氏的思考,突破了传统知识论的樊篱,也就必然突破了传统关于人的思考。《存在与时间》中海氏对生存的阐述,已惊世骇俗,从总体上看,这部著作,就是以一种新的态度来看待生存,在这种新态度的烛照下,生存的一切现象焕然澄明。

二、导入存在思考的反人道主义

那么，这个新态度是什么呢？那就是把人的生存与存在联系在一起，把人放在存在的大背景下，将人作为存在大运转的通道。只有在这个意义上，人才成为“此在”，也只有在这个意义上，“此在”才具有比传统的哲学人类学或生存论更深、更广泛或全然不同的内涵。对于这个问题的阐发，海德格尔写于1946年的核心文本《论人道主义的信》表述得非常明确，非常简洁。

在这篇长文中，海氏明确地把人的本质与存在联系起来，也就是说，要追问什么是人，什么是人的本质，就必须：1. 在人之所以为人，人之所成立的意义上来理解。因为，人之所以为人，之所以是其所是，这本身就有一个存在问题。2. 稍稍隐晦一些，要在人在这个世界上的定位来理解。在这个意义上，也有关于存在。因为，在海氏看来，如果从这条线索来看，人的特性在于它关乎真理，他说：“人毋宁说是从存在自身‘抛入’存在的真理的，生存在这种情况下守护着存在的真理，以使存在者在存在的光照下如其所是地出现。”[①]这就是说，如果说人有什么特殊性的话，那就是人这种存在者，还是其他存在者的守护者，它使其他存在者如其所是地出现。当然，当此实现时，真理也就发生了。一切存在者如其所是地存在，是这些存在者真理的样态，所有真理的本身，就是存在的真理，就是存在本身。

这第二个方面是很重要的。海氏认为，真理问题是人的生存中必

---

① 《论人道主义的信》，见 *Basic Writtings*. ed. by David Farrell Kreil. Harper & Row, 1977: 210.

然的问题，真理首先是一种生存的现象，而真理不是别的，是存在者生生灭灭的澄明样态，而当一切进入澄明时，就是美的状态。艺术作品的目的，就是要揭示澄明，以澄明的状态让在，让一切存在者在作品中展示自己的如其所是，即展示自己的真理，也就是说，作品就是要在整体真理（真理的本质）中展示特别真理（存在者如其所是）。正因为真理问题对海氏如此重要，所以我们可以说，海氏对传统知识论的分析、阐释与改造具有为其思想奠基的性质。

在海德格尔看来，人的特殊性在于其生存中有真理现象，当然，真理现象对于海氏而言，绝不仅限于传统知识论理解的那么狭窄。如果说真理根本上就是存在者的如其所是的话，那么，一切有关于存在者的现象都归属于真理范围。如此，既然人的生存中一切现象都关于存在者（“伴物而在”是海氏对生存的又一基本描述），那么，作为人生存基本现象的真理比知识论中的真理广泛得多，它涉及生存中一切现象而绝非仅仅是认识。所以，海氏将它的范域与语言的范域等同起来，与“思”、与行动等同起来。语言在某种意义上就是真理行为，也正基于此种认识，他说“语言是存在的家”。尽管语言问题也是海氏的核心问题，但由于篇幅与思路所限，本书不拟多涉语言问题，故不再阐发。

从两种路径来看，海氏认为人的本质应与存在问题联系起来，也就是说，只有当人真正渗入了存在，“在一个存在的处境中”，人自身才获得自己的存在，从而获得自己的本质。[①]

但是，如何是、如何才能“在一个存在的处境中”呢？按海氏的说

① 《论人道主义的信》，见 *Basic Writtings*. ed. by David Farrell Kreil. Harper & Row，1977：214.

法，必须以一种正确的状态去“思存在的真理”，也就是真正地把握认识对象的本质，解决思维与存在的同一问题时，人才能进入存在的处境。在《康德与形而上学问题》中，海氏认为，认识之所以可能，在于有“认识的前理解”，也就是说，人能够先在地与对象有所关联，以一个原始的统一体为根据。在这个根据下，人能够“出窍”，出窍而走出自己的主观界限，到达对象的彼岸。当人以原始的统一体为根据获得对象的根据（认识或真理）时，人也获得了自己“主体”的根据。因此，“出窍”就是一种比“主体”更为原始的状态，这个状态表示主体与对象的中间状态，是主体的自我超越状态。在《关于人道主义的信》中，当谈及人的本质的时候，海德格尔同样用这个词或相近的词[在海德格尔的用法中，“出窍（ecstase）”有时等同于 ek-sistence，后一个词意义两可，似乎表示生存，但应指出窍状态下的生存]。他说：“‘人出窍地生存’，并非是对人实际是什么的回答，而是关乎人的‘本质’。”[1]

不过，在此文中，与《存在与时间》一样，“出窍”并非从《康德与形而上学问题》那样的角度来获得它的含义。在后者中，“出窍”更为清晰形象地表明了它的含义：主体走出自己，走到对象。在前者，“出窍”没有考虑到对象的维度，而是在与存在的关系上，特别是与自身的关系上来获得自己的含义。在这里，“出窍”是指进入存在，同时指自身的自我实现化，是指自身激活、自身的异变，一种突如其来的自我澄明。当然，如果仔细思考，两种角度是一致的，《康德与形而上学问题》的阐释与传统或日常话语更亲和一些，而另一角度更海德格尔化，也

① 《论人道主义的信》，见 *Basic Writtings*. ed. by David Farrell Kreil. Harper & Row, 1977: 207.

更为深化。

在较严密的阐释、改造传统知识论的基础上,“主体”被瓦解了(“出窍”了),人的本质必须与存在问题相结合方得真正实现。在这种认识下,海德格尔反对传统的“人道主义”思想,认为“人道主义”这个词已“失去了它的意义”。他说:“它失去了它(意义),因为它把人的本质定位为形而上学的,而形而上学不仅不能提出有涉存在的真理的问题,甚至阻碍着这一问题,因为形而上学遗忘着存在。”[①]海氏认为,传统的人道主义“都是在对自然、历史、世界和世界的基础——作为一个整体的存在者的固定的解释的基础上来得到决定的”,“第一个人道主义,罗马的人道主义以及自古迄今的每种人道主义,都把人的最普遍的本质设为自明的。人被视为一种理性的动物”。[②]传统的人道主义把人视为不言自明的,放在固定的环境中,人拥有固定的定义,当然,也就使人的问题失去了自我澄明的可能。海氏认为,这种看法,尽管在通常的意义上把人捧为高级的生物,其实却真正贬低了人,它使人成了一种与一般对象根本上同质的特殊的对象,切断了人与存在的联系。

分析原因,海德格尔认为传统的人道主义因建基于形而上学之上,才有这个错误,而形而上学使人道主义有此错误又因为其自身是错误的,在《关于人道主义的信》及其他文本中,海氏对形而上学错误的判定基本上相同,那就是形而上学不考虑存在者与存在的区别,不考虑存在的真理问题(两个不考虑互为因果)。

---

①② 《论人道主义的信》,见 *Basic Writtings*. ed. by David Farrell Kreil. Harper & Row,1977:224,202.

存在与存在者的关系问题是海德格尔思想中最核心的也是最精妙的思考之一。在他看来，存在是存在者的整体，是存在者的整体背景，也是存在者的根源，它一方面就是存在者，体现在存在者的具体存在中；另一方面，在理论上它又区别于存在者，作为存在者的根据而在。他认为，存在不是可以预先设定或独然而在的，它是作为一切存在者存在着所必须的理由而获得自己的定位的。如果没有存在者，存在无从谈起，故存在在某个角度上依托于存在者；但存在是作为存在者的根据与整体而被定位的，故而从另一个角度，存在者又依托于存在。存在者发生于存在，它的发生彰明存在；同时，存在者发生，把存在附身于己，在某种意义上又掩盖了存在。存在与存在者互为彰明，同时又互为掩盖；存在与存在者互相分离，同时又融为一体。这种复杂关系，在海氏这儿，叫作"亲密的区分"，又叫作"存在的裂隙"。从前面的《康德与形而上学问题》中讲到过的，意识总把自己意识为"对……的意识"的原则来看，这种情况基于认识过程中的异化现象；有时，海德格尔从语言的角度，把这种情况视为语言现象，认为是人的语言的功能效应。但我们也要认识到，上述分析只是一方面的，绝不可因此就把"亲密的区分"仅看成来自认识或语言运用中的异化现象。因为，在更高的高度上来看，人只能对自己的主观性有认识（这是康德在《纯粹理性批判》中的基本认识），在这种限度内，人能自省自我意识或语言中的这种情况，除此以外，别无它有，但是，这不能证明，在整体的范域中，除此以外，别无它有。也有可能人的意识与语言中的这种情况，受感于或来自更深的状况，也就是说，也存在着有存在与存在者的这种状况，导致了意识与语言的这种情况的反向因果情况。究竟何为因果，是人之理性无法判断的，以何为因果，要看理论形态。可以说，海氏早期理论多把重点放在生存，故倾向于前者多一些；而后期试图把论域扩大，故倾向于后者多一些（这也和他早期喜释康德，后期喜释尼采有关）。

海德格尔洞识了“亲密的区分”这一形而上学最大、最核心的盲点，也就超越了形而上学。在此基础上，他有了形而上学完全不同的真理观、认识论与生存观。在这三个领域中，最重要的支点就是存在与存在者的关系与形而上学有了根本的不同。严格说来，传统的形而上学是没有存在与存在者关系的，传统形而上学遗忘了存在，把存在与存在者关系变成了本体或本质与现象的关系（相应地也有主体与对象的关系）。这里，本质与现象关系类似于存在与存在者关系，但有本质不同。本质是现象的抽象，而非现象真正的根据，依照海德格尔的说法，它“把个别存在者的敞开无条件地对象化了”。[①] 传统形而上学正是在这种存在与存在者的虚假或扭曲的关系下，产生了关于世界或人与世界的“镜喻”。故而，我们可以说海德格尔新型的存在与存在者互相区别又互相融合的关系是对传统“镜喻”的解构，是“破镜”。

基于这种对传统人道主义的判定，海氏有“反人道主义”一说。他说：

> 《存在与时间》反对人道主义。但它的反对并不是意味着它走到人道的反面而去鼓吹非人——人道主义被反对是因为它把

---

① 《论人道主义的信》，见 *Basic Writtings*. ed. by David Farrell Kreil. Harper & Row, 1977: 197.

人的人性设得不够高，人的价值并不在于它作为存在者的支撑者，作为它们中的“主体”而具有……毋宁说，人是从存在自身中被抛入存在的真理，所以在他出窍的生存中他应保卫存在的真理，使存在者在作为存在者的是其所是的存在的光照下显现。①

海德格尔自称，他反对传统的人道主义，正是要真正恢复人的意义，倡导真正的人道主义。这一思想，是西方当代思想(20 世纪的 60 年代以后)中一支“反人道主义”潮流中的重要里程碑，《关于人道主义的信》因而也具有了经典的意义。

尽管海德格尔在这个文本中未直接言明其“反人道主义”和尼采的关系，但是从他整体思想的发展轨迹来考察，这一思想与尼采有明显的关系——至少是相契亲和关系。其实也正是在这个时期——20 世纪 30 年代到 40 年代，海氏深深地卷入尼采的思想中，同时也完成了自己思想的“转折”。当然，海氏此时思想的形态，也是其思想自身发展逻辑所致，这两者是并不矛盾的。

三、走向真理之路的“超人”理论

如果说《关于人道主义的信》还不算阐释尼采思想之作，那么其后的讲座“什么唤思?”就在这个对人思考的思路上明确地表达了与尼采的关系。根据这个学期讲座整理出的著作分为两部分，其中上部基本

---

① 《论人道主义的信》，见 *Basic Writtings*. ed. by David Farrell Kreil. Harper & Row，1977：210.

上全是对尼采超人思想和永恒轮回思想的阐释。这些阐释，为我们廓清了他思想中这一重要部分与尼采思想的关系。海德格尔认为，尼采“是在时间上最贴近我们的传统思想的代表人物……他的思想，是用传统的语言来讲述什么是‘是’……长久以来，我们完全在传统思想的语言中来理解它，而不是去聆听其中尚未说出的东西”。[①] 在这个讲座中，海氏在阐发这未曾明言的东西，如果我们放大了看，他整个后期思想，似乎都与对尼采的阐发有关。

传统的人道主义，在海德格尔眼里，是与尼采的“最后的人”联系在一起的。在尼采《查拉图斯特拉如是说》中“最后的人”指的是现有的人，也就是传统形而上学意义上的人。它身上，是形而上学意义上最典型、顽强的“人性”，是传统的人道主义，是与“超人”相对立的。在《查拉图斯特拉》一书中，尼采对“最后的人”做过较具文学性的描述，例如，它是拥挤在市场中的，总是不自信地眯着眼的，等等。在所有特点中，最深刻的刻画是“最后的人”所具有的最根本的人性，就是“怨恨”与“报复”，对时间的怨恨与报复。在这个描述中，时间暗指的是生生不息的现象之流，而怨恨与报复是在面对这个生生不息的时候，“最后的人”的处理办法。综观尼采整体思想，人性很大的特点就是设立“对象”，怨恨与报复就是人性中的对象设置行为。时间是流动易逝的，它侵蚀着世界之物，也侵蚀着人，面对这不可更改的处境，人自有其处理应对之法来用以自卫、用以报复。这个方法就是“求真意志”，生成“知识”。知识基于判断，判断就是把诸多现象归于一起，将之进行分类、归纳与比较，从中确立主词。这一行为本身就是一种对时间

① *What Is Called Thinking*?. trans. by J. Glenn Gray. Harper & Row, 1968: 55.

的报复，因为判断要进行，必须把各种现象放置在一起，而这在真实的世界中是不可能的，因为时间流逝，就像昙花一现。判断要实现，必须违背时间原则，将已去的现象通过记忆留住，置于类似康德所说“想象的概观”中进行比较。记忆是人性报复时间的武器，判断与知识生成是报复行为的进行，最终一个个鲜明对象的产生，永恒不变，那是对时间报复的结果。而人，也在对象的确立中，同时确立了自己“主体”的位置，确立了自己的永恒，通过对时间报复而维护了自身。应该说，尼采的这种描述与分析是异常深刻的，海德格尔对传统形而上学主体性与知识论的批判无超乎此。在《查拉图斯特拉如是说》一书中，尼采同样还讲了对这种怨恨与报复“救赎”的方法，那就是人乐观地对待时间的流逝，以自信去掌控时间的流逝。对于物之逝去，不要视为对自身的侵蚀，而应视为自我的实现与完成。在这种救赎之下，万物就会恢复其本来的面貌，它们流光溢彩且互相流通、互相映照，无比轻柔。而人，也因而成了“超人”，真正地实现、维护了自己的本性“权力意志”，且使这一“权力意志”与整个世界的流转原则相等同；同时，人也获得了自己的位置。这一位置，不是通过对时间、对现象进行掠夺、报复而强迫性地建立起来，而是和其他物一样，在与万物的互相映照中，在整个世界的权力意志式的流转中(永恒轮回)，得到了自己的位置。这一思想，与海德格尔的整个后期思想轮廓几乎完全重合。

海德格尔是从“最后的人”出发思考传统人道主义本质的。他说：

> 尼采第一个提出这样的问题：已经这样且仍然是这样的人，可以确立(自己的)支配与主导地位吗？……尼采把迄今为止的

人称为“最后的人”，这不是说所有的人类将在这人这里终结，而是说，最后的人是不再能将视野超乎自身之外的人，他不能把自己提升到他的任务的水平上，不能使他在本质正确的方式上完成他的任务。人之不能，是因为他还未进到他自己充分的本性中去。尼采说，人的本性是尚未定性的——它既未被发现也未被保护。[①]

海德格尔同样重视尼采对“最后的人”的“报复”本性的描画。在花了一个多课时分析讲述了“报复”问题后，他认为，要对人的本性进行定性，就必须将它与存在的问题联系在一起。海氏分析道，“最后的人”其实也是与存在问题有关的，他的报复，直接扭曲地建立了一种存在者的存在方式——对象方式。他说：“尼采在讲报复时，想到的是作为一个整体的存在者的存在；尼采在考察报复与报复的解脱时确实是在思考存在者的存在。”“尼采说：报复是意志的报复。我们已经说过，‘意志’，用现代形而上学的语言来说，不就仅仅表示人的意志，而是‘意志’与‘意愿’是作为一个整体的存在者的存在之名。尼采把报复描述为‘意志的报复’，从而把报复带进了存在者的存在的关系性中。”[②]上述引文中“现代形而上学的语言”，指的是例如莱布尼茨“单子论”类的传统，这一传统试图将人这种存在者的存在方式作为模范，来表达各种存在者的存在方式。海德格尔认为，尼采的人性报复是存在者的存在中的问题。这里，已有把人放在“此在”的位置上，视之为存

①② *What Is Called Thinking*?. trans. by J. Glenn Gray. Harper & Row, 1968: 57—58,94—95.

在运转过程中一个环节的意思。这就是说，存在中的存在者，是通过人的行动来出现的，同时也是通过人的"权力意志"来出现的。"最后的人"体现了权力意志的一种扭曲状态：怨恨报复状态。在这种状态下，存在者只能以对象的方式出现或存在，并且在这种存在方式中"存在"被遗忘了，人、存在者在这种方式中与存在的关系以否定消极的遗忘关系为特征。但无论如何，人性与人的生存状态总与存在者的存在状态进而与存在绑在一起（反之亦然）。

对"最后的人"的批判，就是要把人与存在联系起来，也就是要使它从报复中解放出来，使存在者从固定的永恒变成轮回着的永恒状态。这种解放，在尼采就是"超人"，在海德格尔就是将生存视为"此在"的思想，将生存视为"出窍"的思想。不过，需要强调的是，这两者尽管基本相同，但还是有微小的差别，而且，这种微小的差别，会造成巨大的后果。可以说，海氏后期思想与前期思想的不同，就发轫于这微小的差别，也就是在这微小的差别间，海氏从此差走到了彼别，形成了与前期"此在"、"出窍"有很大差别的后期思想形态。简略地说，这一细小的差别就是，尼采的"超人"有更为宏大的视野。也就是说，它是在跳出了"人"的范域情况下来考虑问题——当然，这是否可能尚是一个无解的问题——它试图站在整体、站在上帝的立场上来看人与世界。在这个定位下，由"超人"发展的思想，更为奇诡、宏大，同时也具有神秘性、泛神论的色彩。而"此在"、"出窍"还是在人的范域来考虑问题，还在康德《纯粹理性批判》所标明的范域内，它在人可以言谈的范域内来谈问题——哪怕要谈超出人的部分。对于超出理性范围的问题，它以理性的语言来表述，以一种否定性的方式来表述。在这种立场上，会有较缜密、严谨的理论形态，但是较少奇遇，思想的色彩缺少丰富的可能。“超人”的立场，用前一种立场的语言来说，是“辩证”的范域，而非知性的范域。对两种立场，我们在此不拟评判。但海氏后期选择了“超人”立场所标记的领域与语言，从而走进了一个新的领域，也正因为此，他的思想与诗、艺术发生了共通。如果他还在前一种立场，那么他将始终走不出哲学，与诗、艺术的共通是不太可能发生的。在此，我们也可以更好理解海氏前、后期思想“转折”的问题。一方面海氏前后期思想是一致的，因为在某种意义上，“超人”与“此在”、“出窍”没有区别，其理论内涵完全一致；但在另一方面，海氏的前后期确实有不同，有时会让人觉得是两个世界。也许，这种复杂关系，可以在这个微小的移置中得到一定的解答。

在那个“转折”的时期，海氏服膺“超人”。他说：

> 人是尚未定性的动物，视之为理性的动物还不能把它带到其充分的本性中，为了确定的本性，人必须首先要被带出它自身……这就是为什么要在人之外找到一条通道，对于人的本性来说，通道是要找到的，这样人能克服他以前的本性、他最后的本性……这个克服自身、掌控自身、第一个决定自身的人，尼采给了一个很易被误解的名称。他称他为“超人”……超人是那种第一个把生存着的人的本质属性带到它的真理中的人。[1]

海德格尔阐述道，要使人真正地成为自己，就要走出自己，成为超

① *What Is Called Thinking*?. trans. by J. Glenn Gray. Harper & Row, 1968: 59.

人。他说:“超人超越、走出他所是的人、最后的人。人,是一条通道、一个转换,他是一座桥。”[①]超人走出自己,把自己变成一条路,这条路,按海氏的阐释,首先是一条联结自己的过去与将来的路,一条从最后的人向着超人的实现的路。不过,海德格尔在讲人是一条路时,更重要的是把这条路视为主体与对象之间的。“什么唤思?”这个讲座,主题是“思”,尼采的阐释作为一半内容,主要还是要讲“思”,也就是要改变形而上学对人的把握方式,从而改变形而上学对人的主要生存方式“思”或认识的把握方式。在这个讲座中,海德格尔将思从工具最终改造为一条道路,一条被存在所召唤的道路,它被存在召唤,带着对存在的感恩,走向存在者。如果我们下一步再接触到《真理的本质》这篇核心文本,就会看到,“路”的第三层意思:它是存在的道路,人就是存在的道路,它或解蔽或掩蔽地完成存在到存在者的生生灭灭。人这条路,就是存在的运行之路,就是真理的本质。

---

① *What Is Called Thinking?*. trans. by J. Glenn Gray. Harper & Row, 1968: 60.

第二节　真理的本质

一、人与真理

当海德格尔关于人的思考发展到“反人道主义”的时候，海德格尔关于对象的思考也进到了一个新的阶段，而以这种思考的文本《真理的本质》为代表，标志着从 20 世纪 30 年代起，海德格尔思想发生“转折”。

在海德格尔的整体思想中，生存问题向来跟真理问题联系在一起，且不说上文所述，海氏明确表述人的本质要与存在者的存在或存在的真理相联系才能得到真正的解答。早在《存在与时间》时期，海氏就是将二者联系在一起考虑的。在该书中，海氏提出存在问题，为了解答这个问题，他给出了一个路径，那就是通过基础本体论（生存论）和区域本体论（真理论或存在者论）的思考。在《存在与时间》对生存的集中思考中，海氏把生存（此在）的结构主要描述为“在（向）世界中存在”或“伴物而在”等，将存在者及其整体视为生存的结构性要素。在其他许多著述中，海氏也注重这种关系，经常以“人是理性的动物”为出发点，将人是有知识、人能求知、人能语言等当作立论基础，这些，都是将存在者的存在视为人生存的内在要素。在他的思想中，人与对象的关系，是互为演绎的关系。

其实，这种关系的确认，是西方唯心哲学的传统，在这个传统中，作为人成立支点的“自我意识”，必须以“对对象的意识”为前提，只有有了“思”——对对象的思考认识攀缘，才可能有思之“我”。在对人的思考中，海氏打破传统的自我的固化、静止的镜像化理论（主体相对对象而立，犹如一面镜子映照万物），使人“出窍”，平铺在与对象的关系上，使人成为“超人”，成为一条道路，使人的生存生动起来，把固化静止的人化为种种具体感性的关系，不仅为传统认识论、生存论挖掘了新的深度，也为一般美学的审美经验、审美活动奠定了更深的基础。这是一个胡塞尔式将主体的“自然观念”“现象”化的过程，也是康德式从“先验”的层面为经验奠基的过程。与此相应的，在对象理论方面，海氏也要打破对象的传统僵化、静止、与人对立的结构，使对象的存在生动起来。由于对象的存在总是与人与对象的关系：意识、行动、语言等联系在一起，故而，这类中介性的要素就是海德格尔突破传统的入口，对于这类中介，海氏选择了“思”、“语言”等进行论述，其中，“真理”问题的论述尤为精彩。通过“真理”理论，对象的镜像也被打破了，对象也溶解为一种存在运行过程，随着存在过程的开开合合、显显隐隐而潮起潮落。值得注意的是，对象存在的开合显隐的活性过程或生态，对于海德格尔来说，与人的生存过程是合一的，即都是真理过程，是思的过程，是语言的过程，也是诗的过程。在这种情况下，海氏的真理理论也与尼采的理论有契合之处，那就是尼采的“权力意志”理论。所以，海氏对尼采的这个理论也是着力阐释的，在他后期，真理理论、存在理论、生存理论基本上与权力意志理论合一。也在这种破镜式的生存论和真理理论的基础上，海氏后期逐渐提出了正题的存在理论，即“浑成（ereignis）”理论，把深深裹缠着人、物以及人物关系及其互动的整体称为“浑成”，等同于存在，视其内部关系为互相传输（即融合转化）、互相映照（即互相建立，在对比中自我成形），在这个意义上，又把对传统镜式理论的“破”又重新“圆”了起来。当然，这种“重圆”后的关系，是一种活性关系。

现在我们来考察海氏的真理理论。

对象问题，存在者问题，可以在真理理论中得到解决，这个思路对西方哲学传统来说，基本上是常识性的。因为一切对象、存在者，都在意识广义的认识之中，在意识之外有什么，是人所不知的，世界就是与人相关的世界，在此之外的东西是毫无意义的。所以，对象与存在者，也可以说是意识或语言等中的现象，在所有的这类现象中，有一类被称为“真理”。

真理首先是一种正确的知识，其正确在于它让它所表述、指称对象真正地、如其本来就是的样子得到表述，也就是说，陈述与知识要与对象真正本相相符合。一般说来，当对象得到真理性的表述时，它本来的真相也就通过真理、等同于真理而进入意识、进入作为意识与表象的世界了。

但是，表述或知识如何能正确地表述对象呢？换言之，真理如何可能？这就涉及到真理的“本质”的问题——“本质”在海德格尔这里，总是“根据”的意思，总是某物的可能性及其源起过程的意思。海德格尔从这里开始论述。

海氏认为，表述或知识如果能正确地表述对象、符合对象，关键不在于表述如何符合、以什么方式符合、以什么标准符合。所以，与其思考符合，为符合两端的性质是否一致、标准从何而来，怎么样才算符合等而烦恼，不如换一个角度思考问题。海氏换了一个角度，他说，表述或知识能正确地表述对象，关键在于让对象——那涌动要进入现象、要成为现象世界之物的东西——能完整地、如其所是地进入表述。要达到这一点，海氏给出了两个条件。首先是要有让其进入的空间，即他所说的“敞开之域”。他说：

在这里，去表现意味着让一个东西站立为一对象。在这种安置下，那站在对面的东西必须穿过一个敞开之域，并且必须保持它作为一个物的站立，显示自己的耐性。这一穿过敞开之域的物的出现发生在一个开展的区域中，它的敞开性与其说是被表现所创造，不如说是被进入并被占有为一关系性的领域。①

此处，海氏其实在描画物之生成所需要的三个逻辑性层次，即：涌动的团块、开展之域、进入世界的对象或物，在他这里，物是这样生成出来的。

海氏为真理出现设定的第二个条件是，这种对敞开之域的穿过或进入，是自由的，是不被干涉的。光有敞开是不够的，如果敞开的路线或环境有诸多不必要的干扰或扭曲，那物是不能如其所是或如其所应是地来到这个世界上的，故而进入必须自由。他说：

这以前给予的东西必须已经自由地进入一个敞开之域，使那

---

① 《真理的本质》，见 *Basic Writtings*. ed. by David Farrell Kreil. Harper & Row, 1977：123—124.

> 要开展的东西能在那儿出现并且约束着每一次表现。要使自身自由地面对一种约束性的指引，必须使那个敞开之域开展之物自由。这种自由化指向一种迄今尚未被把握住的自由的本质。作为正确内在可能性条件的敞开是基于自由的，真理的本质是自由。①

在此引文中，“约束性的指引”指事物的“应是”，事物应如其所应是地出现才会是真理，而事物要与其所应是发生畅通关系，必须有自由的环境，有了自由，事物必能如其所应是地出现。海德格尔在此指明了自由的本质，也指明了真理的本质。

“自由”与“主体”相联系，是西方哲学人类学或唯心哲学的核心概念，“自由”总是视为属人的，但海德格尔却把自由定位在物之出现的环节中。这种定位与传统归属的不一致如何理解呢？

在关于人的论述中，真理或存在的真理是人的结构与属性的内在要素。而在关于真理的论述中，海氏并未忘记人，不仅如此，他使人的本质在真理的本质探讨中得到了进一步深化。

真理是要出现的，出现在经过开展之域，这一开展之域是什么呢？海氏认为这正是人。人的生存，人的认知、意识、实践行为正是这开展之域。在海德格尔的思想中，可以把人视为真理过程的一个环节。在这种思维下，人不是自明的，不是出发点，它被挖取出来，放在更深的基础之上定位。他说：“作为正确性的真理与自由的本质关系的显明，根据于这样一些前提——当然在此我们要准备进行一次思考的转换。

---

① 《真理的本质》，见 *Basic Writtings*. ed. by David Farrell Kreil. Harper & Row, 1977: 127.

对真理与自由本质关系的思考引导我们去追索人的本质问题。”[①]海氏明确提到这需要一种思考的转型，从唯心哲学严密的一切从人出发，到以一种超越性的眼光，试着把人放在一个更深的理论前提中去思考，这可能是海氏前后期思想转折的最为关键之处，在这种转型下，“存在”作为正题才能出现。这种以时刻把握人的生存特性、把握人性的无所不包特征为前提的倒置，可能是海德格尔之所以自诩超越传统形而上学之处——传统形而上学思考“存在”时是“超越”性思维，妄想思考人性之外的东西；唯心论认识到这个问题，退到人性论，又忘了“存在”问题；海氏的这种模式，可谓是一种兼顾两者的“先验”性思维模式。

正因为人也属真理了，所以自由属真理也就不奇怪了。当然，在某个层次上或某种意义上，真理也属人，也可把真理视为人的一种实践，在这种意义上，自由是人属的。不过，这两种归属关系并不矛盾，因为它们不在一个理论层次或意义上。当人归属于真理过程（本质、来源）时，人的本性应是自由的展开之域，为了真理的运行，人应该是自由的。海德格尔论述到，这种“自由”辩证地表现为一个谦虚的缺乏，也就是说，自由表现为“让……在”，让真理出现，不去干扰它，不去打断、歪曲它与内在指引性的关联；继而，这种缺乏又辩证地表现为一种充分，因为这“让……在”，不是消极的，而是使“自己扑入存在者”，“让在，意味着把自己投入敞开之域及其敞开性，把敞开性带在自己身上”。海德格尔点明：“让在，即自由，是展示，是生存（出窍，ek-sist-

① 《真理的本质》，见 *Basic Writtings*. ed. by David Farrell Kreil. Harper & Row, 1977：126—127.

ent)。""自由投入存在者的揭示之中,揭示性本身就保存在生存(出窍)性的投入中,通过投入,敞开之域的敞开性,即这个'这(Da)',才是其所是。"①也就是说,让真理出现的这种敞开,就是海德格尔所称颂的人的本质生存状态,就是"出窍"的含义,这个点明为我们理解海氏生存论中的"出窍"提供了更清晰的思路,同时,它也帮助我们理解,为什么把人称为"此在(Dasein)",正是在于人是这个"这"、这个敞开的空间。

二、解蔽与遮蔽

对于这样一个事物通过人的开展域而来到世界的过程,海氏提出了一个词:"解蔽(aletheia)"。他说:"在西方思想的开端,把这一开展区域视为 ta alethea,即解蔽。如果我们把 aletheia 译为'解蔽'而不译为'真理'。那么这一译法不仅更加雅致,而且它更加暗示了一种思考,思考正确陈述意义上的日常真理概念,把它带回到存在者仍未把握的揭示与揭示性上去。"②这段话,明确地把"真理"的本质视为一个从无到有的开启、表现过程。值得注意的是,在这种认识的基础上,海氏对形而上学的、作为标准或正确的流俗"真理"现象进行了批判。他认为后者是以前者为基础的,只有有了前者,才有后者,后者是前者的对象化和抽象化。在前者中,人是出窍的;在后者中,人成了主体了。关于这个问题,在《康德与形而上学问题》中也有类似的阐述。在海氏理论中,向来有两个层次的区分,一是流俗的,基于传统形而上学的世

①② 《真理的本质》,见 *Basic Writtings*. ed. by David Farrell Kreil. Harper & Row, 1977: 127,127—128.

界；一是非流俗的、本真的、原始的世界。前者是以后者为基础的，后者是前者的“根据”或“本质”，也就是从源头而来之过程。需要说明的是，这两个世界不是互不相交、互相排斥的，它们有复杂的关系，这点本章末再谈。

但是，海氏关于真理“本质”的论述绝不仅止于“解蔽”。“解蔽”，只给出了真理问题中“正确性”的根据与来源，海氏还敏锐地感受到真理问题中“谬误”的问题。在传统的理解中，谬误源自人的主观性，在陈述或表现中如能避免主观性，尽量保持客观，就可以获得正确的陈述，谬误是可以避免的。现在，海氏把人类奠基在真理涌现的环节中，那么，谬误现在来自何者？是否来自作为真理涌现环节的人的主观性的僭妄？这样说是有道理的。但是，海德格尔不停留于此，因为如仅仅是这样，谬误还仅是一个次生的东西，是可以技术性地避免的。海氏要说的是，谬误的“本质”，本质上也是真理的本质的一部分，它是真理的天性，它也是真理的本质。

为什么会这样呢？看看海德格尔的分析。

真理的本质首先表现为“解蔽”，但解蔽不仅仅是揭示一个存在者那么简单。海氏说：

> 让在，即一种调谐，一种向一致性的带入，弥漫与渗入所有枝生于其中的开展行为中。人的行为通过对存在者整体的敞开，被带入到特殊的限定一致性中。然而，从日常算计和偏见的立场来看，这一存在者“整体”显得不可算计和不可理解。它在自然性或历史性的任何给定情况下，只要在已展开了的在者的基础上，都

是不可理解的。尽管它无休歇地把诸般事物带入一致，但它仍然不可确定、不可把握，于是它与最不可思虑、最为飘浮的东西连在一起。然而，这带来一致者不是别的，正是对存在者整体的一种遮蔽。正因为让在总是让存在者在一个特殊的场合中在，它遮蔽了存在者整体。让在本质上同时就是一种遮蔽。在此在的出窍的自由中有存在者整体的遮蔽。[①]

…… ……

存在者的揭示同时且天然地是存在者整体的遮蔽，谬误和被蔽者的遮蔽属于真理的原初性本质。[②]

解蔽同时就是遮蔽。从上面论述来看，解蔽是存在者的出现，存在者出现有一个前提条件，即要有一个开展之域。这个开展之域，在理论上是一个“境域”，一个存在者出现的环境，一个“场”，它表征着所有与存在者一起的东西，是存在者的空气、空间。在海德格尔思想中“境域”是一个关键词，它最终表征着一个整体性，每个存在者都出现在一个整体性环境中或背景中，可以把这境域视为存在者整体的。同时我们也知道，在海德格尔思想乃至整个西方思想中，“整体”往往等同于“本体”，物体不可能完全呈现出它的整体，它们总是有限地、片断地呈现，相对于有限、片断，整体就是它的无限、它的本体。存在者的整体就是存在本身。因而，在真理过程——存在者出现过程中，有一个相伴随的东西，那就是存在，存在者必须在存在的整体出现中出现，

---

①② 《真理的本质》，见 *Basic Writtings*. ed. by David Farrell Kreil. Harper & Row, 1977：131—132,137.

存在者的出现必依托与伴随着存在。

然而，尽管真理过程必定是这么双重的，但是，由于存在者的出现总是带有特殊性的，它必然是在特定的环境中、特定的场合中以特定的形态出现，这种特殊性，必然会对伴之而来的整体性加以干扰，这犹如一种视觉变焦，两个焦点是互相替换的。所以，存在者的出现同时又是存在的遮蔽。这种遮蔽是不可避免的，这正涉及普遍与特殊、整体与个别的问题。所以海氏说“解蔽同时就是遮蔽”。在《真理的本质》一文中，还仅涉及特殊对普遍的解蔽—遮蔽关系。其实，宽泛地说，这种解蔽—遮蔽的同时性，还可以是普遍对特殊的关系。而且，解蔽与遮蔽，还是一种互换、循环关系，这种关系，对理解海德格尔后期关于存在的大循环(得自于尼采“永恒轮回”思想)的思想至为重要。

存在——存在者整体在存在者个别显现时被遮蔽了，相对于存在者的显出，存在显得“神秘”。海德格尔用“神秘”来命名此时被遮蔽了的存在。海氏认为，在个体存在者出现的时候，存在总以“神秘”的面目出现，个体存在者的出现总是表现为一种来自“神秘”的涌现。

通过对“谬误”问题的思考，海德格尔为真理的本质“解蔽”增添了另一个维度：“遮蔽”。谬误的问题不是次生的、可忽略的，它本身也有原始的根据，它也是真理本质的一部分，真理的本质是“解蔽—遮蔽”的双维互动过程。了解这一点对我们把握海氏思想至为重要。

到此为止，海德格尔仍不满足，他要继续掘进“谬误”问题。其实，谬误的本质，如果可以说是“遮蔽”的话，如果把握得好，是不易造成日常中的谬误的——只要充分地理解它与解蔽的互换与辅成的话。但是，海氏阐明，尽管双维有互换的方面，但每一维度有自己的逻辑方向，如果从自身的逻辑方向单向地发展，双维是可分离的，它会造成一些后果，形成我们日常生活中常见的现象。看下面的论述：

> 作为“在现”，自由本质地是开展着的传输，它自身并不关闭。所有的行为奠基于这一传输中，并从它那儿得到向存在者的指引性和存在者的揭示。然而，这一向着遮蔽者的传输在这一过程中遮蔽自身，让对神秘的忘却居于优先地位并隐藏起来。当然，人不断地在向着存在者的行为中受到指引，但他主要关注于这一或那一存在者及其特殊性的开展。即使在关乎终极事物时，人也喜欢可靠、平稳和可控之物。（因为忘却）神秘把历史性的人丢弃在对他而言平稳可靠的表面，让他以自己为根源。在这样的丢弃下，人性就在最切近的需求与目的基础上填充他的“世界”，用计划和目的填充他的世界。因此，人有了自己的标准，忘记了存在者整体……此在不仅是出窍地生存(ek-sist)，同时也是保守地收缩着(in-sist)。作为出窍生存，此在也是保守收缩，但甚至在收缩的生存中，神秘仍在支配着一切，不过此时是以被忘却和真理的“非本质性”本质的形式。[①]

在这段论述中，海氏分析了谬误出现的必然性。首先，由于真理过程有“遮蔽”的一维，存在者个体就有遮蔽存在的一面，有遮蔽自己来源的一面。其次，在这种遮蔽下，人又加强了这种遮蔽，加强到连这

---

① 《真理的本质》，见 *Basic Writtings*. ed. by David Farrell Kreil. Harper & Row, 1977：134—135.

种遮蔽本身都被遮蔽的地步——此时，对存在的忘却被忘却，存在被彻底地丢失了。

但如果说人不过是真理过程的环节，所以这种丢失可视为真理过程这一维度的自我增进。当存在被彻底丢失时，世界就剩下由浅近的功利编织而成的内容，于是就有了物与物互相衡量所发生的不符合或错误。海氏最为深刻地指出，这种忘却与丢失，其实不是由外于存在、外于真理过程的其他什么东西的干预，而它就是真理本身的行为，是其自身内涵一个维度的逻辑取向。

这样的思考，已把真理的问题分析得非常透彻，在此中，不仅解开了真理之谜，也对人的生存问题进行了深刻的分析。此时，生存的问题和真理的问题合一了。在此基础上，海氏进入了关于存在的正题的思考。事实上，他对真理本质的思考，正是为存在的直接思考提供目的。在该文中，他提出，在讲到真理的解蔽—遮蔽问题，讲到谬误的根源问题之后，"真理的本质问题就要更原始地去追问。在这种情况下，真理的本质和本质的真理互相变换波动的基础就露出形迹了。向着那从谬误而来的神秘的探视本身是一个追问——是在对在者整体意义上的追问。这一追问思考着存在者的存在的问题"。[①]

事实上，海德格尔的真理的本质，完全可视为对存在的描述，存在正是这么一个真理的本质过程，它生发存在者、奠定此在，在自身解蔽的同时遮蔽自身。如果理解了这些，基本上可理解海氏的全部哲学。

在理解这个全局的基础上，有几个问题需要加以说明。

第一是上文谬误问题中所引发的问题。对这个问题应加以充分

---

① 《真理的本质》，见 *Basic Writtings*. ed. by David Farrell Kreil. Harper & Row, 1977: 137.

理解。

依照海德格尔，存在过程是有解蔽和遮蔽双重维度的，通过解蔽和遮蔽的双重运作，有了存在者。存在者与存在，有个既分且合的复杂关系。其中，存在者对存在的分离（遮蔽），是个大问题。在海德格尔的思想中，人总是“被抛”的、存在者总是“被抛”的。这个被抛，指的就是这个存在者对存在的“分”，有了这个“分”，就有了日常的、主客分离的、对象化的世界情状。前文曾指出，海氏的思想中，向来有两个世界的分别，一是日常世界，他称为“沉沦”；一是本真世界，他称为“原始”。日常世界是离开存在、忘却存在的世界，但是，必须强调的是，海德格尔认为，这个世界也是存在的一部分，它是存在过程必然产生的！所以，在海氏这儿，“原始”的世界是包含沉沦世界的，因为后者表征着“原始”性本质过程的一个维度。海德格尔有时会批判沉沦世界，但此时他绝非表示沉沦不是存在本真内涵的一部分，他批判的是站在沉沦世界的立场。在这个立场上，人们只看到表面部分，不能看到其余的部分，它忘却了来源，也就是说忘却了存在。但如果是站在“原始”立场，则不必否定、抛弃沉沦世界，相反，倒是必须承认、依托这一世界，在这一世界的“出窍”中把握整个存在的运动。

这里也涉及海德格尔思想中“解蔽”一词的用法。海氏前期，只讲“解蔽”。此时，“解蔽”的内涵其实包括了此处“解蔽—遮蔽”两者，它指的是包含解蔽—遮蔽双向运行的存在过程的澄明。当海德格尔启用了“遮蔽”一词后，他便不再一味赞咏“解蔽”了，因为此时“解蔽”只代表存在过程的片面把握。这个情况是理解海氏思想必须把握的。“解蔽”的这种情况，与海氏的“世界”一词的情况是类似的。“世界”也在早期即有，在后期则变成“世界”与“大地”相对应互换（参后文述《艺术作品的本源》部分）。

这上述问题，又涉及海德格尔的“技术”问题和“座架”问题。因篇幅所限，本书不拟对这个重要甚至是关键主题作详细探讨，故在此处简单阐述。海氏认为，技术的本质是“座架（Gestall）”。所谓“座架”，就是互相支撑而建立的意思。技术是个体性、效用性的单纯单向追求。海氏认为它来自人性中的座架取向。但按海德格尔分析，座架本身并非贬义的、负面的。相反，它是存在的本质内涵，存在就是座架与交融的双向过程。海德格尔要反对的，是纯技术的立场，即只取座架方向，不取交融方向。海氏的这种对技术的论述，其实已包含在对真理本质的论述中，它就蕴藏在“解蔽—遮蔽”的问题中。海氏并不视技术或座架为洪水猛兽，他认为它是可以拯救的，而且拯救的思路很简单，一个“转折”即可，即将它们出窍化、澄明化，让座架恢复自己与交融的关系，让个体性、效用性恢复与存在的关系。如果说技术是被抛的东西与抛出它的原始性之间断了线，那么把线重新接上，被抛的东西就成了这原始性的一分子了，而且是非常重要的、必须被依托来显明自身的部分。遮蔽是存在的要素，座架也是存在的要素，这个意思康德也表述过。在纯粹理性批判中，康德就专门讲述过理性的“建筑”功能。技术拯救的方式，也不是海德格尔独创的，海氏之前的黑格尔，其理论有个有限物的“真的无限”的存在方式，就是来自对于“有限”的一个“颠倒”。有限物总是因为处在与“他者”的关系中，以这个与他者的关系为“界限”而成为有限物。有限物总是处于转瞬即逝的状态里，它不断变成别的有限物，轮转不息。但是“有限物”自身是一个“否定之否定”的结构，它之“有限”，是因为这个否定之否定，但是，否定之否定是个具有双重方向的东西，如果有限物在与他物的关系中，还能够强调和坚持“否定之否定”中的另一个方向，即自身的方向，那么，有限物就能够在与他物的关系中保持自我，把自我置于与他物的关系中，形成一种“真的无限”的存在方式，因为这种方式，“有限物”就成了“无限物”。[①] 除了黑格尔，其后的尼采，在讲到人的救赎时，就讲到人的本性是对时间的仇恨，人总是试图留住那流逝的东西，人总是把那物之流逝视为侵蚀；而救赎之法也就是一个转折。那就是把流逝当作是自己生命的证实，即“把曾经是变成我曾要它如是”，以一种强者的眼光看待时间，与时间和解。这种救赎方式，也与海氏的救赎方式同出一辙。

总之，要理解海德格尔的思想，一定要把握好“解蔽”与“遮蔽”的双向过程，坚持一方而抛弃另一方就是单向性思想，堕入了传统的形而上学。尤其是要正确对待座架、个别、抽象等方面，要认识到它们是存在必然的结果。理解了这一点，就可以更好地理解海氏后期的“天命”概念。在他看来，存在必然要进入世界，进入世界必然要分化为个体，其中必然要有忘却、抽象等，这些不是什么外在的影响，而是自身的命运。这就是“天命”。

第二个要说明的是在真理问题中表明的真与美的关系。海德格尔在《真理的本质》一文末附注中曾表示此文当与《关于人道主义的信》互参，这表示他是要唤起人们对生存与真理两者关系的注意。不过，在真与美的问题上，本文却是可以《艺术作品的本源》互相参照而读

① 参考黑格尔《逻辑学》(上)，杨一之译，商务印书馆 1966 版，第 142—150 页。

的。《真理的本质》讲的是真理中的美;《艺术作品的本源》讲的是审美中的真。《艺术作品的本源》中讲审美中的真,是该文的主旨之一,此处不需阐明。《真理的本质》讲真理中的美,此处应略说一二。

首先,真理是一个经历显隐双向运动而涌现出来的。真理、存在者最重要的表现是一个表象,它是一个表现,一个显象,这一点在海德格尔著述中比比皆是,就不必引证了。在日常的理解中,真理是抽象的,美的东西是感性,两者相距甚远,如何发生关系?通过对海德格尔真理理论的理解,我们可以认为,抽象的真理形式并非真理本质的全部,它是真理本质复杂运动中的一个后果。它的本质应是它的“出窍”、它的“澄明”,也就是它的显隐双向过程。如果进到这个境界,抽象的概念就回复为具体的事物,而且,具体的事物就与它的来源密切相关。此时具体的事物就不仅仅止于自身,它还表现自身为源来有自的、充实的、澄明的事物,它具有以存在为基础的本质性的光芒。在海德格尔这里,此时的具体事物,就是美的。海德格尔在其他文本中这样说过:

> (诗句)寓居于它自己的真理之上,这一真理被称为美。美是真理本质的禀赋,此处,真理意味着那使自身掩蔽者的揭示。美的东西不是快乐,而是真理的禀赋,此时,那永不显明也因而是不可见的东西获得了它最光辉鲜明的形象。[①]

《真理的本质》一文不是海德格尔论美与艺术的集中文本,但它却

① *What Is Called Thinking?*. trans. by J. Glenn Gray. Harper & Row, 1968: 19.

打开了真理与美互相沟通的道路，只有真理进入了它自身的本质，才可能与美发生关系。其实，在海德格尔这儿，真理的本质就是美，正如在《艺术作品的本源》中所说：艺术的本质就是真。

第四章　美与真的颠倒与再颠倒

第一节　作为艺术的权力意志

一、对尼采的阐释态度与意

海德格尔的思想，有一个鲜明特征，就是通过对传统的阐释来建立自己的思想。他对西方——欧洲哲学史上几乎所有重要哲学家都有论述与阐释。此外，他还对艺术品进行阐释(这倒是可称为一种独特的文艺批评模式)。在对思想家们进行的阐释中，康德与尼采的阐释占有重要地位，前期他重视阐释康德(光专题阐释性的著作就有《现象学的基本问题》《康德与形而上学问题》《什么是物》等)。在对康德为主的思想家的阐释中，我们看到，海氏没有回避哲学中最坚硬、严密的知识论与逻辑，而是努力在这一传统哲学的基本堡垒中取得自己的突破，显示了自己思想的深度与力度。在这些阐释中，他在严密、自足的知识论、逻辑后面找到了它们的根据，试图复活本体论——所谓存在问题，并形成了自己基本的思想框架。而且，他通过对知识的根据的进一步的勾描(想象力、境域与境域打开、对道德律令的感动等)，一方面为自己以情绪刻画为主体的生存论分析进行了过渡的铺垫，一方面也为自己超越传统的主体本位的哲学打下了基础。从体系上说，正是对此基础框架的发挥、转换，才有了《存在与时间》《形而上学导论》等，才有了“烦”、“死”、“被抛”、“自由”、“世界”、“时间性”这些颇具海德格尔自己特色的词。而又正是在这些的基础上，有了海氏独特的

“真理”理论。在“真理”理论中，他发展出了在“解蔽—遮蔽”的过程中思维与存在、存在者与存在的同一与差异的真理观。这应该说是他思想的最精粹、最微妙之处，是他整个思想的核心（当然，这个核心，在他对康德的阐释中就有启动，比如时空的整体与其自我制限）。

正是由于这个核心的复杂结构，使传统的哲学框架与理论语言已不能满足它的展开。这必然导致海德格尔把他的思想扩展、转移到艺术、语言及他独特的“思”的领域，同时加以大量的艺术作品的阐释——主要集中在诗作上，其中又集中在他称之为19世纪的“表现主义”（参见《关于语言的对话》，这类诗歌，文学史也有将之归类为“浪漫主义”或“象征主义”的）的诗作上，以期借诗人之口来表达自己的思想。这形成了他后期思想的鲜明特征。

与此转移、发展并行的，是他对尼采的阐释。由于尼采思想的独特内容，使海德格尔对尼采的阐释从体系上横跨前、后期思想，横跨真理与艺术（按：真理问题不具备鲜明的前期或后期特征），横跨艺术与技术，横跨对传统形而上学的批判与海氏本身的存在论（本体论）阐发。

艺术与真理的关系，在西方思想史的很长时间里都是比较明了的。在形而上学的思想框架里，代表、符合了最高实体“存在”的真理，地位显而易见地高于艺术。但是，自19世纪末西方知识的“危机”论出现以来，这种看法受到了质疑，发生了改变。很多思想家认为艺术高于真理，或认为两者等同、互相协调。尼采、海德格尔就属于这类思想家。

这两位思想家，不仅这种论点类似，而且，产生这种论点的思想背景也是一致的。艺术地位的提高，在他们那儿，都与反形而上学、“反人道主义”的思想主题联系在一起。这两个思想主题，是西方思想在“危机”面前较有影响的两种反应。同时，他们所代表的思想，都是这种反应模式中较有影响的思想。尼采与海德格尔哲学各成高峰，也是19世纪末至20世纪中期唯意志论、生命哲学、存在哲学的代表，并且，对20世纪中后期的后结构主义、解构主义、后现代主义有重大影响。因此，他们的艺术观，是与这样一种重要的思想脉动合拍的。

然而，共通并非同一；相反，两位思想家或上述思潮，在总体协调之中，都有各自不同的重音。而且，这种不同，至少在上述思想家与思潮上，是在有意识的递相比较中确立的。这使这条思想脉动，一定程度上体现出较鲜明的层级递进。在艺术论上，尤其是在艺术与真理的关系问题上，这种递进尤其明显。尼采和海德格尔，是这递进中的两个重要音阶。

这种有意识的自我廓清与逐级递进，就尼采和海德格尔而言，是在这种现象中表现得甚为鲜明的：两位思想家都对自己深受影响的前人进行了批判，以此在同一中突出自身的个性与发展，海德格尔对尼采的批判性解读尤具深意，这种解读从文本上说，有有意或无意的误读意味，应该说，解读是有根据的，但又是不全面的。这种现象是值得挖掘的，因为这种解读，自觉或不自觉地抓住了尼采所忽略的问题，显出了自身在这方面的发展，尤其是当尼采说“上帝已死” 时，海德格尔却说：“只还有一个上帝能救渡我们。”[①]更是充分显示了这种发展的有

① 参见《只有一个上帝能拯救我们》，见 *The Heidegger Controversy: a Critical Reader*. ed. by Richard Wolin. The MIT Press, 1993: 91.

意识的相对性，凸显出这种解读的重要性。

海德格尔对尼采的阐释表现在两方面，一是通过改造性地阐述尼采的呈现为艺术、以艺术为最高形态的权力意志学说，在体系上启动与表达自己对艺术、美、美学的看法；二是通过批判尼采的“权力意志”的内在结构（主体—价值设立），指出尼采仍在传统形而上学——以柏拉图主义为代表的框架中，进一步发展、衍化自己的“解蔽—遮蔽”的结构。于是，海德格尔一方面跟着尼采，把传统上因为二元对立的真理观导致的真对于美的优势颠倒过来；但进一步，他又对尼采激进的唯艺术论进行批判，指出不能因为二元对立的缺点，就完全取消二元存在，而是在一个更大的一元统一之下保存二元之间的互相建立与对话，从而改造了传统的真理观和美学，形成一个思与诗对话的新的真与美的关系。

海德格尔对尼采有赞同也有反对，例如他讲尼采的艺术观时，基本上是赞同的，是把它按照自己的思想倾向来讲解的。在这时，他把对尼采的批判延置不论了。这是在研究海德格尔对尼采的艺术论的阐释时，需要注意的。

还必须说明的问题是，海德格尔关于艺术领域的论述（无论是通过对尼采的阐释还是自我阐发）与他在哲学领域的论述有复杂关系。第一，在艺术领域的论述中，他把艺术按他在哲学领域（可以用“真理”问题来归纳之）中的论述结果重演了一遍；第二，两个领域不仅仅是简单并行重演的关系，还有发展的关系。1. 从知识论转向艺术论是他思想发展的结果。由于传统的知识论已不能满足他的思想范围，倒是传统的艺术领域范围扩展的可能性大一些、可塑性大一些，他必然会转到艺术领域(从这个角度来看,在传统的诸多领域中,艺术领域是唯一具有较大弹性,足以听凭他思想驰骋的领域,语言的领域也不如艺术);并且他前期的思想结论比较偏重感性、创造等因素——尽管不是传统意义上的,这也导致他转向艺术领域。2. 对艺术的阐发、对诗的个案阐释中,他的思想整体有所发展。这表现在,第一,对在历史、世界中的人的生存态度有更清晰的描述与展开;第二,由于艺术,语言与思的领域也被带入其眼界;第三,由于艺术,他对技术的批判有了参照点,并由于技术的问题,他进一步展示了他所说的"命运"、"天命"的含义;第四,由于艺术,他的"解蔽—遮蔽"的结构又有"浑成(ereignis)—轻柔的圆舞"的表述。

在以艺术为中心的后期思想中,海德格尔充分展示了自己思想的广度以及西方思想史上(无论他之前还是他之后)难与伦比的思想深度,展示了人类语言精致、灵活的表达弹性与范域。但要强调的是,海德格尔思想的魅力还包括另一方面,就是他前期所做的对最严密的知识论所进行的分析、解构与超越,如果不理解这一点,则一方面难以充分理解海德格尔后期的一些基本思想所蕴含的力度;另一方面,海德格尔也因此多少蒙上了一层"先知"色彩,黯淡了他作为一个思想者的本质。

二、尼采的权力意志与唯艺术论

为了阐述海德格尔对于尼采的阐释,我们先来简单考察一下尼采关于艺术的思想。尼采是思想史上较强烈的艺术至上论者,同时,也是思想史上较鲜明地将艺术问题与整个哲学问题联系在一起的思想家。他的艺术论,昭示着西方思想史反对形而上学的努力进入了一个迄今尚未结束的新时代,尤其在“反人道主义”线索上,昭示着一个开端——当“反人道主义”于20世纪中后期在法国被引人注目地呐喊出来时,许多这类思想家都把其开端归为尼采,如福柯。①

尼采常自称其“艺术”为“生命的形而上学”,或称其理论为“艺术的形而上学”,就是要表示其艺术论与整体思想是重合的,他是用艺术来反形而上学的,也是在反形而上学中形成他的艺术论的。从这个意义上说,他对形而上学“真理”的批判、对生命的“权力意志”认定以及“超人”等理论,都是他的艺术论的起点或另种表达。

尼采说要用“铁锤”来进行哲学思考。他发现,传统形而上学思想之下一些永恒的原则,如善、恶、“真理”等,并非是自明的。他用“词源学”的方法指出,这些原则根源是一种“实体”、“主体”、观念,这种观念把连续着的现象分为主词与性质两类,把前者当作核心、当作永恒的,而把后者当作前者的有限性变化或堕落,由是使前者变为“存在”或“真理”。他认为,做这样的区分是有原因的,根本上的原因是弱者在强者面前的一种自我保护与“报复”心理,故道德起源于奴隶对贵族的“怨恨”,“真理”性的判断源自人在不可改变地流逝着的时间面前的“报复”。②

从这些分析中,尼采发现了“真理”之后其实是一种意志活动,“真理”不过是这种意志活动所利用的“价值”而已。故而他说,一切形式,

---

① 参见福柯《福柯集》,杜小真编选,上海远东出版社1998版,第80页。

② 参见尼采《论道德的谱系》,周红译,生活·读书·新知三联书店1992版,第一章。

“只能通过武断的法律的专政(tyranny)才能发展起来”。[①]

基于此，尼采说，真实的东西不是“真理”，而是意志的活动。不仅人的存在是意志活动，而且，一切生命都是，“生命就是权力意志”。[②]不过，就人这种意志活动而言，它是“病态的”，因为，它体现出一种弱者在强者面前的“报复”，它把“意志”自然估定的“价值”举为“偶像”，使其永恒，以此对抗流逝的时间。但这样做，又使附属于意志的价值成了奴役意志的“偶像”，使意志“懈怠，疲沓”，最终否定了自己。[③]

认识到这一点，尼采认为，“意志”的非否定自我的形态，即其本态应该是“权力意志”，它不断估定“价值”，同时又在不断超越价值，使价值真正成为“价值”(即为自己控制而非作为“偶像”反控自身)。这种状态，从它是推导自人这种意志自我否定的结构来看，才是人应该是的真态。当然，人总是否定这种真实的，故而要达到它，只能是“超人”。尼采用一本《查拉图斯特拉如是说》，教导说：“人类是应当被超越的。”[④]怎么超越呢？根据“权力意志”的结构，尼采说，就是要抛弃人性中导致自我否定的东西：“报复”与“怨恨”。以往，面对流逝、不可控制的时间，人性用一超越时间的、永恒的“存在”来报复；现在，则顺应时间，过去的东西虽然不在，但如能意识到曾经拥有，即“改变‘已如是’为‘我曾要它如是’”，这就够了，这样就与“生成”同化了。为何与“生成”同化就能使“已如是”不再像从前那样失去呢？因为，在尼采眼

① F. W. Nietzsche: *Beyond Good and Evil*, trans. by Helen Zimmern. The Macmillan Comparry, 1911: 190st.

②③ 弗里德里希·尼采：《权力意志——重估一切价值的尝试》，张念东、凌素心译，商务印书馆 1994 版，第 182 页，第 177 页。

④ 尼采：《查拉斯图拉如是说》，尹溟译，文化艺术出版社 1987 版，第 5 页。

中“生成”是“永恒的复返”。他说：“世界存在着；它是不生成的，不复逝去的。或者，毋宁说，它在生成，也在消逝，但它的生成无始无终——它维持在终与始之间。”[①]

正是在这样的“破”与“立”中，尼采论及了形而上学的问题。他说，形而上学因为教导“真理”而否定生命，故而是“死亡的说教”，是“消极的虚无主义”，他要倡导“积极的虚无主义”，即前述的破、立理论。这种理论有两个特点，从方法上，是“反过来看”；从结果上，是“重估一切价值”。这种作为方法又作为目的的东西，尼采认为，又可以表述为“艺术”。

在尼采看来，艺术既本身是权力意志、永恒复返，又能使人见及“权力意志”、回到“权力意志”。在《悲剧的诞生》中，尼采讲述了艺术的日神与酒神二元精神，前者重点是形象，后者重点是形象的生成力。在尼采眼中，理想的艺术古希腊悲剧是二元结合，它“既要观看又想超越于观看之上”，结构起了一个游移于完全的形象与完全的超越之间的“可见的中间世界”，显示了“个体世界建成而又毁坏的万古常新的游戏”。[②] 当然，也就是显示了“永恒复返”。尼采还认为，在艺术状态中，“艺术家”具有一种生命的“强力”，它导致艺术家“陶醉”，或者“嬉戏、无为”，像个孩子。[③] 这些都是“权力意志”之感，故而艺术是生命的“兴奋剂”，可助人超越自己，走向“超人”。也因为这样，艺术能帮人洞见“权力意志”，他说：“‘艺术家’现象还是最易透视的——由此出发，

---

① 弗里德里希·尼采：《权力意志——重估一切价值的尝试》，张念东、凌素心译，商务印书馆1994版，第453页。

② 尼采：《悲剧的诞生》，周国平译，生活·读书·新知三联书店1987版，第105—106页。

③ 弗里德里希·尼采：《权力意志——重估一切价值的尝试》，张念东、凌素心译，商务印书馆1994版，第254页。

朝权力的基本本能望去。”[①]关于艺术风格，尼采瞩目于“伟大的风格”。[②]他认为，这种风格的特点是“对主要特征的强调”，而不考虑细节。因为，这是权力意志对于“价值”的基本态度。

通过用艺术对形而上学进行颠倒，以及用形而上学的颠倒来结构艺术，尼采得出了艺术与“真理”关系的结论：“艺术比真理宝贵。”[③]

关于尼采的艺术思想，我们可以总结为唯艺术论。这唯艺术论有两种内涵：一是艺术至上，二是艺术一元论。所谓艺术一元论，就是除了艺术，其他东西，主要是“价值”的僵化物，被当作真正虚假的东西被抛弃了。诚然，这些虚假的东西，在权力意志中也有根源，即价值的估定，但这根源在新的真实中并没有被当作异己的东西，而是当作内在的、必要的成分，同一、服务于新的真实了。

三、海德格尔的阐释：作为感受和让在的权力意志

尼采认为，艺术是权力意志的最高表现，艺术体现了权力意志。那么，什么是权力意志？海德格尔对于权力意志，有改造性阐释，也有深刻的批判。在此，先看看海德格尔在超越传统形而上学的意义上，对权力意志的改造性阐释。在本章第三节第二部分，再介绍与分析他的批判。

海德格尔认为，“权力意志”是尼采对存在者基本特征的刻画。他说：

---

①②③ 弗里德里希·尼采：《权力意志——重估一切价值的尝试》，张念东、凌素心译，商务印书馆1994版，第198页，第541页，第444页。

> “权力意志”的表达标识了存在者的基本特征……这一表达规定了存在者作为存在者所拥有的特征。[①]
>
> …… ……
>
> 它(权力意志)正是意味着真正构成存在者的存在的东西。[②]

当然,海德格尔认为这还不算是对哲学的第一问题“存在”问题的回答,但是,我们看到这已很切近对这一问题的回答了。所以海德格尔又说尼采用这个是来回答哲学的“最困难的思想”:回答什么是“存在”。[③]海德格尔指出,用“意志”来刻画存在者的基本特征,是德国哲学的传统。在尼采之前,有叔本华、谢林、黑格尔,最早的是莱布尼茨,他的单子论以“知觉与欲求”为单子——一切存在者的基本结构——的基本特征。他说:“依从作为意志的基本特征来考虑存在者,并非是某个特定的思想家的观点,它必然发生在这些思想家们所奠定的此在(Dasein)的历史中。”[④]我们知道“此在”一词因海德格尔思想而昭显,但却并非是海德格尔所创,黑格尔早就把它当作基本范畴,它是黑格尔《逻辑学》第四个大范畴,表示比简单的存在更进一步规定和确定后的状态,它具有“质”——一个“规定的否定”伴随着自己,并且当它发展到“自为之有”的时候,与莱布尼茨的“单子”论有了相似之处。[②] 海德格尔用“此在”一词是有所转化的,但他并非完全抛弃“此在”在此前哲学中的痕迹,比如他也承认自己的“此在”与莱布尼茨的“单子”有相

---

①②③④ *Nietzsche Vol. 1 The Will to Power*. trans. by David Farrell Krell. Routledge, 1981: 18, 31, 20, 36.

② 参见黑格尔《逻辑学》(上),杨一之译,商务印书馆1966版,第173—174页。

似之处，因而，我们也可知道，他的“此在”与尼采的“权力意志”也有相似之处。海德格尔在前期多用“此在”，不同传统之处是，第一，他把它用作为人的这种存在者；第二，此在之“此”在他主要是“打开境域”的意思，正因为如此，此在不再是主—客对立中的人了，此在成了存在运作的关键环节，或者如果它被理解为人，那么这个人就不在主—客对立中，而是自我超越的、“出窍”的。海德格尔称“此在”是“中性的”，即不偏于自然色彩的人，用心良苦。第三，当海德格尔在后期又为人恢复了“人”这名称时，“人”就有了在主—客对立中的人与超越此对立的“此在”的两重性特征，但人因此毕竟还带有传统的含义，为了弥补这一点，海德格尔又称物也是此在，如是，“此在”又恢复了传统上的应用领域。但这不表示海德格尔对传统的认同，他的这样变化，是为了使物与人平等，始终限制人的“主体”意识，传统并无这丰富的含义。

既然海德格尔可以借用“此在”来表达一种存在的核心环节，当然他也可以借用“权力意志”。所以我们要注意他对“权力意志”的有所倾向的解释，是与他自己的思想有关的。

海德格尔认为，“权力意志”其实是一种重复表达：“意志(will)不过就是‘权力意志’，权力不过是意志的本质。因此，权力意志就是趋向于意志的意志。”他说，尼采认为它们的基本特征是“生成(becoming)”，这生成又是“永恒的轮回”。[①] 他解释说：“永恒(eternity)，不是作为一静止的‘现在(now)’，也不是作为一融入无限的‘现在’系列，而是作为折回自身的‘现在’。”[②]所以说是“永恒的轮回”。在此我们还

---

①② *Nietzsche Vol*. 1 *The Will to Power*. trans. by David Farrell Krell. Routledge, 1981: 37, 20.

要解释一下，什么叫“折回自身”。它应是指一种不断向前，因向前而保有自身的状态，在此状态中，没有一个静止的“自身”，“自身”因轮回而有。所以，在此我们看到，如果这个“自身”要称为“现在(now)”的话，它不是传统上那静止不动的“现在”——实体，而是一种不断折回自身——向前，同时又是向后；向着将来，同时又是回到过去——的过程，说它是“现在”，易同传统混淆，不如称为“在现(presence，按：又有译为‘在场’)”以强调其过程特征，海氏自身也比较强调用“在现”。在此，海德格尔没有引用尼采的整个表达——“同一者的永恒轮回”。在海氏后来对尼采的批判中，这个“同一者”是他的主要攻击目标。他认为它是静止的，设其他一切为自身价值的主宰者。海德格尔反对这种主宰者，认为这是和技术有关的东西。

“意志”除了以“永恒轮回”来表述之外，还可以怎样描述？海德格尔阐述说：首先，意志就是意志，意志不是属于灵魂、精神等实体的属性，“它并不系于精神(psychology)，相反，精神在某种程度上系于意志”。这里，我们看到，意志高于自我、主体，这主体是处在主—客对立中的主体。海氏继续说：“如果意志被当作一种能力(faculty)，那么它是能够做某事的某种东西，它在一种去做它的状态中，拥有必要的力量(权力 power)和能(might)。”[①]对照一下海德格尔在阐释康德时对“先验想象力”的解释：先验想象力是“能”做事的可能性。就可发现海氏阐释尼采的“意志”与阐释康德的联系，就可发现这些阐释不过是一种自我表达。

其次，可以说意志中有被意求者与意求者两个要素，意求者与被

① *Nietzsche Vol.* 1 *The Will to Power*. trans. by David Farrell Krell. Routledge, 1981: 38.

意求者之间存在着一种意求关系(按:参考海德格尔对胡塞尔“意向关系”的借用)。但这两个要素及其关系是整体的意志活动给予的,意求者与被意求者都从属于意志,正因为有了意志,才有意求者,才有了意求者对被意求者的关系。他说:“被意求者与意求者都被带入意志才合乎意志的本质。”而且“意求者与被意求者在什么基础上且如何属于向着意志的意志活动(willing)?回答:在意志活动的基础上且通过意志活动。意志活动意求着意求者,意志活动设立了被意求者。意志活动是向着自身的决断(resolutness),但却是作为意求者在意志活动中设定为被意求者的东西的意求者”。[①] 这一说法仍让我们回想起他对康德的阐释,康德不正是说统觉在“与对象相关”的方式中统摄直观吗?此处,意志也有相似的结构,即意志总是在“意求者被意求着”的方式中活动,在此活动中,它决断、设定自身为意求者,而一旦设定自身为意求者,这意求者就总在与被意求者的关系中,被意求者在意求者被设定时同时被设定,意求者既是意志本身又不是意志本身,如果我所说意求者是意志本身的话,那么它本质上就有一超越自身的特征,意志活动有超意求者与作为意求者的两重性。这正是海德格尔对他的“此在”设计的特征。

正因为此,海德格尔说:

> 意志作为超越自身之外的掌握者(mastery),是向自身的决断的展开(openness),因为意志是超越它自身的意志活动,故它是

---

① *Nietzsche Vol*. 1 *The Will to Power*. trans. by David Farrell Krell. Routledge,1981:40.

那能够把自身带向力量(power)的力度(strength)。[1]

这样,我们基本上清楚了海德格尔心中的尼采的意志的基本结构:第一,意志是一种向自身的展开,它展开是为了设定自身,它设定自身为意求者。当然,它也同时向被设定的自身的对立者——被意志者展开,也设定了被意求者。第二,意志又超越自身,它使作为它自身的意求者不断意求被意求者。第三,意志正是在这种不断设定自身——超越自身的循环中、在这种不断进入关系——不断超越关系中实现自身,保有自己,在这种意义上,意志是不断向前又折回自身的"永恒轮回"。在此,我们可以看到,这是海德格尔自己的"此在"思想,也正是海德格尔自身的"时间性"三维:以"在现"涵盖的将来、过去不断循环过程的思想;其次,除在康德哲学中相似结构外,它又类同于海氏对莱布尼茨"单子论"的解释。第四,难以确定这种思想是来自莱布尼茨与尼采呢?还是因这种思想而有了对莱氏与尼采的这种解释?恐怕应该说这是一种互动关系。海德格尔自身倒并不讳言他与其他思想家的关系,因为"伟大的思想家是那能够倾听其他'伟大'著作中最伟大的东西,并且能够在一原始的方式中转换它的人"。[2]这是海氏言尼采、莱布尼茨等人的关系的话,但亦可作为夫子自道。

在弄清楚权力意志的基本结构后我们转入下一层。

海德格尔指出,尼采又把"意志"称作"情感(affect)"、"激情(passion)"或"感受(feeling)",他说:"(关于权力意志)尼采回答是:它是原

①② *Nietzsche Vol. 1 The Will to Power*. trans. by David Farrell Krell. Routledge,1981: 42, 35.

始的情感。情感是意志的形式，意志是情感。”“权力意志是情感的原始的形式，即构成了一个一般情感的存在（Being）的东西。”[①]意志是情感，意志又是情感的原始形态，这样的表达有模糊之处，不过海德格尔也认可。但我们要稍加解释，这里牵涉到一个本质与形态的问题，如果一件东西从静止的角度来说，是一个形态，即海氏说的“在手之物”，但一件东西从它的本质上说，它是动态的，是存在于一个过程中的，如一件工具存在于它的使用中，正是这些使用聚集、凝结了工具的在手的形态，情感也是这样，如说“他笑了”，笑作为“他”的一种属性是静态的，是在手之物，但“笑”的真实存在却是一种动态，“笑”是一种“笑化”的动态，动态是唯一的，但在这动态中人们可以分析出“他”与“笑”。在这个关系中，海德格尔往往称这个动态是笑的本质、本源，也就是笑的存在（海氏整体上把本质等同于存在）。在一般用法中，每个词都有这两重性含义，海氏常将名词动词化，如“时间性（temporality，zeit）”与“时间性化（temporalize，zeitigen）”、“哲学”与“哲学化（philosophize，一般译为‘哲学思考’）”、“诗”与“诗化（poetize，dichten，一般译为‘诗歌创作’）”等。在这些相对的词中，后者无非是表示前者的本质实现，使前者进入本真的存在，而一旦前者如此“本质化”了、“存在化”了，那么也就不是自身了，正如作为自我意识的、在物中伴物而在的人，一旦到达它的本质状态，那么就不再是自身，达到了“此在”、先验自我，前者不过是后者的“自我意识”。这样，不妨将“X X 化”视为“X X”的“出窍”，在“出窍”中，每种事物都发挥了它的本质功能。而按照亚里士多德在《尼各马可伦理学》中的说法，任何自身功能的“现实活动”如果

① *Nietzsche Vol.1 The Will to Power*. trans. by David Farrell Krell. Routledge, 1981: 44.

“不受阻碍”，就是“幸福”、就是“快乐”。[①]

当然，在一般的用法中，如果不导致意义的差别，海德格尔也有意认同这种两重性含糊（因为此含糊中表现出一种“本体论的差异”），而当他要对它们辨析时，又将它区分得清清楚楚，并上升到是否传统形而上学的意义上，如“自我”与“此在”的区别，“自我”代表着传统的主—客两分，而“此在”则超越主—客两分，自我不过是“此在”的自我意识，产生于它，但却背弃了自己的本源，相对自我是日常理解的“人”来说，“此在”就不再是“人”，而只是存在过程的一个环节。海德格尔按照这种转换，从而超越了传统的处于主—客两分之中的主体性（他把这种在物中存在而忘却了自己本源的生存状态称为“沉沦”）。尽管这区分有如此大的意义，可海德格尔自己却又常把“此在”当作人，又把它们含糊在一起，认可这是“人”的两重性，保持“人”可能的自我拯救。当然，把“自我”与“此在”作为人的两重性，并不妨碍把“自我”与“对象”当作“此在”的两重性，海德格尔的概念系统是多中心的，每个词在多线索中获得自己的定位。在何时该这样理解、何时该那样理解，要充分理解了海氏思想关节以后，才可把握其当下意义。对海氏的著作（特别是后期著作）不可以一般理论那样分析，有时应该像读一首诗那样理解、解释其中的词，这倒不是海德格尔思想不够系统、清晰，而是因为他所述说的，是语言难以日常方式、理论方式把握的。确实，正如康德所说，人类理性有建筑的本性，它导致理论的体系性。但这种观点立基于它所表达的东西上，当表达的超乎体系最大的承受度

① 亚里士多德：《亚里士多德全集》（第八卷），苗力田主编，中国人民大学出版社1992版，第161页。

时，它就会击碎这体系与理论，可以说，正是这个意义上，海德格尔的理论倾向是“解构”的。

尼采说权力意志是情感、激情或感受。海德格尔并不太满意，说尼采对三者辨析得不够清楚，他指出，三者毕竟还是有区别的。如在情感中我们受到“影响(affect)”，我们因此而失去了自我，失去了自我的“形(altogether there)”，于是，在情感中我们超越了自己，失去了自己。在这个意义上，情感还只是意志的一部分，因为意志不仅超越自己，同时还控制自己。那么，这“控制”，情感既不能代表，是什么来表示呢？海德格尔认为是“激情”。海氏认为，在一种“激情”中，如恨或爱中，恨或爱都不是盲目的，而是清晰的，被恨者与被爱者都被紧紧盯着，正是因为这坚定的目标，爱者与恨者凝聚起来，被自我控制了。于是情感与激情各占意志的一边。“情感：盲目地激发我们的攫取。激情：在存在者之上的清晰的凝聚性的把握。”[①]两者的结合才是意志。海德格尔说，在上述三种情感中，感受是两者的统一。感受不是任何我们想得到的情感形式，而是，感受是愉悦，它是一切情感形式实现的底层，是情感与激情的原始的、本质的联系。他认为尼采把“感受”理解得还是不够清晰，但尼采也应该是这种思想。

海德格尔总结说：

> 一种感受是我们发现自身在与存在者的关系中，因而也就同时是与我们自己的关系中的方式，它是我们发现我们自身特别地与我们所不是的存在者，以及与我们自身所是的存在者调谐(at-

① *Nietzsche Vol*. 1 *The Will to Power*. trans. by David Farrell Krell. Routledge, 1981: 48.

tuned)的方式。在感受中，一种状态打开了，并持续地打开着，在其中我们与物关系着，与我们自己，与我们周围的人们关系着，并且总是同时地关系着，感受正是这种向自身开展的状态，在其中，我们的此在盘旋着。[①]

原来海德格尔理解的尼采的感受，正是他自己所结构的“此在”的生存状态，海氏在此，把“此在”当作一种感受，也就是把“感受”刻画为“此在”的基本特征与展开方式、或毋宁说就是“此在”本身，这和他在对康德的阐释中，把主体性的整体当作“感受”是一脉相承的。从这里我们看到，海德格尔对感受——纯粹感性、时间性的重视是贯穿于他整个思想的。这很大程度上来自他对一些经典著作的阐释，如康德、莱布尼茨的著作，在这些比较理性化的思想家中他都能得到这些结论，从那些“生命”哲学家那儿，更不用说，他更得到这些结论。海德格尔提出以感受来描述主体、人生（如用“烦”或如此处干脆用“感受”）作为一种基本的、“此”的状态，并非出自自己的杜撰或创新，它有其私淑的历史的渊源。

在对康德的阐释中，海德格尔说：“这对完全相异者的超越，需要一个‘在此之中(Darinnensein)’，在一‘中介’中，‘完全相异者’……能被遭遇。”[②]此言已显出他联结康德哲学与自己的“此在”理论的痕迹。海氏在那阐释中，把这中介指向纯粹感性、先验想象力、感受。而且，如果我们进一步联想到先验想象力就是先验自我，是自我的原始性的

---

① *Nietzsche Vol. 1 The Will to Power*. trans. by David Farrell Krell. Routledge, 1981: 51.

② *Kant and the Problem of Metaphysics*. trans. by Richard Taft. Indiana University Press, 1990: 79.

话，那么这段话还是包含有很多内容的。第一，我们遭遇“完全相异者”需要一中介；第二，这“中介”又是我自身。这只能说明“我”有两重性，作为遭遇者，如果面对着“中介”，它只是经验中的我，世界中的我。同时，它遭遇的必然不是真正的“完全相异者”。这“完全相异者”将以一个现象——即存在者，包括显象与对象——的面貌来被“我”遭遇。所以，上面的话可以改为，依靠自我的超越、此在，我们遭遇到了以存在者面貌出现的完全相异者，同时，我们的“先验自我”因为这一过程的“中介”，它消融了，消融于这一过程中。这样改变的话，概括了海德格尔整体哲学思路。当然，也同于这里我所引到的论述尼采的感受的这段话。

又要说明的是，海德格尔在另一方面没有放弃在对康德阐释中的得到的“想象力”。在1947年写的《作为诗人的思想家》这篇以诗的形式出现的思想表达中，他说：“只有被形成的想象保持着看(vision)，然而被形成的想象居于诗中。”[①]这话与对康德的阐释如出一辙。而且我们还发现了先验哲学与诗的勾连，在那里产生想象的，是先验想象力——先验性、本体论知识。此处，他又说是诗歌创作。那么，诗化的状态(即诗歌创作状态)就是先验想象力，它作为一种基本可能性的解答，支撑着一切“行动”，即“发生”、“有”本身。海德格尔从论哲学过渡到论艺术、论诗是必然的，是思想向更清晰的发展。

从上面我们引的论尼采的那段话中，我们还看到，这和海德格尔论真理的话是一模一样的，其中的“协调”一词贯穿于海德格尔整个知

---

① 《作为诗人的思想家》，见 *Poetry*, *Language*, *Thought*. trans. by Albert Hofstadter. Harper & Row, 1975: 7.

识论——真理的领域。“协调”一词是海德格尔为了破除传统的“符合论”所用的代替词，符合论设定了一种一多并立、对立的镜像关系，而其实这与多并立的“一”是不存在的（参考他对于“图式”的论述）。因此海德格尔用“协调”来代替符合，它指表象间的协调，也指表象向原始的约束者（后期衍化为“尺度”）的“协调”，也指我们对现象的协调、我们对我们自身的超越的协调、我们对原始约束的协调。协调就是感受，就是此在本真的状态，就是真理状态。“协调”的提出，在他对莱布尼茨的“同一律”的阐释中可见，在对康德的阐释中也可见（例如：“协调一致，in accord”）。①

海德格尔指出，感受是基本的“此在”状态，“人并非是那也有意志的理性的被造物，或除了思考与意志外还有感受——而是，感受的状态是原始的”。感受是人的各种方式的统一体。这让我们想起想象力是知性与感性的统一体来，海氏此处的感受、情感、激情的关系也有相似的结构。情感类似感性，它是散乱的；激情类似于知性，它决定；而感受就是想象力。

如果这样，那么海德格尔所说的感受就与我们一般理解中的感性不一样。它是感性与知性的统一体，它不仅开展，同时还要有决定，它是“开展—决定”的过程，也就是真理的“解蔽与遮蔽”的过程。当然，这个过程从整体上说，是“敞开（展开）”的。当然，这种“开展—决定”过程中的“决定”不是指类似于概念的形成的那种形式，那种形式是“反思”的。而这里这种“决定”就是在“开展”的同时决定。海氏说：

---

① *Kant and the Problem of Metaphysics*. trans. by Richard Taft. Indiana University Press, 1990：97.

但如果意志是超越自身的意志活动，那么这“超出”并不指意志简单地从它自身走出；而是，意志在意志活动中凝聚（收集，gathers，海德格尔在另外的地方比如《形而上学导论》中称之为logos）自身……在意志的本质中，在决断性的展开中，意志向自身揭示自身，不是仅仅通过一些附属它的额外的行动、某种对意志过程的观察以及对它的反思；而是相反，正是意志自身具有开展及保持开展的特征。[①]

展开就是决断，在展开中就有自身的决定与凝聚。在这里，海德格尔明显地反对传统的“反思”式的自我意识与概念生成。当然，以他的这种方式来表示一种自我获得，在传统上尚无先例。海氏强调说：“（意志）在从一物向另一物的推进中保持自身。”[②]我们可看到意志是打开境域，物在境域中出现，意志就在让物不断的涌动中保持自身，它是一种“让”的能力，这“让”的能力就是权力。说权力是一种向前的涌动，但这不断的涌动应该是那种“展开”的不断保持。所以，权力不是攫取，而是反之，是“让”的增强与保持，在保持中，“让”获得自身。当然，海德格尔没有把权力与“让”的保持联系起来，本文在此是一引申，以求更好地找到这里的阐释和海氏一般的论说的关系。

海德格尔在讲到“权力”时说，权力就是不断的增长（enhancement）与提升（heightening）。“只有一个有力的提升才能抵抗那下沉的趋势，简单地执着于已获得的位置是不能做到这点的，因为不可避

①② *Nietzsche Vol*. 1 *The Will to Power*. trans. by David Farrell Krell. Routledge，1981：51，52.

免的结果最终的枯竭。”[①]这里“下沉”与对康德阐释中的“下行性”有一定联系。比如说，存在者是最高存在的一种感性世界的代表，那么存在者就是最高存在的可感性造成(其实可感性造成，即存在的理解是唯一的，最高存在与存在者只是这一过程中原始的差异的结果，正如“开展的决定”引导直观约束向“一”，“一” 还是“决定”所决定的)。直观被约束向“一”的现象一方面导致最高约束者——存在，另一方面导致直观统一在一个对象上，形成存在者。如果作为最高存在者的存在不是由这过程产生的话，那么它就成超验的了，它就没有必要非要下行，它可以超于世界之外，不理会这世界了。如果说“存在”是一切之源，那么它亦有两重性，一是作为最高存在者，一是更本源的含义：它就是这“生成”过程本身，即 “解蔽—遮蔽”本身。存在者就是存在“下行”的结果，这下行通过“此在”的中介，并且就在“此在”打开的境域之中(在此意义上，此在也是存在的下行)。如果存在者是一种下行结果，那么它往往是 “此在”打开境域的目的，但是，存在者的达到，既是一种对存在的显露—解蔽，但同时，正如特殊的空间形态是整体空间的显露又是整体空间的限制，它还“遮蔽”存在(正是由于这一“遮蔽”，存在才会显得在它之“外”，在它之“后”)。从这个角度上看，“开展”如果执着于一个结果，那么它就必然不再对存在敞开，也就失去了自己的本质，成了一个在与这个结果——存在者相对而立的人。所以，意志要不断增强自己、提高自己，不拘泥某个结果，而是让一个个结果滚滚而来，念念不断、念念相续。海德格尔此言正证明我们的勾连。下面的说法还可证明。

---

① *Nietzsche Vol*. 1 *The Will to Power*. trans. by David Farrell Krell. Routledge, 1981: 60.

海德格尔将尼采的不断增强的权力与尼采当时的思潮——达尔文主义区别开来。他说，达尔文主张生命是“维持自身存在的动力”。这种生命观不是尼采的权力意志观，因为“去维持的意志仅仅执着于那已经在手的东西，顽固地坚持它，在这顽固中，却失去了自身，对自己的本质变得盲视了”。[①] 这就是海德格尔在别处讲的日常人的沉沦状态，一种“忘在”的状态，一种踩在大地之上，却认为自己的所依是在手之物的状态。海氏认为尼采的权力意志不应是这种状态，它是维持自身的本质，而不是维持那在手之物的状态。这种自身的维持，要跟对在手之物的执着对抗，所以应是有力的，我们把“权力”与“让在”联系起来，将会发现一个饶有趣味的对比，因为海氏曾在别处讲过“让在”应当是“无力”的(《从莱布尼茨出发的逻辑的形而上学基础》)、“赤贫”的(《论人道主义的信》)、“优雅” 的(《真理的本质》)，它不要影响存在到存在者的生成过程，是“无功利”的，因而是存在(此处指存在过程)的“守护者”(参见《论人道主义的信》)。而在此，权力意志又是增强的、有力的，并且，下面还要加一个“破坏”的。两种对立的描述应用于同一种东西上，只有仔细比较，才会发现“优雅”所要对待者与暴力所要对待者并不是同一个东西，只有仔细比较，才能看出这分别拥有对立的描述语的东西(“让在”与“权力意志”)其实是同一的。这是海德格尔思想魅力的一个表现。还要指出的是，这里海德格尔其实对自己的“真理”理论不自觉地有所拓展，在真理理论中，他比较集中地谈“解蔽—遮蔽”过程，讲人的“让在”，但此处又谈到人在真理过程中，作为“中介”，还有一个不断保持自己的因素。但是，这不断保持自己，不

---

① *Nietzsche Vol*. 1 *The Will to Power*. trans. by David Farrell Krell. Routledge, 1981: 61.

是自私意义上的自我维持，而是“让”的保持。

正因为权力意志有不执着、不维护的特征，所以海德格尔说：

> 正因为这个原因，破坏(destroy)本质地属于创造。在破坏中，那对立面，丑、恶被设立了，它们对创造、对权力意志、对存在自身是必需的……无(nullity)属于存在的本质，并不是作为单薄的没有(nothingness)，而是作为增强能力的“不(no)”。[①]

这段论述，很有助于我们理解海氏常说的“无”和“死”。关于“死”，海氏也在此处引尼采说：“生命承受着死，并在死中维持自身。”

“死”是《存在与时间》的重要论题，在那里，它是作为“此在”的整体的反映者而出现的，正因为此在面对死，才对自己的生存有整体感，才会在自己生存的整体上考虑问题，“死”和《什么是形而上学》中的相对于情绪整体的、由畏所揭示的“无”是同一个意思。它其实对应着康德哲学中相对于先验性整体的“理念”，因为有了它，有了彼岸，此岸的整体才会聚集起来。所以，死、无，在某种程度上又是指“存在”，那此在开展所向的存在、先验对象，在某种程度上又指时间中的“将来”所指的东西。海德格尔在《存在与时间》中花了大量笔墨正面导出的“死”的意义，不如此处简单的引用而导致的凸显。人为何要“向死而生”，这应该很清楚，无非是“保持敞开”、“不忘记自己的本质”的意思，海氏思想具有整体性，处处可见勾连。

在讲到“破坏”属于创造的本质时，海德格尔提到了谢林的《论人

---

① *Nietzsche Vol.* 1 *The Will to Power*. trans. by David Farrell Krell. Routledge, 1981: 61.

类自由的本质》。谢林在这部论著中，以论述的形式宣称了上帝不仅创造善，也创造了恶。谢林的这个观念应该来源是生活在16、17世纪之交的德国诗人、哲学家伯麦(Jokob Böhme，1575—1624)，他在他的诗作《黎明》(1612)中宣称善和恶都来自上帝(他因为这样说，所以被路德宗视为异端)。提出恶也是存在的本质，应该是西方思想在关于本体论思维上的一个突破，它涉及古希腊、中世纪较核心的哲学问题，如柏拉图在《巴门尼德斯篇》里关于自身理论体系矛盾的思想。

权力意志，在不断超越自身中保持自身。因此，海德格尔称尼采结合了希腊哲学的三个主题："潜能、可能(potency，possible，dynamis)"、"实现(actuality，energeia)"与"完全实现(reality，completerealization，entelecheia，汪子嵩在《亚里士多德关于本体的学说》中又译'隐得来希'，本译名参吴寿彭译《形而上学》)"。这是亚里士多德的《形而上学》基本主题。因而，尼采的权力意志讲的就是"存在者的存在"。并且因而"尼采步入了西方思想最内在、最宽广的领域"。

海德格尔回顾了西方哲学史上关于认识与意志的关系的说法。他整理出了在哲学史上：第一，意志有关于产生表象；第二，意志有关于对概念、对最高存在法则的追求(《尼采Ⅰ》第9章)。在此，我们看到海德格尔充分认识到意志可以包含认识行为。正如他在别处说道，认识的意向行为融入整个生命的欲望背景中一样。他说，在德国唯心主义传统中，"知(knowing)意味着向存在的展开，它就是意志。而在尼采的语言中，则是'情感'"。[①] 在此，我们进一步发现海氏对尼采的阐释与对康德的阐释的联系。

---

① *Nietzsche Vol*. 1 *The Will to Power*. trans. by David Farrell Krell. Routledge，1981：57.

那么，认知活动包括在意志活动中，而意志活动又在根本上可标示为感受，那么，感受就是一种既超越又决定自身的东西，是一种既向存在开展又使存在者生成的东西，它是“此在”的本真状态，它就是真理，就是本质与存在。那么，它是在什么领域内呢？前面所述显示出，它在生存论的领域内，它在真理的领域内。可是，别忘了它在尼采的思想中，却是在艺术的领域内，在美学的领域内，尼采认为它就是艺术，就是美感，就是艺术家的创造。那么，海德格尔就跟着尼采走进了美学的领域，他又在此领域中有何作为呢？

第二节　超越传统美学

一、传统美学的主观性

海德格尔总结了尼采关于艺术的五个基本命题，其一是："艺术是权力意志最清楚、最熟悉不过的形式。"其二是："艺术应当通过艺术家来把握。"前面讲过，海德格尔是把尼采的"权力意志"当作存在者的存在来阐释的，如今尼采用艺术现象来表述权力意志，把权力意志置于"美学"研究之中，这使海德格尔也随之进入艺术领域。

很难说清海德格尔是从何时、因何机缘进入艺术领域的，在他前期的著作中，虽然可以见到他的理论有转向艺术与审美领域的趋向，但他沿着这个趋向所做的，是以它来解构传统的形而上学，建立与传统迥然不同的真理观，他不是直接从传统的真理理论（知识论、本体论）发展到艺术领域的，而是先从中发展出自己的真理观，在此之前，他的著作基本不提艺术与美。然后，似乎是突然发生的，艺术的领域全面进入了视野，它对真理领域进行置换、融合、展开与发展，从此以后，几乎每文必涉及艺术。伟大的艺术家取得了与伟大的思想家、哲学家相同的地位；对美的真正的思考也就成了对存在的思考。这变化是海氏思想之路的一个鲜明特征。在早于对尼采的阐释的《艺术品的本源》(1935)就标志了这个转变。似乎可以说，海德格尔自己的真理观一旦成熟（以 1930 年的《真理的本质》为标志），就感到传统的真理领域对自己的局限，从而转入艺术领域。因为我们看到，在艺术领域中，海氏的思想可能性充分地展开了，表达风格上也体现了一种自由的挥洒与洞观。从这点上说，海氏自身成熟的思想本质上是属于艺术领域的。

但海德格尔之进入的艺术领域，是必须经过他自己改造的。在他看来，尽管传统的艺术作品的天地是宽阔的，但传统的对艺术的沉思——美学，却具有根本的局限。因此，他对尼采在艺术领域阐述存在者的存在问题态度是两方面的。一方面，他似乎很乐意随着尼采进入艺术领域；另一方面，他又小心翼翼地，一边尽量把尼采的艺术论按自己的思想宽度与深度来阐释，一边又不时指出尼采的不足。

尼采最令海德格尔不满意的是："不过，尼采的对于艺术的沉思仍在传统的途径上。这途径在它的特殊性上被定义为'美学'" 尼采尽管反对欣赏为特征的"女性美学"，提倡以创造为特征的"男性美学"，但仍是在"为美学说话"。[①] 显然，海氏不喜欢"美学"，但我们不可认为海氏完全拒斥"美学"，他之不喜欢"美学"，正如他不喜欢"逻辑学"、"伦理学"以及传统的"形而上学"，这不过表示出他要改造它们的意思。就"美学"是传统意义上的这种学科来说，海德格尔要抛弃它；但就"美学"指关于艺术、美的探究来说，海氏不仅不能抛弃它，而且自身正在进入它，指望在其中表达自己的全部思想。"美学"正如海氏对康德阐释中的"感性"一样，海氏要抛弃它在传统中的地位，而赋予它以最高地位，但同时又改造了它，使它又不复是传统的含义了。

那么，海氏认为传统美学如何呢？他指出，传统美学指的是"关涉

---

① *Nietzsche Vol. 1 The Will to Power*. trans. by David Farrell Krell. Routledge, 1981: 77.

到感觉、感官与感受方面的人类行为的知识，以及它们被如何规定的知识”。“美学是对在与美的东西关系中的人的感受状态的思考；它是对在与人的感受状态关系中的美的东西的思考。”也就是说，传统美学的先在理论框架是人的主观状态与其对象的对立。对美学思考有决定意义的是主—客关系。正是在这主—客关系中，作为这一关系的“感受”就成了传统美学的主题。故“人的感受状态是这个思考的出发点和目的”。[①] 这种有关美的东西的状态，传统美学称之为“审美的(aesthetic)”。海氏进一步指出，“审美的”还并不就是这种感受状态，“严格地说，一种感受的状态不是‘审美的’，毋宁说它是可以成为美学的思考(aesthetic consideration)的对象的东西”。[②]也就是说，“审美的”还不指原初的感受状态，而是一种对各种状态的思考，它是对这种状态的“观察”。“‘审美的’实际上仅意味着对一种感受关系的研究与观察。”[③]关于这点，我们想说的是海氏的表述有点乱，他要说的无非是“审美的状态”是一种处于“美学”态度下，被当作“美学”对象的状态，在此情况下审美状态难以得到原初的体认。但审美状态当然是指这种感受状态，正如处于概念下的直观与原初的直观仍是同一种东西。

这样，海氏分析出传统美学的主要范域是审美状态与审美对象——美的东西。他说，美的东西又分两类，自然的与艺术的。其中，对艺术方面的思考是美学的主要内容，艺术领域又分为艺术与艺术品，艺术产生艺术品，而艺术又与人发生生产(production)与接受(reception)、欣赏(enjoyment)的关系。美学又是一种对艺术的思考。在

①②③ *Nietzsche Vol. 1 The Will to Power*. trans. by David Farrell Krell. Routledge, 1981: 78, 79, 78.

此，我们仍然感到海氏的表述有些含糊，他没有讲清楚美学、艺术、人、艺术品几个概念之间的关系。清理一下，关系显然是这样：艺术包括人与艺术品两方面，而人与艺术的有生产和欣赏的关系，美学对这整体现象——艺术现象进行思考。关系到前面一般美学的论述，就是这样：美学是对美的现象进行思考，美的现象包括审美主体与审美对象，两者之间有“审美的”关系。经过这样整理，就可以比较清楚地发现这样一个问题：在传统美学中，“艺术”的地位比较尴尬，对作品来说，它是“外”，只是主体的制造与欣赏；艺术作为作品的产出者来说，艺术又是主体的“外”，它又常常被归入作品方面。这缘于传统美学始终以主—客两分的框架为最根本的立足点，而不是把作为整体的艺术当作最根本的。海德格尔的《艺术作品的本源》就是要揭示这个“艺术”。但海氏始终没有澄清这几个概念的关系，尽管他的表述中有这个意思。

海氏进而指出：“美学是这样一种对艺术的思考，在其中，人对在艺术中表现出的美的东西的共鸣（affinity）为所有的定义和解释（explanation）设定了标准。”①以主观的为标准，是传统美学的基本态度取向。在《艺术作品的本源・后记》中，他也说：“美学把艺术作品当作一个对象，当作感性（aisthesis）的对象，即宽泛意义上感觉的把握的对象。今天我们称这种把握为体验（experience，经验）……体验是来源，不仅是艺术鉴赏与欣赏的标准，也是艺术创造的标准。”②这种态度就是以主体为最高标准的态度，它把艺术现象中的一切都视为来自主

---

① *Nietzsche Vol.1 The Will to Power*. trans. by David Farrell Krell. Routledge, 1981：79.

② 《艺术作品的本源》，见 *Poetry, Language, Thought*. trans. by Albert Hofstadter. Harper & Row, 1975：79.

体,是海德格尔要批判的。例如海德格尔说:“近代主体性主义直接误释了创造,把它当作是天才(genius)的自我独立的主体的活动。”[①]对艺术作品的正确态度“并不剥夺作品的独立性,不把它拉进仅仅体验的层面,并不把它降格为体验的刺激者”。[②]

传统美学不仅以主观状态为最高标准,海氏指出,它还在主观状态中偏于欣赏。他说,尼采注意到过去的美学“通常,尽管不全部,把欣赏艺术品的人当作它的出发点”。[③]

这样,我们基本上概括了海氏对传统美学的论述。他指出传统美学的核心是主、客两分的,以作品、美的东西为对象。因而根本上是在传统的形而上学的框架中的。“美学对艺术作品的看法从开始就为传统的关于所有存在者的解释所支配。”[④]当然,这种框架中的美学是海德格尔所要抛弃的。在海德格尔眼中,美应当是真理、是存在、是斗争中的生成,这也是希腊哲学中对美的最原始的看法。他感叹:“我们近代的人们对希腊人如何体验他们的崇高的诗、艺术品没有哪怕是最少的认识。”[⑤]他说:“对于希腊人来说,存在(on)与美(kalon)是一回事,美学的看法则相当不同,它和逻辑一样古老。对于美学来说,艺术是在愉悦的意义上美的东西的表象。”[⑥]当然,所谓希腊的,无非是海德格尔的理想。海德格尔哲学尊崇希腊,本质上不过是借题发挥,正如他

---

①② 《艺术作品的本源》,见 *Poetry, Language, Thought*. trans. by Albert Hofstadter. Harper & Row, 1975: 76, 68.

③ *Nietzsche Vol. 1 The Will to Power*. trans. by David Farrell Krell. Routledge, 1981: 139.

④ 《艺术作品的本源》,见 *Poetry, Language, Thought*. trans. by Albert Hofstadter. Harper & Row, 1975: 39.

⑤ *What Is Called Thinking?*. trans. by J. Glenn Gray. Harper & Row, 1968: 19.

⑥ *Introduction to Metaphysics*. trans. by Ralph Manheim. Yale University Press, 1959: 111.

常常在词源上做文章，是不可在严格的文本意义上探究的，在《什么唤思？》的结尾，海氏自己不也认为他在其他著作中倍加推崇的巴门尼德也没有真正理解本体论的差异吗？

正因为传统的美学有这样的特点，所以后来海氏把它的本质与技术的本质等同起来，即它们都把对象当作对象，把它们当作“僵立一储备品”，使之失去自身的独立与丰满的生命，比如把艺术品当作收藏品、展览品，艺术品成了人的储备物、信息。他在批判技术时说道：“控制论把语言变为一种信息交换，而艺术则成为对于情报的已调控了的和正在调控着的手段。”[①]在技术社会中，“文学是那已文字地写下；印刷，有着为读者提供阅读的目的的东西。在此方式中，文学成了一种兴趣的对象，反过来，这种文学兴趣也为文学作品所引发——通过文学批评与宣传”。他把这种情况称为“文学工业”。[②]

这一切都是传统的形而上学以及作为它的一部分的美学所导致的。海德格尔视此为西方思想的弊端，所以，当听到日本学者意图用美学及其概念来把握东方艺术时，海德格尔表现出一种不解与惋惜。[③]

二、与尼采并行走进艺术的新理解

海德格尔指出，尼采认为权力意志的最高形式是艺术，于是，我们就可以通过尼采对艺术的刻画进一步把握权力意志。而权力意志又

---

① 《哲学的终结与思想的任务》，见 *Basic Writtings*. ed. by David Farrell Kreil. Harper & Row，1977：434.

② *What Is Called Thinking*?. trans. by J. Glenn Gray. Harper & Row，1968：134.

③ 《关于语言的对话》. 见 *On the Way to Language*. trans. by Peter D. Hertz. Harper & Row，1971：2.

是一切存在者的存在，涉及存在者的根据与生成，也就是涉及存在者的真理，所以尼采的艺术问题也必然和真理问题本质相关。[①] 但我们要注意到，海德格尔阐释尼采最根本的目的就是要找到艺术、美与真理的关系，以及人在这艺术过程中的地位。与其说海德格尔是通过艺术来把握权力意志，不如说，他是借助于尼采已有的成果：艺术、权力意志、真理之间的联系，通过权力意志来把握艺术，通过权力意志来把艺术与真理的关系问题引出来，并把这一关系显明，同时阐明作为传统美学的主题的"人"，在艺术、真理问题中的地位与功能。

海德格尔以为，只要艺术是权力意志，那么它就必须揭示存在者的真理是什么，而这意味追寻"什么是存在者?"。海氏称此问题是哲学的"引导性问题"，它必然会引导出哲学的"根本性问题"："什么是存在?"因为，通过追问什么是存在者，我们必然会追求它们的根据——存在。当然，通过对海氏思想的研究，我们知道，海氏认为，传统的哲学没有被这引导性问题真正地引向存在问题，尽管提出了"存在"，提出了存在者的"根据"，但却一直处在主—客两分的先在模式中。

海氏以为，只有突破作为存在者根据背景的主—客两分的模式，才有可能真正地理解"存在"，真正理解什么是人。他以为，通过追问存在者，存在者就被带入了存在自身的开放领域，它作为存在者被开放的领域而被存在者问题引导出来。[②]我们知道，存在者的被开放，也就是存在者站在自身的根据中，也就是真实的存在者，是真理。海德格尔称存在者的确定性体现出来的开放为"真理"—"解蔽"。这"解蔽"，是存在者的确定性的给予者、生成者。另一方面，海德格尔又称

---

①② *Nietzsche Vol. 1 The Will to Power*. trans. by David Farrell Krell. Routledge, 1981: 68.

这“解蔽”是存在的开放。这不难理解，在他的思想中这“解蔽”其实联结着作为最高赋予者的“存在”与作为被赋予者的“存在者”。而且，就最高“存在”是作为“解蔽”的给予者而被设立出来而言，最高“存在”也只有以“解蔽”为根据才能得到理解。归根到底，“解蔽”这种状态贯穿着所有，所以海氏又把这一“解蔽”当作“存在”，“存在”就是这么一种动态的发生，这发生导致存在者，并成为存在者的根据。

人在这个过程中，就是作为这一“解蔽”的承受者、保护者而存在。不仅海德格尔，许多哲学家早已揭示过，所谓“存在者”，不过是相对于“人”的意义的聚集（换个说法，也就是性质的聚集），当然，有的人因此而陷入主观唯心主义；有的人认识到，存在者就算是意义性质的聚集，也有其独立于人的客观性，但他们始终无法处理好客观性与它的意义、呈现明显系于人这一事实的关系。或认为这个客观性来自与其显象完全无关的“物自体”—“实体”，于是有了一个超验的世界。关于这个问题，康德处理得比较好，他把存在者归于人，又指出人的自我超越——对必然、根本律令的通达。但他毕竟没有清楚地阐明这一关系，特别是他在知识论中没有直接阐明这一关系，这样使存在者的根据到人为止，使他的哲学导致了后世比较基本的单一性理解。

应该说，海德格尔思想是在现象学的帮助下，直接对康德哲学的发展与阐明。他认识到了存在者与人本质相关，而人却又并非是理论上最根本的根据，人只是一个“境域的打开”（亦即“世界”的打开、历史的打开），它为存在者的显现而打开，为存在向存在者的通达而打开，人只是一条存在向存在者的通道而已。人只有作为这条通道，保持自身的通道性，才能获得真理。人的本质就是这通道，这通道又可表述为对“存在的理解”，即通过理解存在，“让”存在者存在，“理解”就是“让”，让存在开放向存在者，理解使存在的“意义”下达人世。正是在这个意义上，海氏称人的本质就是形而上学（即对存在的追求——理解）。在这时，人的“主体性”被抛弃了，但人获得了更深刻的本质，获得了更崇高的地位，更有了“尊严”，有了“自由”，这是一种反传统主体性的人道主义的新的人道主义。从人的主体性被抛弃的意义上说，海德格尔思想不是以“主体性”的人为中心的，而是以存在过程为中心的。但从人获得本质来讲，海德格尔哲学又是一真正的“哲学人类学”，是自康德开启的德国唯心主义所追求的目标的实现与超越（按：德国观念论本质上是一个建构人性、“心”的思想运动）。从人的本质来说，人就是存在，就是真理，就是时间，就是这一有所约束、使存在者显明的过程。海德格尔整体思想体现了这一点，例如他把人当作路，把思当作路，把艺术、语言、存在都当作路，而且正是通过这路的特征的显明（向前又返回，正如时间同时既是将来又是过去），他获得了对存在的最高表述“轻柔的圆舞”——浑成（ereignis），因此获得了他基本的思想方法，具有循环特征的解释方法。当然，海德格尔不会明确地把人当作存在与真理的，因为人毕竟太容易“沉沦”了，太容易变为“主体”了，太容易被误解了。

海德格尔思想承继了德国哲学的伟大传统。但这一传统在把握这条极易偏向两端（作为最高存在者的存在与存在者）的“路”的问题上也是一直摇摆着，因此在人的本质问题的把握上也提供了多种可能性。但是，在这个传统中，这条路的“影子”——美和艺术问题始终占有重要甚至是核心或最高的位置。“美”，处在体现最高原则的道德与体现服从的认识之间，暗示着它的核心位置但却又那么模糊与尴尬。它一头搭在体现必然规律的感性、现实世界中，一头搭在体现最高律令的理念世界中，包容了两端而又不是两端，它既是观照又是投入，但同时也就既不是理论也不是实践。

应该说，尼采所指出的，那既是涌出又是赋形；既是投入，又是观照的权力意志的代表——艺术是最真实的观点，在德国哲学中作为最伟大的目标的完成，一直是一个选项。在这一步飞跃上，尼采比海德格尔做得更早。但是，尼采所采取的这个论点，需要海德格尔在整个西方思想史及整个思想史体系中做全面的清理，需要海德格尔将它更明确、更展开地阐明。海德格尔的工作并不比尼采轻松，意义并不逊于尼采，因为他要阐明美、艺术与传统西方思想史上核心问题“真理”的关系，还要阐明各种错误发生的原因，他不抛弃任何传统的观点，而是理清它们，统摄它们，试图比以往任何哲学家更深刻、更广泛、更有力、更通达地告诉我们什么是思想，什么是创作，什么是人生，什么是人身外的世界。

海德格尔必然会走向艺术领域的，因为他前期致力阐明的“真理”理论已不在传统的“真理”领域中了，而是与传统的美学、艺术领域更密切了，相应地，美学也不应该是传统的“美学”，美与真理合一了。

海德格尔是在自己的思想基本成熟以后，才开始对尼采进行阐释的，所以，他能清晰地把握尼采思想中与自己和谐一致的地方。这一点很大程度体现在他屡屡强调作为权力意志的最高形式的艺术，应该和存在问题联系起来，应该和真理问题联系起来，并煞费苦心地为它做此勾连。当然，在他的观念中，尼采毕竟没有达到哲学的根本性问题的深度，于是必然有些缺陷，在他对尼采艺术理论的具体阐述中，可以看到海氏对尼采艺术论中缺陷的批评。①

三、迷醉、崇高与无功利性

1. 主体的迷醉（rapture）

海德格尔指出，尼采认为："艺术应当通过艺术家来加以把握。"这并不是指艺术是某个主体——艺术家的一种活动。既然艺术是权力意志，它是存在者的存在，所以拥有艺术的艺术家不过指的是存在。他说，依尼采的说法，则"成为一个艺术家就是能把某个东西带出（bring…… forth）。成为一个艺术家就是生命的一种方式"。②而"生命"，尼采认为就是"存在"。于是海德格尔强调，尼采从艺术家讲艺术，是通过艺术家从整体上考察艺术的。"尼采的艺术观的决定性一点是，他在'艺术家'这个术语中是看到了它的本质的整体性（entirety）的。"③也就是说，"艺术家"指的是整个艺术现象，而并非仅仅是艺术现象中站在艺术品对面的主体，它涵盖了艺术现象中的人与作品。海氏指出，尼采明确地将自己的"艺术家"与那站在艺术品对面"享受"、"体验"的人区别开来。

于是，艺术家是生命的形式、是存在的形式。因为它是生命的形式，故而尼采说艺术是权力意志最清楚、最热悉不过的形式。为了证明自己的理解，海氏还引了尼采对艺术的第三个陈述："依扩展了的艺

①②③ *Nietzsche Vol. 1 The Will to Power*. trans. by David Farrell Krell. Routledge，1981：68，69，70.

术家的概念，艺术是所有存在者的基本的发生……存在者是自我创造与被创造的。”[①]海德格尔如此强调这一点是很重要的。因为尼采以艺术家为出发点，而他自己的《艺术品的本源》又以作品为出发点。看起来尼采的思想与海氏自己的思想相对立。但如今经过这个发掘与强调，尼采的艺术家不过是讲作品与作品的生成，而《艺术品的本源》也是讲作品与作品的生成，两者实为一致。

既然艺术体现在艺术家上，那么，作为艺术整体的艺术家应该是如何的呢？首先，海德格尔指出，它是精神和肉体的统一。按照尼采的表述，是说：“美学是艺术生理学。”海氏解释说，尼采在此用“生理学”是强调为传统美学所忽略、排斥的肉体，根本上是讲精神与肉体的统一。他说：“美学是‘生理学’，这提示了感受的状态，以往被当作纯粹心理的，应当回溯到它们固有的肉体的条件中去。作为整体来看，这正是不可打破、不可分解的活的肉体——精神的统一体。这被设为审美状态，人的活的‘本性(nature)’。”[②]肉体、精神的统一体，就是人的活生生的存在，就是审美状态。这种观点，是对传统形而上学、美学的突破。

第二，它是以“创造”为根本特征的。海德格尔指出，尼采强调“男性美学”，视传统美学为“女性美学”而加以否定，正是想说明：“艺术应当就创造者与制造者而非就接受者来把握。”[③]在这里要澄清的是，尼采并不、海德格尔也并不认为尼采否定艺术的接受方面。尼采用词不恰当所强调的所谓的“男性美学”其实强调的是审美状态对主—客两

---

①②③ *Nietzsche Vol. 1 The Will to Power*. trans. by David Farrell Krell. Routledge, 1981: 72, 96, 70.

分的涵盖，它创造了两者。而所谓“女性美学”指的是传统的主—客两分模式的美学，即艺术品站在人的外面，人对它的基本关系是欣赏—接受，甚至在这种模式中的艺术家也是这样。

第三，海氏指出，尼采又用“迷醉”来概括审美状态、艺术家、艺术。他说，尼采之用迷醉一词，因为“它达到了关于审美状态的尼采式定义的最大清晰和统一”。①

那么，尼采成熟的“迷醉”概念是指什么呢？海德格尔指出，尼采着重强调的是两点，一是力量增强的感受；一是充溢的感受。②海德格尔阐释道，首先它们都是“感受”，感受是“我们的此在(Dasein)的基本模式”。③在前面讲权力意志的结构时，海德格尔已分析了“感受”的意义，但在此，他仍然再次对它进行自我表述：“感受意味着我们发现我们自己与自己同在，同时与物同在，与我们所不是的存在者同在的方式……是我们此在的基本模式，因为它的力量并与它一致，我们总是已经离开了我们自己而进入了作为整体的存在者。”④“情绪(按：此同感受)永不仅仅是在我们内部的一种方式，它首先是一种被调谐(attuned)的方式，让我们自身被调谐的方式……情绪是一种我们外在于我们自身的基本方式，而这正是我们本质地、始终地是的方式。”⑤我们在此不厌其烦地征引海德格尔的话，为的是强调海德格尔与尼采发生了多么大的共鸣，而且，海氏这些话也是理解他的思想的比较清晰、直接的表述。

海德格尔还强调：“感受，作为自身所是的感受，正是我们肉体地

①②③④⑤ *Nietzsche Vol*. 1 *The Will to Power*. trans. by David Farrell Krell. Routledge, 1981: 97, 100, 99, 98—99, 99.

所是的方式。身体的存在者并不意即我们灵魂所承受的我们称为‘身体’的重物。在自身所是的感受中，身体已先在地包含在那自我之中……我们并不‘拥有’一个身体，而是，我们身体地‘是’。”[①]这段话再次阐释了尼采的“生理学”，也是海氏对人这个“此在”的理论的自我补充(海氏在专题讲“此在”时没有涉及到此)。在此我们也应清醒地认识到，海德格尔此处讲的肉体与精神的结合其实是在参与哲学史上一个重要主题的讨论，它发轫于古希腊，如亚里士多德《论灵魂》。精神与肉体是否结合、如何结合，关涉到哲学的一与多、形式与质料、感性与理性的一些核心问题。同时，海氏在此对“身体”的规定还让我们想起他在对康德的阐释中对康德定义“感觉性”的赞赏，海德格尔强调对一切事物进行“本体论的定义”，第一，这种定义甚至不同于康德的“纯粹的……”的方式；第二，这种定义也并非是一种可以与其他定义(如自然态度的)并行的定义。它指一种最原初的、最根本的体认，也就是说，是在“回到事物本身”指导下的体认。例如此处讲身体，就是将之置于“活生生”的生命状态中定位；至于灵魂与肉体之别，是“活生生”的原初状态的抽象。灵魂与肉体不仅不能分别定义人—生命，它们合起来也不能定义。真正的人—生命“先在于”它们，并成为它们各自成立的基础和前提。

海德格尔将尼采的迷醉解释为两种感受。他说，所谓力量增强的感受是指一种超出自身的能力，应当被理解为“与存在者的一种关系”。在这种关系中，“存在者自身作为更丰富、更丰满、更清晰、更本

① *Nietzsche Vol*. 1 *The Will to Power*. trans. by David Farrell Krell. Routledge, 1981: 98—99.

质的存在者而被体验到了”。而充溢，则指一种谐调(attunement)，在这种状态中，没有什么是异己者(注意这不是说没有外于我们自身者)，这是一种对一切的敞开。[①]

在前面我们已讲过海氏通过“感受”讲的是一种真理状态，是一种人的“让在”状态。在这里我们又一次遇到这种表述。这种状态敞开自己、超越自己，不断增强自己，而增强自己是为了更好地敞开自己，为了让自己敞开得更丰满、更茁壮、更明亮。在此处，海德格尔明确将之称为“审美状态”(在一种折中的态度上)，而且，在别处，海德格尔还指出，存在者的明亮、发光就是“美”。到此，应该说海德格尔的真理观与艺术观合一了。

2. 作品的崇高的风格

海德格尔认为，尼采既然认为艺术家是一种涵盖整个艺术现象的创造，那么迷醉当然就不能仅仅是审美主体的力量的奔涌、超越，它还应该有所赋形，建立艺术品，即艺术品的形式应当也包含在迷醉中。

海德格尔一边指出尼采较少涉及这方面，一边却努力钩沉出尼采关于这方面的论述。他说，尼采在讲到迷醉与美的本质时，讲了在此中的人因之而“上升到自身之外”，于是“通过这上升，我们就得以面对着那对应着我们此时自身所是的东西，因为它，我们触及了在创造中的决定因素，有关标准与等级的东西”。正因为这样，艺术家不再按日常事物本来的面目看它了，而是把它看得更丰满、更单纯、更强健。尼采把这种新的目光称为“理想化的(idealing)”。[②]这段话与海氏之对康

①② *Nietzsche Vol. 1 The Will to Power*. trans. by David Farrell Krell. Routledge，1981：100，116.

德的阐释如出一辙，“先验对象”、“先验自我”、“对象”、“原始统一体”等词都可以其中找到对应。人因面对着那在创造中的决定性因素而超越自身，并获得了标准与等级，再把一般对象“理想化”。

海氏指出，“理想化”不是消极的取消、省略，而是积极的“对主要特征的全面强调”。[①] 显然，我们可以知道，这“看”是一种“让在”，让存在者更单纯、丰满地存在。海氏这里再次强调了创造过程中投入与观看的结合。正因为这一有所获得的“看”，作为审美状态的“迷醉本身被引导向……一种清晰（articulation）”。[②] 海氏说，审美状态中有两方面，一方面是有力的向上涌动，超越自身，另一方面则是在这超越中有所确定，当然不仅是自身，同时还包括艺术品。他说，这被确定的，按照“美学的一般概念性语言来说，尼采也这么说，被称为‘形式（form）’”。[③] 按这样的说法，就可以知道，审美状态因为获得了“理想”（即先验对象、理念）从而能创造出艺术品，给出形式。

而“形式”究竟是什么呢？在对康德的阐释中，海德格尔曾讲过概念的形式就是内容，它们共同形成于原始统一体到存在者的“图式”过程中，那么在此处，他又是如何说的呢？他说：

> 形式，就其希腊意义（morphe）来说，就是“圈定（enclosing limit）”和“边界”，它把一个存在者带入、安置入它之所是，以使它能站在自身中：它的形状（configuration）。无论何者以此方式站立，都是这特殊的存在者显示自身所是的东西，它的外观（ei-

①②③ *Nietzsche Vol. 1 The Will to Power*. trans. by David Farrell Krell. Routledge, 1981: 116, 117, 118.

> dos)，通过这外观并且在它之中，它出现了，在此安置自身为公开地表现、发光，达到了纯粹的光照。[①]

海德格尔这段话其实是柏拉图与亚里士多德哲学实体论与真理论的综合表述。当然，柏拉图哲学中还有一个最高的"善"，它使真实的东西（即 eidos）成其所是，它在海德格尔论述中对应着什么，不言而喻。柏拉图又称之为真本身、美本身，在海德格尔这里则是"审美状态"所拥有的力量："让在"，对存在的理解，存在的开展（注意，这个表达要作整体用，不可分为"存在"与"开展"，"开展"向来已是存在的开展，正如基本范畴总是"与对象相关"的方式），等等。这光芒四射的 eidos，海德格尔又称古希腊人叫作"美"（此点后文叙及）。

所以海氏又引尼采的话，说这"形式"是"自首"、"自我公开"。当然，这样的"形式"，绝非一般意义上与"内容"相对的形式，所以海德格尔称：

> 形式，作为那让我们的遭遇者在显像上光芒四射的东西，第一次把它所决定的行为带入一与存在者的直接关系中。形式展示这关系自身为原始的向着存在者的行为的状态，一种庆典的状态，在其中存在者自身在其本质上被欢庆，并因而第一次被置于展开。
>
> ……形式奠定了迷醉得以可能的领域。在形式占主导地位

① *Nietzsche Vol*. 1 *The Will to Power*. trans. by David Farrell Krell. Routledge，1981：118.

的地方……必定有迷醉。[1]

“形式”的意义中包含着一种与存在者最为亲近的状态，包含着存在者的展开、解蔽与真理，“形式”必然与作为迷醉的审美状态联系在一起。如果我们在海氏对康德的解释中尚看不到“美”的话，那么在此我们通过对应式的理解，可以找到海氏在知识论的先验哲学中“美”与审美状态的位置，它就是“境域打开”，以及由是而获得的范畴—图式—存在者的过程。海氏从未将传统撇在一边而另讲一套，他的魅力在于运用传统、改造传统、挖掘传统、通达传统，使璞玉生华。

海德格尔说，尼采理解的“形式”，正是“需要内容的形式，是内容的外部边界，包围它但并不影响它，这样的边界并不拘羁，它自身就是纯粹的休止的结果”。形式就是内容的充溢，就是内容的样子，就是内容之所是，海氏总结说：“真正的形式正是真正的内容。”[2]

迷醉——审美状态，作为艺术家的生命形式，它不仅超越自身向上，还导致光芒四射的形式，它不仅是感受与情感的整个生命的增强、不断的涌动，它还是赋予形式的“优雅”的看。这一艺术的整体，海德格尔说，尼采名之为“宏伟的风格(Grand style)”、“古典风格”。[3]

海德格尔指出，宏伟的、古典的风格，是一种宁静的，同时又在其中蕴涵着冲突与斗争的状态。他解释说：“在宏伟的风格中的艺术，是来自对生命的最高丰富性的保护性支配的单纯的宁静，它属于生命的原始的解放，但同时又是一种约束；它属于最可怕的对立，但又在单纯

①②③ *Nietzsche Vol. 1 The Will to Power*. trans. by David Farrell Krell. Routledge, 1981: 119,120,125.

的统一体中；它属于生长的丰足，但又伴随着稀有之物的长久的持续。”[1]

海德格尔指出，宏伟的风格是一种生命的最原始状态，它本身既指一种破坏、涌动，同时又拥有最高的法则。或者可以说，它（这原初行为）自身就是最初的法则。注意，在对康德的阐释中，海德格尔曾说："境域打开"就是最最原始的范畴。海氏将这对对立的统一者比为"驾驭的'车轭(yoke)'"。

这车轭驾驭着什么？它驾驭着超越与保持，驾驭着涌动与确定，驾驭着投入与观看，它是感受，驾驭着情感与激情，它不是一个"第三者"，正如人的活生生的存在于精神与肉体，它们之间并不存在着"正、反、合"的关系，海德格尔曾对此种思维方式进行过批判，认为这是德国观念论的主—客对立的思维方式的恶果。它是一个底层，同时又存在于这对立面的自身之中，唯有这样，它才是所有对立面的本质，是它们本质的实现，从而是一种最深沉的愉悦。

海德格尔指出，宏伟风格中包括了尼采把美学视为"生理学"，以及尼采把艺术视为对欧洲虚无主义的反抗的统一。他说，在前者，尼采更强调迷醉，一种"爆发式"的状态，它破坏超越；在后者，尼采更强调要以艺术来确定新的标准与价值。"宏伟的风格"统一了这两者。

其次，宏伟的风格是对艺术的"古典主义"与"浪漫主义"的统一。此处讲的"古典主义"是指传统观察中的"古典主义"，这种认识，认为"古典的"指一种平静与确定，它是"贫弱的与贫乏的"。海德格尔指出，尼采提倡的"古典的"是对传统"古典主义"的超越，他说："尼采是

① *Nietzsche Vol*. 1 *The Will to Power*. trans. by David Farrell Krell. Routledge，1981：126.

第一个——如果我们不考虑荷尔德林的所为的话——把'古典的'从古典主义与人道主义的误解中解放出来的人。"[①]他指出,尼采的"古典的"是"此在的一种基本结构",是比一切艺术时期更"先在"的自我展开,因而创造了这艺术的、历史的东西。它是"极端的对立,混沌(chaos)与律令(law)的原始的自由"。这"自由"就是这统一,自由不是指各方面的放纵,而是"把混沌的原始野性与律令的原初性先在地置于同一车轭下"。[②]在这最原始的自由之下,各方面也获得了自己的自由,得到了自身的充分发展。当然,经由这样的解释,"古典的"就是"宏伟的"了。至于"浪漫的",海德格尔这里指的是一种"纯粹的迷醉的骚乱",是一种"不满"与"饥饿",也就是指瓦格纳氏的浪漫主义。[③]"宏伟的风格"统一、克服了传统的教条式的古典主义与骚动的浪漫主义。

海德格尔指出,尼采的"宏伟风格"是他自身早期的酒神艺术与日神艺术的统一。

尼采通过"宏伟风格"中所讲的"艺术是生命的兴奋剂",正是对叔本华的艺术是生命的"镇静剂"的颠倒。[④]

海德格尔指出,宏伟的风格直接涉及哲学的根本的存在问题。他说,在传统上,静止、永恒的东西,往往被当作所有存在者的根本:"存在"(例如海氏所常说的巴门尼德)。而另一方面,所有存在者的根本又被解释成不断的"生成"(例如海氏常说的赫拉克利特)。海德格尔指出,尼采在"宏伟的风格"中,即在权力意志、艺术、艺术家和美感中,把传统的存在与生成的对立、把传统的存在论中能动与反应的对立统

①②③④ *Nietzsche Vol. 1 The Will to Power*. trans. by David Farrell Krell. Routledge, 1981: 127, 128, 132, 130.

一起来了。“宏伟的风格是向着存在的行动中的意志，这同时又把生成带入自身。”[①]他总结说：

> 尼采把存在者的存在解释为权力意志，他认为艺术是权力意志的最高形式，艺术的本质体现在宏伟的风格中，而后者，因为它的自身本质的统一体，指向一个能动与反应，存在与生成原始的、固有的统一体。[②]

在《形而上学导论》中，我们也记得海德格尔曾明确指出，巴门尼德讲的存在，与赫拉克利特讲的生成，其实是同一个东西。

不难看到，海德格尔自身的思想在此得到了表述，这个统一体，就是海氏所讲的此在的先在对存在的理解，是原始的包含着亲密的区分的同一。它与《艺术作品的本源》中“世界与大地” 的关系相关，与《真理的本质》中“解蔽—遮蔽”的关系本质相关。后两文中讲的是二元关系，故而其二元比较复杂，特别是“世界”、“解蔽”的含义比较复杂；而在此讲三元关系，比较清晰一些（此时应当想起康德的知识两种源流与三种源流的说法，与这里的论述有本质关系）

3. 作为让在的生理学与无功利性

海德格尔不仅在自身思想背景下阐述尼采的学说，他还注意把尼采的学说与传统的思想联系起来。他特别重视尼采与康德及柏拉图的关系。

---

①② *Nietzsche Vol. 1 The Will to Power*. trans. by David Farrell Krell. Routledge, 1981: 135, 135—136.

尼采激烈地反对康德的审美的"无功利性",他提倡"生理学",讲生命的全部投入,因而认为康德的说法玷污、贬低了"艺术、美、知识与智慧"。

可是海德格尔却认为,尼采与康德并不存在着对立,因为,康德的审美的"无功利性"这一基本的审美原则从来就被误解了。他指出,尼采是通过叔本华来了解康德的,而叔本华——海德格尔在谈到他时表示出不赞同——在康德曲解的历史中承担了"领导角色"。海氏说:

> 可以说,康德的《判断力批判》,在其中他表述了他的美学,直到今天仍仅在误解的基础上发生影响,这(误解)是一个偶然事件,但在哲学史上意义却非同小可。只有席勒在关于康德的美的理论中把握了一些本质的东西,但他的洞见也被埋葬在十九世纪美学理论的废墟中。[①]

这段话对今天我们的美学建设很有意义。海德格尔指出席勒是真正理解康德的人,无疑就肯定了席勒的思想与自身的思想的合拍。席勒在他的思想中强调"美育",以审美教育为人性发展的最高手段,这是否也昭示了海德格尔心中的以康德开始的德国观念论的本质走向,以及他为何会走向美和艺术的领域?

海德格尔自己重新解释康德的美的理论。他说,康德在《判断力批判》中谈到,美的东西是"纯粹的和单纯的愉悦"。美的东西是"纯

---

① *Nietzsche Vol*. 1 *The Will to Power*. trans. by David Farrell Krell. Routledge, 1981: 107—108.

粹"欣悦的对象。这样的欣悦,在其中美的东西把自己向我们展开为美的,按康德的说法即"避免所有功利的"。但这"无关功利",在一般的看法中却是对一人或一物漠不关心,"在与那人或物的关系中,我们不投入我们的意志"。于是,叔本华都在这样的理解背景下解释说:"审美状态就是在其中意志被撇开,欲求被中止。它是纯粹的静止,简单地不要求什么,纯粹的漠然的趋向。"①

海德格尔说,康德的"避免功利",绝不是叔本华讲的这个意思。首先,他解释说,"功利"是一种对所有物的占有、处置、支配的态度。当然,这其实是海德格尔后期所批判的技术的态度,是处在主—客对立中的主体对"对象"的支配的态度。而且,就叔本华讲的无功利性是一种纯粹的外在关系的趋向来看,这正是尼采要反对的"女性美学"的本质。海氏接着说,康德在提出这个原则时,其实在思考,"在我们发现遭遇到一件真的事物的情境中,我们应取何种行为方式,以让这事物在我们遭遇它为真的方式中被决定为美"。即:"什么是我们发现某物为美的决定性根据?"海氏指出,康德在这样思考中,首先排除了"功利"的方式,这意味着:"为了发现美的东西,我们必须让我们所遭遇到的东西,纯粹按它在自身中所是,在它自身的状态与价值来在我们面前。"也即是说,我们不能预先按我们的功利来设定人为的目的。"应当自由地承认我们所遭遇者是其所是的自身方式,我们必须让、且赋予它那属于它的与它带给我们的东西。"②当然,这又是"解蔽"、真理的一种表述。

①② *Nietzsche Vol*. 1 *The Will to Power*. trans. by David Farrell Krell. Routledge, 1981: 108, 109.

海德格尔说，这“自由的赠予，对美的事物是其所是的让”不是一种漠不关心，而正是同于尼采的权力意志的方式。他说，这是“对审美行为的辉煌的发现与肯定”。“只有康德把握了尼采以他自己的方式在关于美的东西的决定性方面所理解的东西的本质。”[①]海德格尔对尼采没有认真研究康德表示了遗憾。

简言之，康德的“避免一切利害”，就是要使“对象作为纯粹的对象走出来，而这样的走向显象就是美的东西。‘美的’一词意即在这样的走出来的光芒中显现”。[②]海德格尔进一步指出，康德比尼采更深刻地把握了什么是“功利”，也就是说，尼采的“功利”是含糊不清的，其实是康德的非功利。“功利”本身应是康德所讲的、所要避免的东西。海氏指出，康德讲避免功利的审美行为，但是，并不意味着一种对于对象的漠然：

> 他并没有使这样的行为成为漠不关心，而是使这样向着美的东西的行为的更纯粹、更亲密成为可能。康德对审美行为“反思的愉悦”的解释，使我们趋向人类的基本状态，在其中人第一次达到了他的本质的得以完美奠基的充分。这正是席勒认为的、作为历史性的、建立历史的人类生存的可能性条件的状态。[③]

在此，海德格尔已完全将康德式的审美状态解释为人的此在的基本状态、真理的基本状态、存在的基本状态。我们要注意到，在对康德

---

①②③ *Nietzsche Vol. 1 The Will to Power.* trans. by David Farrell Krell. Routledge, 1981: 111, 110, 131.

的专题阐释中，海德格尔没有涉及康德的美的理论，他完全投入在知识理论中。但是，这并不意味着他像康德一样，把美的理论放在真理理论之外来讲，海德格尔既然在真理理论中直溯到根本，那么在其中也就必然预留了美的理论的位置。“无功利性”这一康德的基本美学原则，在海氏关于康德的专题阐释中没有出现，但在海氏的其他关于真理的论述中却多有出现，并占有重要位置。如在讲根据与人道主义时人的“无力”与“贫乏”，在《真理的本质》中提到人让在的“无功利性”，等等。海德格尔说“无功利性”，其实就是人的大功利，是人之所以为人、生存的可能的大功利。当然，它完全是主—客对立的理论框架不可包容的。

4. 美学的自我超越

海德格尔一直认为，尼采的思想尽管在传统美学的影响下，但它却是关于存在者的存在的学说，他说：“乍一看，尼采关于艺术的思考是美学的；而依其内在的意图，它是形而上学的，它意味着它是存在者的存在的定义。”他说，可以说，尼采的美学是传统美学的极端，“当它到它自身最遥远的边界时，它便推翻了自己的立场”。也就是说，当尼采登上他的“美学”的顶端时，“美学已经根本不是美学了”。[①] 海德格尔最后将问题普遍化为：“历史的事实是，每一种真正的美学——例如康德的——总是推翻自身。”这意味着“对艺术的美学研究并非偶然”，但“美学”的研究“不是本质的”。[②]

海德格尔在此否定了传统美学，但在另一角度下，他其实在最高

①② *Nietzsche Vol*. 1 *The Will to Power*. trans. by David Farrell Krell. Routledge, 1981: 137, 131.

的意义上(形而上学的)肯定了对美与艺术的思考。当然,这种思考是要超越传统美学的。这点,对今天的我们的美学发展应该说具有重大意义。

第三节　超越尼采：从“上帝已死”到“上帝救渡”

一、与尼采思想总体契合之处

应当说，尼采的思想是非常深刻的，对后世影响非常大，特别是他的“反过来看”从而找出生命形态本身的思想方法，标志着自文艺复兴以来的反形而上学努力进入了新的阶段。从前，反形而上学总是仅以形而上学得出的东西作基础，或反驳或分析。从尼采开始，思想开始体会到如何进入到给出形而上学的更深基础。尼采的这种方法，与海德格尔从现象“反溯”到“存在”的方法如出一辙，以后，特别是在法国，有福柯的“考古学”、阿尔都塞的“征兆阅读法”、德律兹的“欲望的分析”等影响非常大的、与尼采本质一致的理论。

但是，尼采的思想也是非常复杂的，这复杂，一方面是缘于芜杂，一方面是缘于深度。因此，尼采思想被人多样解读，引出了诸种相当不同的评价。综观尼采的影响，可以说，绝大多数人对尼采的理解是同属一个层次的，在这种理解中，尼采对“偶像”的洞察被深深钦佩，但涉及他的“权力意志”、“超人”理论时，人们的态度就改变了，他们普遍认为，尼采在某种程度上是在提倡一种粗暴对待生命的“主人道德”，赞美强权，赞美赤裸裸的破坏力。从尼采思想的芜杂与流变来看，尼采可能确实表现出过这种倾向，另外，尼采在一种宣扬自己理论的“策略”性考虑中，也可能有意容许过这种倾向在其思想体系中的阶梯式存在。

但是，这种理解并没有对尼采思想的主流和要点做到正确的把握。在尼采的文本中，多处出现与这种理解截然相反的表述，如他将思想的最高境界定位于“轻柔的舞者”，他的“超人”，不仅要超越“偶像”，也要超越自我的率性，同化于“生成”，体现出一种宽容、对物我两方不即不离甚至宁静的风度。这些表述，如何与那些结论兼容呢？尼采的“查拉图斯图拉”两面作战，一方面反对“隐士”，一方面反对“市场中的群众”。他也曾很明确地指出，他要根本地抛弃柏拉图式的二元对立，即既不抬高“真理”，也不抬高“现象”（因为在二元对立中，两者都僵化了），而是要在超越中再构真实。[①] 这些，如何能不考虑呢？就狭义的艺术论而言，尼采对他深受影响的两位作家：叔本华与瓦格纳都进行了批判。他批判叔本华的禁欲主义、静观的“模仿”，又批判瓦格纳宣泄的“浪漫主义”，这些，又怎能忽视呢？如能考虑到这些，那么，它们必将迫使读者在第一种“反过来”——把过去被贬低的抬高——之后，再做第二种“反过来”，把二元对立的东西全部抛弃，进入一种更高的境界。

但是，有没有一种解读，它能理解二次颠倒，也充分肯定最高的轻柔境界，但却仍然说尼采是唯意志论者、形而上学者呢？这种解读是有的，那就是海德格尔的解读。

海德格尔写了（含授课笔记）1200 页关于尼采的阐释，在海氏对多位思想家的阐释中，位居首位。这样一个哲学家，做了那么多工作，体现了上述那种特点，暗示一次很不寻常的相遇，意味必定深长。

---

① 参见《偶像的黄昏》中“‘真正的世界’如何终于变成了寓言”的第六个步骤。

海德格尔大量阐释尼采的理由是：尼采不仅仅是“诗人哲学家”，也不仅仅是“人生哲学家”，而是在对“哲学根本问题”进行思考，“尼采在形而上学的意义上，也就是考虑到作为存在者整体的存在是如何被决定的。如何与人相关的意义上，思考在‘伦理学’和‘心理学’标题下的每一件事”。[①]

在这个意义上思考尼采，海德格尔多处对尼采做了积极的解释，在《尼采：作为艺术的权力意志》中，他详尽地把“权力意志”解释为对自身超越（第十章）；点明尼采艺术论的存在论意义，揭示其“艺术”中日神与酒神的二元对立与统一（第十四章）；在《什么唤思？》中，他又指出：“超人在他的决断中更贫白、简单，更柔和、坚忍、镇定，更宽和与舒缓；在他的言辞中更加简约。”[②]完全“不同于传统的人”，与他所瞩目的拥有向存在回溯、感谢的“思”的人甚为接近。[③]

海德格尔对尼采的赞同，还体现在他自己理论与尼采理论的相似性，主要在这几方面：

1. 海德格尔对尼采进行大量阐释的阶段，与他自己从传统思维模式过渡到大量关注艺术、诗的阶段相同。而且，海德格尔对艺术的提倡，正如尼采出于反对不知“反过来看”的“求真意志”一样，也是出于对身在“存在的命运”之“座架”方向而不知、无法回溯的“技术”进行拯救。[④] 又正如尼采认为艺术——权力意志是“真理”的“本身”，海德格

①②③ *What Is Called Thinking?*. trans. by J. Glenn Gray. Harper & Row, 1968：89，70，35.

④ 《关于技术问题》，见 *The Question Concerning Technology and Other Essays*. trans. by William Lovitt. Harper & Row，1977：27，35.

尔也认为，艺术是技术的“本质”。[①] 艺术有助于使技术回到自己的“本质”而获得“拯救”的“转折”。[②]

2. 对艺术的理解，尽管两人有强调艺术家（尼采）与强调作品（海德格尔）的不同，但在基本问题上，两人有大量的共同点。在《艺术作品的本源》中，海德格尔认为，一件艺术品，敞开了“存在”，即其存在的根据，并体现“大地”与“世界”这对立又统一的二元的交流。[③] 这些看法，与尼采艺术论中讲求在形象的完满中体现超越形象的东西，从而达到一种二元交流的模式也是一致的。

3. 在对世界也即万物存在模式的表述中，海德格尔说它是一种基于“物”之上的诸种生成要素的“投射游戏的圆舞”，这种模式与尼采在《查拉图斯图拉如是说》讲的“超人”模式惊人相似。

4. 在《论人道主义的信》等著作中，海德格尔说，人是一种被抛弃的存在者，向来“在世界之中”，与万物“共在”，在这种处境中，人往往会忘记自己的被抛，忘记自己作为一个存在者的根源——存在，从而把存在通过人的“筹划”而产生的意义当作“实体”，并且也在相似的“忘在”方式中设立自己为主体。这种人性，不能体认到自身在被抛中也作为存在传输自己的通道，从而“掩蔽”了存在。基于此，海德格尔认为，一切就人而论人的“人道主义”“不是以一种形而上学为基础，就是本身即为一种形而上学的根据”，它恰恰忘记人的本性要比这种看

---

① 《关于技术问题》，见 *The Question Concerning Technology and Other Essays*. trans. by William Lovitt. Harper & Row，1977：35.

② 参见《转折》，见 *The Question Concerning Technology and Other Essays*. trans. by William Lovitt. Harper & Row，1977：42.

③ 《艺术作品的本源》，见 *Poetry，Language，Thought*. trans. by Albert Hofstadter. Harper & Row，1975：41.

法“更多一些”,即应作为“此在”去敞开存在。他说他提倡另一种对人的看法,并认为它是“反对所有以前有的人道主义”的。尽管他自己并没有在意他的论点是否亦可称为“人道主义”,但他却因此成了“反人道主义”思潮中一个中心人物。在这点上,海德格尔与尼采的“超人”以及要求“超人”的理由,是很相近的。

二、抛弃二元对立是对的吗?

不过,尽管有此种种赞同与契合,在对尼采的直接解读中,海德格尔也多次表现出批判的态度,最根本的是在思想的基本结构上,他反对尼采的激进一元论。

海德格尔承认,尼采是反形而上学的,但他的“虚无主义”仍是一种形而上学,导致这一点的根本问题,出在尼采“权力意志”的结构上。海德格尔说:“无论他对形而上学的一切颠倒与重估,尼采都还在形而上学传统打不破的线索中,因为他把那在为自我保存的权力意志中建立与固定的东西简单地称为存在。”[①]不过,在尼采的思想中,“西方形而上学在某种意味上失却了自己的本质可能性,其他形而上学的可能性不能再发现了”。在此意义上,尼采是形而上学的“终结者”。[②]

在《尼采之言:上帝已死》这篇长文中,海德格尔详尽地阐述了“权力意志”的问题。他说,尼采洞见了传统形而上学中“超感性世界”——“真理”(即“上帝”)的虚假,也发现了其二元对立中感性世界

①② 《尼采之言:上帝已死》,见 *The Question Concerning Technology and Other Essays*. trans. by William Lovitt. Harper & Row,1977:84,53.

的僵化与消亡。正是这样，他对它们做了虚无主义的颠倒。海氏指出，尼采的颠倒确实不是将它们做位置的翻转，而是更进了一步，把整个二元对立的框架抛弃了，建立了一个一元的真实——权力意志。但是，海德格尔尖锐地指出，反形而上学把其二元对立的两端都抛弃固然深刻，然而，仅仅为了反形而上学，因其有二元性而翻为一元，却是不对的，因为这表示这种反对，仍是把自己放在与其相对的位置上，根本没有洞察形而上学的本质。[①] 例如，形而上学的二元框架，它之所以产生，根据何在？它在它的根据中是有其理由的，这种理由，虽不能支持传统形而上学的"真理"，但却未必表示二元框架可以全部抛弃，未必表示可以否认"上帝"。关于这一点，海德格尔虽未明言，但结合他整体哲学来看，却正是他发展尼采与形而上学的深意。

当然，对于这二元框架，尼采也不是没有加以考虑，尼采也看到了二元框架起于权力意志自我保护的本能，也就是说，权力意志要自我保护，需要这种异己的、否定自己的东西。那么，为什么自我保护必然与一种自我否定结合在一起，这种否定究竟来自何处，其分量如何？尼采的看法是它来自意志的价值设定，也就是说，异己的东西是来于自己的。既然如此，那么异己的东西是可以取消的。尼采正是这样把"真理"（"上帝"）废黜了，建立了囊括一切的权力意志。对于这一点，海德格尔并未表示意见，只是继续沿着尼采的逻辑前行。他阐述道，当"真理"变成"价值"为意志所能解释之后，它还在意志中留下了自己的影子，即尼采认为"权力意志"有一种"保存"的本能；但是，由于尼采

---

① 《尼采之言：上帝已死》，见 *The Question Concerning Technology and Other Essays*. trans. by William Lovitt. Harper & Row，1977：61.

认为，生命必须在不断增强中才能得到真正的保存，故生命还有“提高”的本能，生命是保存与提高的“综合产物”。

不过，这种“综合”进一步被纯化。因为尼采曾揭示过，意志乃是做主人的意愿，是命令，它不是对某种东西的简单追求，故而，“保存”本能就服务于“提高”本能。这时一个问题出现了：当一切异己的成分都被自身同化后，意志的提高又向着什么呢？海氏说：

> 意志所意愿的，不是它尚未有的东西，意志所意愿的，是它已有的东西。因为意志意愿它的意志。它的意志就是它所意愿的东西，意志意愿自身……意志在走出自身时又把自己置于自身之下。[①]

这样，海德格尔得到结论：原来尼采的权力意志，最终还是形而上学所要确立的主体，那个自我证明的“意志意志(will to will)”。[②]在另文中海德格尔说，“当尼采认识到存在者原初的存在是权力意志时”，他想的是与谢林的自由意志，莱布尼茨的单子，康德、费希特的理性，黑格尔的绝对精神以及叔本华的意志等相同的东西。[③] 尼采的超人虽然是对“报复”的解脱，但其实是“报复的最极端精神化的精神”。[④]也就是说，设置对立物是主体保存自己，“报复”时间的本能，当主体发现，那些设置其实是自己设置出来的一种“报复”后，主体就取消了这

---

①② 《尼采之言：上帝已死》，见 *The Question Concerning Technology and Other Essays*. trans. by William Lovitt. Harper & Row，1977：77，80.

③④ 《谁是尼采的查拉图斯特拉?》，见 *The New Nietzsche*. ed. by D. B. Allison. Dell Publishing，1977：72，76.

种设置。主体在这样做以后，就认为自己已经超越"报复"了。但海德格尔的分析是，主体虽然取消了设置，但没有取消自己。设置是为了自己而设置的，最大的根源都是主体自己，如果主体自己没有变化，那么，取消设置不过是从防御转向了进攻，因此，"报复"并没有被超越，相反，"报复"被强化了，虽然它改变了"报复"的表面意识，但却更深地被潜意识所控制。于是，尼采从反对"报复"而陷进了更深更强的"报复"。

除了把尼采各种原则的形而上学本质都推导出来，从而展示尼采最终将走到自己的反面，海德格尔还指出，由于尼采对形而上学的颠倒是抛弃了二元性的颠倒，从一开始就走进了迷宫，他没有走到形而上学的反面，而仅仅是走到了形而上学的"非本质"上。形而上学无论对错，还有意义，而尼采，则是卷入了一种"无意义的"、"混乱的"、"自我迷惑的"、"既非—又非"的状态中去了。[①] 所以，尽管尼采取消形而上学的"存在"即"上帝"，要寻找真正的存在，但由于这存在成了自我缠绕的"迷雾"，所以，最终他在各种方向上"把存在完全除掉了"。[②]

海德格尔的这种批判，理由是很充足的，论据来自尼采，推论也合理，从此意义上说是可信的。但是，从另一种角度来看是不可接受的。因为他得出的结论，和尼采屡屡强调的结论是相反的；而且，海德格尔自己也常自相矛盾地对待尼采，如《什么唤思?》对尼采的赞美与上述对尼采的批判等，这些状况使这种批判显得扑朔迷离，使人难以找到海德格尔与尼采真正不同的地方与发生冲突的战场，其中深意也因而

---

①② 《尼采之言：上帝已死》，见 *The Question Concerning Technology and Other Essays*. trans. by William Lovitt. Harper & Row，1977：53，108.

被人忽视。

出现这种情况的原因在于双方。海德格尔解读尼采，有一个重要原则，就是认为尼采的全部思想并未在他已出版的著作中说出来。[①]而海德格尔本人，按照他在《什么唤思?》中的说法，是专门注重别人说而"未说"的东西的。所以，批判尼采，说出一些尼采未说出或与已说出的相反的东西，这个动机，促使海德格尔在尼采的一些材料的基础上充分进行推论。

海德格尔推论的合理性，让人们看到了尼采这方面的问题，那就是，尼采一定有一些不周全的地方，导致了海德格尔的乘虚而入。

那么，尼采的问题出在何处？海德格尔在批判后自己又做了什么(他一定做了些什么，因为他说过，出版对尼采的阐释，是要"间接地展示我曾走过的那条思想之路")?[②]理解这两个问题，不仅有助于把握两位思想家的思想，更可显示出两人之间的差别在何种程度上显示出递接层次。

三、走向存在之中的诗与思的重圆

但是，上面两个问题，海德格尔没有直接回答。要获取海氏"未说"的东西，只有将海氏思想与尼采相比较，找出海氏在何处开始偏离尼采才行。

从整体上说，海德格尔的"存在"与尼采的"永恒复返"是相通的，它们都是对日常世界中的"真理""反过来看"并作为"真理"的"本身"

---

①② *Nietzsche Vol*. 1 *The Will to Power*. trans. by David Farrell Krell. Routledge，1981：8，9.

与“根据”的东西。两位思想家都重点论述了存在是如何与“真理”相关的问题。海德格尔在《论真理的本质》中说,“真理”现象,可以理解为物的出现,或物在其“开展之域”的生成。对此生成,人是实现者,经历了否定式的即“被占有”、“被开放”的过程。[①] 在此,海德格尔与尼采模式还是一致的。尼采在此后的发展是:人之被否定是被“价值”——“真理”的否定,当人发现“真理”不过是人的否定性产物时,那么——此处尼采运用了一个非常奇妙的转折 ——对于人的非否定来说,“真理”是应该被否定的,“真理”不过是人的自我折磨,只要人反过来,不再“怨恨”,那么“真理”就被克服了。

海德格尔在此却表现了不同,他强调“真理”与他们共同追求的真实的曲折关系。他认为,人之被占据,从表面上看是被作为“真理”的物的占据,但更深刻的,是被一种“前给予”的东西占据。“真理”的可能,“只有这一前给予已经自由地进入了为被展开的东西(按:即真理)的开展之域(按:即人)中才行”。[②] 于是,虽然“真理”与人的开展相关,但真理的“本质”出现的根据,不是系于人,而是使人与之相关。面对这种根据,人不可以如尼采所说做一个轻巧的转折(即对否定的反向肯定)就可摆脱,相反,海德格尔认为,人的这种否定性的直接认定,虽在某个角度上展示了“病态”,但摆脱它却非直接反向翻转,把二元结构翻为一元结构,而在这否定性中,能够见到否定者的更深、更曲折的意蕴,必须在自己自由的直接肯定中发现不可被否定的否定性。所以,就人而言,它的本态“自由”始终包含着否定,这种否定来自更深

---

①② 《真理的本质》,见 *Basic Writtings*. ed. by David Farrell Kreil. Harper & Row,1977: 122—125,125.

处，并且结构着人的本性(因为世间不可避免要有“真理”现象，从真理由人导出而言，真理现象是人的本性)。在此，我们看到，正是这里，海德格尔与尼采产生了最直接、最集中的对立。

如是，既自我肯定、又自我否定的人所面对的，是两个方向。一个面向世间代表“真理”的东西，一个面向给出“真理”的东西。海德格尔认为，在这种状况下的人，就不再仅仅在与物的衡量中确定自己为主体。而是在两个方向上，确定自己既是主体又不是主体，在这种人关系到了更深的根据的情况下，人是“此在”。

在这里，我们发现，海德格尔与尼采最大的差别，就是海氏认为有一种相对的东西，不可分离，又不可对任何一方进行否定与虚无。而尼采却在这个关键处，轻巧而又含糊地把自我的否定方面视为自我的病态而否定掉了，尼采这个否定是有问题的，对于此，我们可以问：如果“真理”仅源自意志的病态，且意志本态充盈，包括一切，那么，意志为何要病呢？在揭示病的发生时，尼采不也将意志置于一个异己的强者之前吗？固然，尼采在讲超人时，也曾提到意志放弃“怨恨”，对时间开放，这表明尼采也认识到了这个问题。但是，尼采确实在自己的理论中没有对自我肯定、自我否定、自我开放——特别是对自我否定与自我开放的关系做过阐明。故而，可以说尼采的理论在根本处正如前述海氏所言，是有一含混的，这种含混，客观上容许了反向结果的可能。尽管尼采在主要结论上能始终把握一种正确的洞察：例如其“超人”作为一在万物中舞蹈的舞者、艺术是形象与形象之超越的结合等，必然不可能从单纯的同一性推出；而必然来自与海德格尔相类的洞察。但这种洞察，由于没有有意识地涤除其中可能含混的陷阱，只能说来自不充足的直觉。这些，正是尼采理论中“未说”的东西，海德格尔通过反向推导，把它暴露了出来。

通过这一点，我们可以理解海德格尔在哪些方面、何种程度上将自己与尼采区别开来。两位思想家最大的区别，就是一位把握住了差异虽共处一体，却不可消除；而另一位对此却比较随意，没有见及此问题的重要性，并且，似乎是由于对一种“病态”的焦虑，过多地强调了意志的“增长”，更加促使了自己理论的反向倾向。

在上述基础上，海德格尔离开了尼采。众所周知，正是通过对人——“此在”本质中自我超越(即从自我否定中洞见到的)的推演，海氏提出了“存在”。在这种关系下的“存在”，不再是传统形而上学那样完全超越于人，在世界之外再造一个原则的世界，也不是像尼采那样认为的同化于意志从而产生完全否定二元结构，宣称“上帝已死”的结果。它是既超越又内在于人的，正是这种性质的“存在”，使海德格尔在《存在与时间》中讲到“死”，在晚期多篇论文中提到“神”，也正是它，使他在1966年接受《明镜》周刊记者采访时提出一个“上帝”，在那里，他说:“我们不能把他(上帝)想到这里来，我们至多只能做期望的准备。”此言之意，正是点明这种关系。

存在既内在于人，又超越于人，换个角度，也可说人内在于存在，又外在于存在。海德格尔的整体哲学就是从这个角度建立起来的。他把人定名为是存在“抛”出的，这种抛出，不是完全抛离，而是既离开又有内在联系。抛，意味着人有背离存在的危险，如“技术”；而内在关系，一种内在“牵引”即“技术的本质”，又为这种背离提供了救渡。这个意见，和他超越“人道主义”的意见是一致的，也和尼采的“超人”相契合，不过，尼采的“超人”虽和海德格尔的理想有相似的结构，却有一种含糊的自我同一的起点；海德格尔则强调自我中的差异与悖论，虽也同意在某种状态，如“思”与“艺术”中，通过一种“出窍”状态，可以自我救渡，但他也认为，这种救渡可以表现为一种“上帝”的“救渡”。

海德格尔明确指出，这种既内在又外在的模式，正是“存在”的模式，它就是“差异与同一”、“亲密的区分”，在“亲密的区分”中，必然会有背离与被拯救的维度，海氏称之为“存在的天命”。

这样，海德格尔与尼采许多共同之处与差别之处的内涵也就显示出来。在《艺术品的起源》中，在“世界”与“大地”的关系上，海德格尔着重提到了这种互相属于又互相区别的性质，而尼采日神与酒神的合一，却多少有些含糊之处（在《悲剧的诞生》前半部，有偏于酒神的倾向）；海氏“转让的圆舞”也是在这种关系的强调中得到的，而尼采的“舞者”，却是直接的述论，没有建立在严密的推证之上。

海德格尔与尼采艺术论上的不同，正是建基于对自我关系中是否有同一与差异的问题之上的。它表现在两个方面：

第一，海德格尔在艺术上强调作品，而不强调艺术家，尼采则反之。海氏说：“只有通过创造，在创造中，作品被实现，但是因为如此，创造的本质就依赖于作品的本质，所以它只能从作品的存在中得以把握。”①“艺术家比起作品来是无足轻重的，艺术家在为了作品出现的创造过程中，破坏自身而成为一通道。”②海德格尔虽没有轻视“创造”活动，但显然，他强调它的自我否定性，以防单纯的自我同一。

---

① *Nietzsche Vol.* 1 *The Will to Power*. trans. by David Farrell Krell. Routledge, 1981: 115.

② 《艺术作品的本源》，见 *Poetry*, *Language*, *Thought*. trans. by Albert Hofstadter. Harper & Row, 1975: 40.

第二，诗与思的对话是海德格尔与尼采在整体艺术论上最不同的地方。比起尼采的唯艺术论或艺术一元论，海德格尔强调艺术与真理互相属于，又互相区分。从艺术的角度来看，海氏在《艺术作品的本源》中说，艺术品在自身把整个世界展示出来时，并没有失去自身，相反，它也有了“在自身中的居住”，即有了自己的“真理”。[①]他指出，在艺术中，“特殊存在者在它的存在中的揭示，有真理的发生”。[②]海德格尔在此无非是强调：一方面，艺术和真实是共通的，这点尼采也认可；另一方面，艺术在展示作品所昭示的存在时，作品并没有被虚化，相反其自身的有限性特点更加鲜明了，而这关系，正是表明艺术虽在某种意义上能揭示真理(互相属于)，但却在某一种意义上，却不可完全取消真理的维度。关于艺术品中的这个特点，尼采其实也是认可的。并且，这种认可，就为海德格尔牢牢抓住，认为以此为起点，可以从中推出“权力意志”中所涵矛盾。[③] 但是，依海德格尔从“意志”起点的推导，在尼采那儿，作品却有作为“价值”而被虚化的可能。

于是，在艺术与真理的关系问题上，他反对尼采的艺术高于真理，认为在尼采的论述中“真理”没有被充分认识，他说：“我们必须追问尼采在关于艺术与真理关系的论述中，‘真理’这个词是沿着意义的哪条道路行进的。这意味着……在关于真实之物的本质上，尼采还没有触及真理本身的问题。”[④]这个批评显然对应着本文上述的论析：尼采在艺术问题上，没有考虑艺术中存在的二元结构意味着什么，从而导致

---

①② 《艺术作品的本源》，见 *Poetry, Language, Thought*. trans. by Albert Hofstadter. Harper & Row, 1975：34，38.

③④ *Nietzsche Vol.* 1 *The Will to Power*. trans. by David Farrell Krell. Routledge，1981：98，150.

了对从另一个起点得出反向结论推导的忽略；而在真理问题上，又只看到真理的价值性，没有见及真理的本质中有人所不可控制但又内含于人自身之中的超越性，也就是根本上割裂了“真理”与真实的关系，在追求真实中，把曲折地含有真实的“真理”问题，完全当作传统形而上学的虚设而抛弃了。这样，当一方面艺术中的二元结构的意义没有充分体认，另一方面“真理”问题仅见到其单一维度的时候，尼采通过“艺术”与“真理问题”所要追求的真实即“权力意志”，就会发生问题。

基于这种未曾言明的考虑，海德格尔强调思与诗的差异与同一。在提到艺术是形象与形象的超越性的结合后，他说：

> 艺术为了使真实（生机）成为真实，它必须：一方面将自己置于限定的境域中，因而停留在真理的幻象中；另一方面，为了使真实保持为真实，它同时必须通过超越自己，在艺术之光亮中超越自己而把自己理想化——这意味着又必须向真理前进。真理和艺术在起源上同属于实在的本质，它们必定相互分离又相互遭遇……艺术与真理对实在是同样必需。它们作为同样必需的东西而处于分离之中。①

作为艺术领域的代称“诗”与真理领域的“思”，也就有这种关系：“这里有一个本质要点……诗与思，当且仅当它们在它们的本性区别

---

① *Nietzsche Vol*. 1 *The Will to Power*. trans. by David Farrell Krell. Routledge, 1981: 150.

中坚持区别，它们能在一个一和同中相遇。”[①]

对于这种思与诗的关系，海德格尔常常将它们放在“存在”的基础上来解说，称之为在存在基础上的思、诗关系。从“存在”与人的那种关系来看，这种解说是可以理解的；但是，也正是因为“存在”与人的这种关系，我们也可直接在思、诗问题上理解它，因为“诗”与“思”作为人能体会到差异与同一的“出窍”状态，已经把“存在”——那种在自己之中超越自己的维度——包容其中了。

总之，海德格尔与尼采的相异，在思想结构上，表现为海氏是一个准二元结构“亲密的区分”，而尼采，则是一个内有含混的意志一元结构。艺术论上，尼采讲艺术高于真理，艺术唯一；而海德格尔则在“存在”的背景下讲两者的差异与同一。应该说，海德格尔通过对尼采某种维度的极端推演，证明了自身理论比尼采更充分，并且在这种充分的基础上，有意识地递进了一步。

值得补充的一点余话是，20 世纪中后期，后结构主义或后现代主义者，对海德格尔也做了如他对尼采那样既接受又批判、却又没有明言自己接受在何处、批判在何处相类似的解读，例如弗朗索瓦·利奥塔，他一方面说海德格尔是形而上学，讲求“元叙事”；另一方面，在反形而上学中也强调一种“终极意义”的不可迷失。显然，后一方面是同于海德格尔的，但讲海氏追求“元叙事”，根据何在呢？根据是海氏的“纳粹”经历，这种经历证明了海氏在理解现象与终极意义时一定出了问题。这

---

① 《人诗意地居住》，见 *Poetry, Language, Thought*. trans. by Albert Hofstadter. Harper & Row, 1975: 216.

种问题出在哪里？它对反形而上学、理解人性与艺术正确道路又提供了什么参考呢？后面这些思想家又在与海氏的对照中如何在艺术等问题上进行递进呢？这是非常有意义的课题。尤其有意思的是，这些思想家大多有赞赏尼采哲学的思想背景，它又为深度理解海德格尔与尼采的对话提供了参考。

第五章　美与真:艺术品的本源

第一节 美与真的融合

尼采关于艺术的最核心的、也是最惊世骇俗的说法是:“艺术比真理更有价值。”这是他对自己的艺术——权力意志论的总结性论断。这个论断把海德格尔引入了自身理论的核心问题,对于他来说,就是:什么是真理的本质?什么是艺术—艺术现象:作品与艺术家的本质?将两者比较对两者分别产生什么影响?影响的结果如何?对这些问题的解答即为海德格尔艺术思想的基石。

首先,海德格尔解释说,因为艺术、真理,在尼采处与传统上分别是关于存在者的存在的定义。于是,所谓艺术比真理更有价值,也就是指艺术比真理更好地定义了存在者的存在,即真实的存在者、在自身之中的存在者。

其次,海德格尔指出,尼采此处是针对西方形而上学的奠基理论柏拉图主义而发的,柏拉图主义认为真实的存在者是超感性(超越个别显象)的东西,而尼采将之颠倒,认为感性比超感性更真实,更能给存在者以自身性。

显然,为了解决这个问题(这不仅是对尼采的阐释的需要,更是海氏自身理论发展的需要),则要对真理在有与艺术相似的可能性维度上进行展开,并与艺术比较。海德格尔关于这方面的论述主要有两部分。一部分在尼采的阐释中,通过再一次论述真理,解释柏拉图,与尼采的观点进行比较来解决之。这部分基本上用的是传统理论语词,在传统的理论结构中寻找突破；另一部分则是“艺术作品的本源”，他以自己的语词，再一次论述真理及其与艺术的关系。本节对第一部分进行介绍分析。

一、一与多的关系

首先，海德格尔要对“真理”进一步展开，此处的展开指的是将自己的认识与传统真理理论中核心的“一多关系”结合起来。

海德格尔指出，“真”有几重意义，首先它指判断的真；其次它指使判断真的真实的事物；再次它指使真实事物成其所是(即在自身之中)的东西，传统上视之为“本质”，即真实的东西的本质。

从前面我们关于海氏的生存与真理的阐述中，我们已看到，他的一般真理理论已解决了这些问题，但尚未很明确地与“一多关系”结合起来。如上述三层中，第一层与第二层有一多关系，第二层与第三层亦有。当然，关于第一层与第二层的关系，早在对康德的阐释中，海氏就指出，这两层其实是一，总合为“现象”。对象总是判断行为产生的，判断把显象(表象)自身有所拘束的联合整理为显象对“对象”的指向。综之，显象与对象包含在一有所约束地联合的显象现象中。如果这样，则第三层当有解决这现象的可能性。海德格尔曾指出它就是“境域打开”、“出窍”、“解蔽”，或干脆就是“存在”，等等。

当然，传统上未有海氏这种新的整合，它仍分三层，层层一多对应，这集中表现在柏拉图的理论中。海氏现在要对此提出疑问。

他说：使判断真实的真实的东西是什么？显然是真实的东西要符

合真实才成为真实的东西。换句话说，一个在自己本质中的东西要在本质中才能如此（海德格尔在此已将真理与本质合一）。可以说，这最后的根据可称为“真理”或“本质”，也就是一般真理（个别真实事物）的本质（或真理），或者一般本质（个别本质事物）的真理（或本质），即真理的真理、本质的本质（或真理的本质、本质的真理），海氏在《真理的本质》中对此有涉，惜乎没有展开。这四种表达其实是指一种东西，即解决显象在综合运动中的这个现象的可能性。

于是，海德格尔指出，这样真理（或本质）至少有两个层面上的含糊（撇开判断层面不算），一是个别真实之物；一是个别真实之物的真实的真实性，即真实的本质。他说后者：“被认为是真实的本质的东西，只有一个。”[①]而前者，可以有很多。于是有了“一与多”的问题，他说，“真理”一词本身就有这“一与多”的含糊。他进一步指出，这“一多”的歧义性是由于我们的言说而造成的，他解释说：

> 因为我们言说，这意味着把我们自身通过言说而引向各种存在者，而言说又是依据各种存在者同时回指它们而言说，在此我们主要指各种存在者自身。存在者总是这种或那种个别或特殊的存在者，同时它又是这样一个存在者，即它有这样一个种（genus）和属（species），这样一个本质，如这房子有本质和作为属的“房子”。[②]

①② *Nietzsche Vol*. 1 *The Will to Power*. trans. by David Farrell Krell. Routledge，1981：145，146.

把“一多”的区别原因引向言说，这是后期语言思想的预兆。

海德格尔把这种“一与多”的关系进而表述为：“当我们意指真实的某物时，我们当然理解伴随着的真理的本质。”海氏此处很谨慎地用了一个“伴随”，一方面是承认“真理”可在某种意义上分为两层，另一方面却暗示着，两种层次上的真理之间的关系是微妙的。这个说法，比柏拉图的“分有”好（当然，柏拉图用此词本义如何，仍需要哲学史研究对之进行阐释，不过就它的影响，即一般理解来说，却是很平板与抽象的一多并立对应）。海氏指出，真正的真理是唯一的，就是说，使各种真实之物的真实成为可能的东西是唯一的，它才是本质，个别事物不是“本质”本身，但一切存在者如果要成为自身，都要和它有所关系，但是，“本质的名称不可避免地滑入到我们对那种分有（participate in）了本质的物的命名中去”。[①] 此话的意思即是，我们的“命名”行为，使“本质”与某种东西结合起来，形成了一个有本质的物。

这个看起来似乎有些不经心的话，却包含了很重要的洞见。“命名”行为具有了本体论上的意义，即成了由唯一的本质到个别存在者生成的途径。“命名”结合了物、凝聚了物，使本质进入物（这物，在本质尚未进入时，不过是各种显象而已）。其实，这里讲的是海德格尔语言观的基本论点，语言即是命名行为，“词”就是物。也就是说，语言、命名行为就是生成，就是人的生存，就是此在，就是一种“解蔽”，就是逻各斯，就是一个显象有所拘束地联结的整体的原初现象。在这一个过程中，有了两端：存在（唯一的本质）与存在者（个别的真实之物）。所谓“唯一的”，是就这个表达在人们的语言中，所常隐示的某个东西

---

① *Nietzsche Vol. 1 The Will to Power*. trans. by David Farrell Krell. Routledge, 1981: 146.

来说，它绝不是海德格尔所承认可以独立存在的，正如“存在”要在“对存在的理解”中得到定位一样，这“唯一的”真理、本质也当在这个过程中得到定位。当然，这个过程因为牵涉到真理、本质，可视为真理的过程、本质的过程。就它是人的参与来说，是人的生存，是时间性自身；就它关乎世界存在者来说，它是“境域的打开”。

如是，海德格尔绝不承认一与多的对立，也不承认这个“一”是一个普遍的、永恒的某个东西。他说，因为这个“一”伴随着一切存在者的生成，所以常被当作可以适用于很多东西的“普遍有效者”。他指出，这样做容易导致一个绝对的、不变的、超越时间的东西。[①]

在这里，我们要再次约略说说时间性问题。海德格尔从来就认为，时间性本身涵盖一切，它就是显象有所约束的现象整体。在这个现象中，显象相对于约束来说，总落在约束后面，是“过去”；反之，约束之统一、所指，则成为“将来”；总体现象就是一个“在现”。这不是用已有的“时间”去比附这一现象，而是反之，人就是在这样的现象中认识“时间”的，也因此认识到自身的本质是“时间性”（正如康德讲时间是“内感”，最切近的自我感受）。在这样的现象中，一般认识论不明白显象与约束的关系，设立了一个“对象”概念，这就把过去与将来在简单的形式上糅合起来，成了一个“现在”（在生活中，又有谁曾把握住过“现在”？）。它成了逻辑、科学的对象。又由于“现在”，这一糅合过去、将来者，仍要有所指（因为“现在”解决不了显象进行结合运动的最终根据），所以又设立了一个以“现在”为对应的完全超越时间的东西——永恒者。海德格尔认为，真正的根据就是这“显象综合”的现象

① *Nietzsche Vol*. 1 *The Will to Power*. trans. by David Farrell Krell. Routledge，1981：147.

本身，这就是“事物本身”，就是整体时间性（自身）。当然，在这整体现象中的人，很难认识到这一点，虽然感受到它，又不能看见它，正如人在大地上，却只能看见大地上的物一样。这个基础，离我们最亲近（我们向来总已……），但又离我们最远（除非我们把所有存在物都拥有了，把握了存在者整体）。

话接前文，这个设立为永恒的“一”，常常被作为与多并立者。其实在对康德的解释中，我们已知，这个可以应用于多的“一”，不过是概念而已，不是真正的根据。如果要恢复这一与多的原初关系，海氏以为，只能改变传统的一与多的关系模式。看海德格尔这段话：

> 就许多真实陈述的特殊“例子”来看，真理的本质是那在其中多能有所呼应的东西。这在其中多能呼应的本质，必须对它们是一与同。但从这无法得到在自身中的本质是不变的结论。因为，假如真理的本质确实是变动的，而这变的东西又能总是一为着“多”的“一”，则这种转换就不会破坏这种关系。但在变形（按：即成为，“多”的变形）中被保存的东西正是在本质中不变的东西，它正是在它的转换中揭示自己……后者与那一成不变的空洞的自我同一有着尖锐的对立。①

在这样的关系转变中，一与多融合了，融合进了一种转换、传送、变形中（这正是后期的浑成、圆舞概念中的传送的意义）。一是变，又

① *Nietzsche Vol. 1 The Will to Power*. trans. by David Farrell Krell. Routledge, 1981: 147—148.

是不变；一是同，又是不同；一在多中，又不在多中。看到这些，蓦然让人想起柏拉图的《巴门尼德斯篇》后半部分的8组推论。两者何其相像！后者常被视为玄妙深奥不可解，或视为一种思维训练。这何止是思维训练，它也许正是柏拉图后期存在思想之精髓！当然，它又是一种思维训练，如果思一人的生存正是由于存在到存在者的过程而存在，那么这不妨是一种思维训练，一种思的所有可能性(存在—生成的所有可能性)的展示。这是真正的辩证法，是柏拉图在《理想国》中所期以由一般认识飞跃至理性方式的辩证法。海德格尔也这样理解辩证法，dialogos，意即通过语言的、通过生成的，也就是生成的、存在的。

按照海德格尔的观点，一般认为真理在知识中，如果知识指那由逻辑组织起来的东西，则不对；如果知识指的是“通向存在者的道路”，那么不妨说真理在知识中。[①] 如果我们结合海德格尔关于“存在”的学说，那么可以说我们由知识而拥有真理，因为我们因此而使、让这道路敞开，自己成为这条路，保护着这条路。海德格尔常言，人是存在的守护者，我想，也可以换句话说，人是存在之路的养路工。

在这里，海德格尔在传统的“一多关系”上阐述了真理的本质。但是，由于一多关系的提出，使这么一个问题尖锐起来：如果真理是唯一的，而个别事物是多，是各个不同的，如房子和树不同，而房子和树又各因自己和真理发生关系而是其所是，那么，从一个“唯一”中，如何会生出不同来？房子和树的不同，怎么可能来自同一个“一”呢？这个问题其实是海德格尔整体真理观、存在观的一个大问题，但海德格尔自己却从未明显地意识到。

---

① *Nietzsche Vol.* 1 *The Will to Power*. trans. by David Farrell Krell. Routledge，1981：149.

房子和树就其实在性来说，似乎可以说来自一个实在本身，但两者在内容上终究不同。它们总应来自不同者，这个问题又如何解决?(这恐怕是柏拉图要设立很多理念的原因)。其实海德格尔的理论包含有对此问题的解答。首先，这个“一”的真理，从来就不是针对这不同的内容的，它指的是“解蔽”，即不同的事物的显现，它并没有把不同的事物熔铸在某一东西上，“解蔽”是无蔽后的神秘向真相大白的显现的“让”，神秘和不同存在者在内容上有什么关系，并不是“真理”所能干涉的(否则真理就不是“让”了)。关键是自然中不同的事物涌出来，“真理”只是“让”涌，并不决定应该涌什么，以及涌出来后又要以什么面目出现。海德格尔这个真理定位比传统高明，传统的真理观总是和存在者的不同形态结合在一起，既要关系到存在者的实在性，又要干涉存在者的形态，因此地位尴尬，结果也就将这两者杂糅为一个僵化的抽象物。海德格尔一方面定位真理为“解蔽”——“让”，避免了这一尴尬；一方面还可因此保持存在者的原生态，宣称形式就是内容、内容就是形式，解决传统真理观因上述定位导致的形式与内容的分离。

其次，真理的涌出，涌出的存在者以这样那样的形态出现，固有它神秘的根源，但它之所以叫“树”、“房子”，还和人的历史、社会本质相关。命名的必然性，来自神秘也来自历史，物一旦涌出，就处在人的历史所造成的延续中，处在人的社会所造成的意义关系网中，人打开境域让物涌出，打开的是已经在历史与社会中的网络。就“让”来说，这“网”应是不干涉的；就涌出的物必然是对于人的显现来说，这“网”又对涌出物起决定作用。可以说，存在就是进入历史、进入世界。海德格尔很强调历史与世界，应该从这方面理解。但由于海德格尔前期致力于在学理上破除传统认识论，后期又致力于阐发诗作，所以对此方面极少阐发，从这点看，这是他不如马克思的地方（马克思重点从历史与社会的必然性入手讲存在）。

这个问题还表现在海德格尔关于个人与他人的关系上。他一方面指出，人在世上，就是与他人共在（也即处于社会、历史中）；另一方面又反对公众舆论对个人本真性的剥夺，从个人上讲让在、讲存在。这看起来海氏更强调个人，似乎有了个人再有他人。正是这点，导致了有认为海德格尔是主观唯心主义的批判。但其实，海氏讲个人与讲他人在最核心处是不分先后的，正如他说整体与部分、一多互相融合一样，个人在超越向存在的理解中从来“同时”就走向世界中；其次，反公众舆论与伴他人共在并不冲突，前者属于非本真的沉沦方面，后者属于本真的让在方面。当然，海德格尔自己没有对此强调、展开，所以易给人误解，受此批判也是可以理解的。但我们要因此注意到的是，海德格尔思想与马克思的思想是有契合之处的。

二、模仿与三种生成

海德格尔在“一多关系”上再次讲述了真理后，就进入了对西方思想史上，尤其是在艺术、美学理论中影响最大的柏拉图的“模仿说”的阐释。

柏拉图的“模仿说”以及艺术离真理差两层的说法主要表现在他的《理想国》中，海德格尔主要集中对此阐释。

海德格尔指出，所谓“模仿”，并非是一般意义上理解的照着摹画。

首先，"模仿"是一切生产的根本特征，它来自柏拉图关于木匠制造床的描述。海氏阐释柏拉图说，木匠在制造床时，他并不能制造床的本身，他只是看着床的理念，把它导入（pro-duct）木头之中，从而制造出现实的床。海德格尔强调，在木匠的制造过程中，他绝不能制造理念，这体现出一切实践活动的界线。他的这个强调其实就是暗指人的实践受某种东西的引导（这让我们想起了在对康德的阐释中，人对道德律令的追求而有实践，而实践又统一人的整体）。海德格尔说，在制作中，"理念被指定给他，他必须服从它，故而，作为一个制造者，他已是一个复制或模仿者了。因而，根本没有什么纯粹的'实践者'，因为实践者自身必然地且从开始起总已经比自身更多。这就是柏拉图努力去获得的基本洞见"。[①]

在此，海德格尔其实把"制造"活动普泛化为"实践"，他指出，一切实践都是一种对超于自身者的行动，就这点来说，他总是"模仿者"，当然，他这种对"模仿"的解释和流行的解释不一样，不过确实深刻许多。

他指出，在《理想国》中，艺术家也是模仿者，他也从事一种制造—导出活动，但他所看而遵照的，却是现实中的床。柏拉图用镜子来比喻这种导出方式。

海德格尔强调，木匠与艺术家都是生产者，而且这生产本质上是一种导出（pro-duct），而导出本质上是导出显现。木匠制造床是让木头有了一个床的形状，它本质上是床的外观在木头上显现，艺术家则是让床的外观在镜面上显现：

---

① *Nietzsche Vol*. 1 *The Will to Power*. trans. by David Farrell Krell. Routledge，1981：175.

> 某种产品“是”，因为理念让它被如此看见，让它在它的外观中来到在现，让它“是”。只有在这个意义上产品自身才可说“存在着”。于是，制造和生产意味着把外部显象在其他东西中显示自身，在产品上“导出”外观，不是在制造它的意义上，而是在这个意义上出现在它之中，外观、存在，发出光芒。①

艺术家与木匠都是生产者，他们模仿理念，把理念导出在镜子上、木头上，使它在这不同的方式中显现。只有这样，艺术家与木匠之间才有可比性。

但问题马上出来了，理念与外观又是什么关系？产品以某种方式显现外观，它又是以理念的显现为外观，外观与理念似乎很有纠葛。

海德格尔指出，在柏拉图处，理念就是指存在者本身，它就是“纯粹外观”，也就是说，它不是外于“外观”者，但它又不随着产品的外观而分散为杂多。它是所有的外观本身：

> 这里理念(eidos)不指“概念”，而是指某物的外观。这个、那个物在它的外观中来到在现，而非在它的特殊体来到在现的……而来到在现意味着存在。因此，存在是在外观的确认中得以把握的。②

他总结道，外观是“如是性(whatness)”。③

---

①②③ *Nietzsche Vol*. 1 *The Will to Power*. trans. by David Farrell Krell. Routledge, 1981: 176, 172, 179.

海德格尔这里用一种复杂而含糊的表述叙说了这样一种关系：事物（产品）的存在在于它在它的纯粹外观（理念）中显现，它的显现又必然是外观式的显现，但它的外观式显现又不复使外观保持纯粹。就纯粹外观是最光亮的东西来说，产品的显现，如床，因为显现在木料上，就必然带来暗淡（按：即遮蔽）。

如果是这样，那么理念是那可无关显现之物吗？不是。海氏指出，柏拉图认为理念本身也显现，它有一种自身显现的方式，即不通过别的（木头、镜子）而自身显现的方式，唯其如此，它才保持它的纯粹性：

> "在自然中的"床（按：柏拉图的自然的，即是真实的、理念的）意味着那在纯粹存在中本质的东西，作为自身的表现，换句话说，是那通过自身而出现的东西，不同于那通过别的东西而被导出的……它是那导出自身，不需中介，通过自身，在它的纯粹外观中的东西。如此表现者是纯粹地、直接被看见的理念（eidos）。[①]

因为这样，可以说是神生产了它，神通过纯粹外观自身而导出纯粹外观（按：即是传统形而上学讲的无限知识）。

于是，海德格尔就指出三种生产方式：神的、工匠的、画家的。又称之为"自我同一者在不同方式中显示自身，自我显示的三种方式，故而是表现的三种方式，存在自身的三种变形（metamorphoses）"。[②]

---

①② *Nietzsche Vol. 1 The Will to Power*. trans. by David Farrell Krell. Routledge, 1981: 181, 182.

其中，神的方式是自然的，而“对柏拉图而言，自然（physis）仍意味着出现，正如它对希腊哲学的开端而原始地意味那样，一朵玫瑰开放那样出现，从自身展开自己、显示自己”。[①] 也就是说，纯粹外观就是出现本身，它包括出现过程与出现的外观。海德格尔说这种出现方式就是敞开，是真理、无蔽，是对自身不歪曲、不黯淡的自我显示。[②]而工匠的方式则虽是对纯粹外观有所黯淡，但是现实中的床总尚有同一之处，因此处于中间。而艺术家的方式呢？画家只能从某一角度来画桌子，在画中，床子只以一个方面出现。因此，艺术产品不是作为 idea（physis）的 eidos，而仅是 eidolon，即仅是纯粹外观的表面（semblance）。[③]

海德格尔的倾向已经很明显，他并没有在阐释中反对柏拉图把艺术置于等而下之、离存在遥远的地位，而是改造了柏拉图，把“艺术”这种方式放在“解蔽”的表面的地位。也就是说，“解蔽”、真理，最光辉的纯粹外观是最真实的，它包括显示的全体；而艺术也是显示的一部分，但却执着于表面，那“纯粹外观”的表面。注意此处要把纯粹外观理解为涌现本身，把艺术理解为涌现本身的表面，只有这样，才能理解海德格尔对柏拉图的改造。

海德格尔进而分析了“纯粹外观”的成因。纯粹外观当然是外观，而外观一般说来总是杂多的，显然在不同东西上，但为何又有一个纯粹的外观呢？关键在于“一”上，只有既认识到真实就体现在外观上，又认识到真实是有所统一的，才能产生所谓的“纯粹外观”。那么，这

---

①②③ *Nietzsche Vol*. 1 *The Will to Power*. trans. by David Farrell Krell. Routledge, 1981: 186, 182, 186.

“一”从何而来?“根据在于这个事实:即那知道表象的杂多到整一的上升的神……让这些存在者……‘以它们本质的整一与单一性而出现’。”原来仍是一个显象有所约束而联合的整体现象的问题。理念——纯粹外观来自对这一现象的整体把握,而艺术家则只看到单独的显象,却看不到它们的上升。关键是在对一个显现过程的把握上,一个把握了整体,一个却只看到一方面。对此,海德格尔又用创造活动来转换它,“对存在的解释的根据又回到了创造者的创造活动……的前提下”。[①] 这里,揭示了创造—显现—解蔽的展开这几个概念的关系。这也显出,海德格尔理解的“模仿”,作为制造,它指的就是这么一个过程(这个过程有三种方式),而且这几个概念的关系在讲艺术品的本源时很关键。

当然,海德格尔在对《理想国》的阐释中关注的是显现的解蔽(整体)与显现的遮蔽(表面)的区别,他没有去批判柏拉图的“纯粹外观”。其实,“纯粹外观”来自将外观依“统一”抽象而成,只要参考一下海德格尔论康德的图式部分,就可知这“一般显象”为何物,是否本真。

三、澄明:真就是美

海德格尔认为,《理想国》不能全面反映柏拉图关于艺术和美的思考,要考察这些,还应加上《会饮篇》《斐德诺篇》等。

不过,海氏指出,因柏拉图在《理想国》中否定了艺术,他在其他对话中就不讲艺术,而只讲美了。但海德格尔并不认为艺术与美没有关

---

① *Nietzsche Vol*. 1 *The Will to Power*. trans. by David Farrell Krell. Routledge, 1981: 184.

系，他在阐释《理想国》时关注的，其实并非艺术与真的关系，而是三种显现方式的问题，至于艺术是哪种显现方式，他自有看法，但他同意解蔽的自我显现是真理的方式。在《艺术品的本源》中，他就要揭示艺术也是这种显现方式。但在对柏拉图的阐释中，他把艺术暂放了一放，依照柏拉图的理路而讲美与真的同一。

首先，海德格尔同意柏拉图的真理是对存在者的存在的直接观照的说法，而且，他还强调了柏拉图在这个关系中人的位置的说法。

柏拉图认为，人因灵魂能"回忆"自身对理念（真理）的认识，从而能够认识个别存在者，并且，人才因此可以道德地、符合善地生存，且只有这样的生存才是人真正的生存方式，即成为人的所是。海德格尔在这方面与柏拉图发生了共鸣。他认为这其实是在人与存在、存在者的关系中谈真理，且在《斐德诺篇》中，也正是在人与存在、存在者的关系中谈美的。

他对柏拉图这种回忆—认识—生存的理论阐述道："人为了成为这个特殊的、个体的、活生生的人，他必定已经看见存在了…… 存在，与存在的通达关系，保证了人与存在者的关系。"[①]如果对存在的观照没有在一种基本的、最高的方式弥漫于生命中，则被称为人的生命形式将完全不可能。[②]这虽是对柏拉图的阐释，但简直是海德格尔自己的表述。海德格尔的基本思想形态正是认为生存就是对存在的先在理解，同时又是在世界之中伴物而在的；正因为有了对存在的理解，才有可能与存在者发生关系、发生真实的关系，而且这就是人的本质，所以

①② *Nietzsche Vol. 1 The Will to Power*. trans. by David Farrell Krell. Routledge，1981：192，193.

他会说形而上学（对存在的追求）是人的本质（当然从另一方面说，与物发生关系也是人的本质，不过海氏不欲强调，盖恐为人误解而执于物）。这里，我们不能不认为柏拉图对海德格尔有很深影响，因为在海氏以前，以这样结构、这样关系为特征的思想形态，柏拉图是最明显、最独特的，让人觉得他们之间有极大的承继关系，而且海氏后期的"回忆"说也只有来自柏拉图，他对技术的批判，也符合上一点他从柏拉图的艺术论中所挖掘到的东西。

海氏继续阐述道，柏拉图认为由于对存在的先在观察被放逐进身体，所以人就不再能在纯粹与直接的意义上把握存在了，只能在我们遇到的特殊存在者中追怀存在。但这种追怀是费力的，因为此时存在对他们保持"自我掩蔽（conceals itself）"。于是许多人放弃了对存在直接、纯粹观看的努力，而且是沉迷于那遭遇到的表面的东西："万物偶有的飘逝的显象"。但海德格尔指出，这显象仍是来自存在的，是它的"降临（fall）"。注意，此处海德格尔讲的，不正是上点所讲的艺术家所做的事吗？海氏接着指出："日常世界中的人的大多数越是沉迷于仅仅的显象（mere appearance）及关于存在者的流行意见，他们就越安然舒适地与它们相处，感觉到自己在它们中的巩固。"[①]这点正关系到海德格尔整体思想中对传统形而上学——技术的批判倾向。他前期批判"沉沦"，批判人在日常世界、流行意见中的沉沦；后期批判技术，包括批判意志论把外部存在者当作生存资料而巩固自己，其实是同一趋向，这组批判在上面这段话中正显出鲜明的同一性。由此可见，在上一点海德格尔发掘出的"艺术家"的方式，正是技术的方式，而海氏自

① *Nietzsche Vol.* 1 *The Will to Power*. trans. by David Farrell Krell. Routledge, 1981: 193.

己讲的艺术与之正相反对。当然，海德格尔也不否认他讲的艺术也会沉沦，比如“文学工业”。

继续这个主题。海德格尔称这种状态为存在向人掩蔽自身的状态，是人被“lethe”（此词按照海德格尔的思想，应当译成“遮蔽”）所战胜的状态。他说：“我们译此希腊词 lethe 为‘忘记’。”[①]这反映出与他《什么唤思？》中“忘记”、“回忆”主题中的关系。

但是，海德格尔说，也有少数人能在这显象中仍看到存在。而且，“只要人在他的对存在的观看中让自身被存在抓住，他就被带出了他自身，这样，他就被伸展在他自身与存在之间，外在于它自身”（如果我们在此引出本真的生存是通向存在的道路的话，这话是最好的证据）。于是，海德格尔有一个极合自身思想的总结：“对存在的观看是人的本质，唯此他才能作为人而在，此言只有我们认识到对存在的观看不是仅仅作为人的附属性质时才能被理解，它作为他最内在的属性而属于他。”[②]

既然这样，就应有使这通达成为可能的东西，这东西是什么呢？

因而需要对存在的观看的保护、恢复、不断的维护成为可能者。它只能是某种东西，在所遭遇到的物的直接的、飘浮的显象中能把很遥远的存在最敏捷地带到前来。依照柏拉图的看法，它就是美的东西。[③]

接着海德格尔的阐释体现出一种自我的充分发挥：

---

①② *Nietzsche Vol*. 1 *The Will to Power*. trans. by David Farrell Krell. Routledge，1981：194.

③ *Nietzsche Vol*. 1 *The Will to Power*. trans. by David Farrell Krell. Routledge，1981：195.

> 美的东西是那最直接来到我们、感染我们者，它作为一个存在者与我们遭遇，同时又解放我们到对存在的观看。美的东西是一个在其自身中无法比拟的要素：它得以进入直接的感觉性的显象，然而同时又向存在飞升，它同时是感染与解放。

在这种情况下，美的东西具备着千百年来人们一直赋予的特征：光亮。

> 美的东西被称为最光亮者，那在直接的、感觉性的、飘浮的显象中发光者（美是显象的闪亮，同时也是存在的闪亮）。闪现与明亮的飘浮的显象越被把握，则它们是来到前来的显象——存在的把握就越明亮。依照它最真实的本质，美的东西是在感觉的领域中最光亮闪耀的东西。作为这种辉煌，它同时让存在光耀。
>
> 由于美的东西让存在闪耀，又由于美的东西自身是最吸引人的东西，它牵引人通过自身、超越自身而向着存在、正是在向着存在中，人被解放了。①

在此，不用多说什么，美和海德格尔的真理关系如何，一目了然，这种存在的敞开，存在者的敞开的光亮，就是美，就是真，就是“林间空地”中的光亮的圆舞。

海德格尔在此还指出在柏拉图理论中，美与真是在一种不协调中统一的。即柏拉图认为对存在的观照是真，而美是通过感性事物达到

---

① *Nietzsche Vol*. 1 *The Will to Power*. trans. by David Farrell Krell. Routledge, 1981: 197.

存在的观照的。两者同一，但前者就其本身来说是非感性的，后者则是感性的，所以不协调。海德格尔自身持何论见？他没有说。但我们明白，柏拉图的这种真理观其实是承认有先在于感性世界的超验事物，并认为人的生存、人与存在者的关系是对这真的一种掩蔽。他的美的观点无非是让我们在对掩蔽者进行解蔽。海德格尔的真理观在此时已大非柏拉图所论。如果说海德格尔在前期还多讲解蔽，以致有暗示一种本来解蔽的真理的可能性的话，那么他的思想发展到 20 世纪 30 年代以后，已很明确否定这么一种先在的东西。真理是一种让在过程，它发生而有存在者，又因发生而有存在者的根据存在，存在与存在者俱在这一过程中得到定位。存在者是对存在的一种显现、展示，在此意义上它是敞开、解蔽。但存在者又是存在的限定，于是它又是遮蔽；反过来，比起存在者来，存在更解蔽；而同时它又是通过存在者的展开状态而"缩回"，因存在者而显示自己为在它们之后，它在存在者的"解蔽"后掩蔽、保卫着自身，它是一种自我遮蔽，并因这种自我遮蔽而保有自身、获得自身。在这种状态中，什么是解蔽，什么是遮蔽，已无定论了。当然，最终有一个解蔽是肯定的，那就是真理的发生，有了这个基本的解蔽，才有一个解蔽—遮蔽的过程。

照这样看来，海德格尔不会再同意柏拉图思想中那种真与美的不协调了。

海德格尔在讲到美时，还提到在柏拉图理论中，在对美的关系中，人获得的对存在的趋向是"爱欲(eros)"。[①] 提出这个，不是无的放矢，他正是以此对应尼采的以肉体、情感为内核的"迷醉"。他还提到柏拉

---

① *Nietzsche Vol*. 1 *The Will to Power*. trans. by David Farrell Krell. Routledge, 1981: 194.

图艺术论中的“迷狂(ecstasy,mania)”,亦是此意。[①] 不过他却没有把迷醉、迷狂、爱欲与自己的“出窍”联系起来。其实他的“出窍”就是前三者。

如是,他又一次指出尼采没有理解柏拉图,他要颠倒的柏拉图只是柏拉图主义的东西。最后,他又找出了尼采另一些论述,表示尼采并非在传统的超感性、感性的高低框架中颠倒,而是,尼采在抛弃了传统的作为非感性的真以后,也一同抛弃了相对于非感性的传统意义上的感性(第 24 章)。尼采属意的是一种新的感性的解释,即一种体现存在者存在的唯一的闪亮的感觉显象(第 25 章)。当然在这种阐释中,美与真再次得到统一。不过,我们在前面也知道,海德格尔尽管能看到尼采理论中这些美与真统一的因素,他在思想的总体上是把尼采当作西方思想最后的形而上学者的,他批判了尼采的唯艺术论,认为尼采最根本上具有抛弃一方、偏向一方的倾向。而自己,则要在一个“转折”中建立一个美与真区别着的同一的动态的存在论。

在关于真理的阐释与论述中,海德格尔把真理往感性上归拢,在关于柏拉图的理念的阐释中,他把真理阐释成了光亮的纯粹外观,也就是说,真就是美。在另外的地方,他又把艺术论述为就是真,就是真理的发生的地方,也就是说,美就是真。于是,在真就是美,美就是真的交叉中,诗与思在差别中亲密同一了。

---

① *Nietzsche Vol*. 1 *The Will to Power*. trans. by David Farrell Krell. Routledge,1981: 191.

第二节　艺术的本源与真理

一、为什么要强调作品

海德格尔的《艺术作品的本源》是他直接表达自己的艺术观、对艺术与真理的关系、艺术与真理的本质等问题的看法最集中、最重要的论文。但该文他用的语词多具个性，尚难见及与传统的关系，也因而难以得到深刻理解。在前一章及本章前一节我们已通过他对尼采、柏拉图的阐释，初步显示了他的思想在传统语词中的展示方式，在其中的特色是，他一方面沿用传统语词，一方面却大加改造，这改造同时又是对这些词的意义的深度挖掘。这种情况完全容许海德格尔再用一套能更畅达地表达自己思想的语词系统，以使得思想与表达之间更和谐，风格更纯粹、丰满一些。《艺术作品的本源》体现了这种转换发生之后的面貌。

除了《艺术作品的本源》与对其他思想家的阐释文章在风格上不同之外，它们之间在内容上，还有一个很显然(因而也是表面上)的不同。如在对尼采的阐释中，海德格尔依照尼采的思路，多讲艺术家、审美状态、创造过程；而在《艺术作品的本源》一文中，则强调艺术品，认为“艺术表现在艺术品中”，“艺术品的本源的问题成了关于艺术本性的问题”。[①] 那么这是否意味着，海德格尔对尼采的艺术论的阐释不是海氏的真实思想，而仅是一次纯粹的文本阐释？是否海德格尔认为只有艺术品而非艺术家的审美状态才是根本的？海氏关于艺术本性主要表达的两部分之间的差异似乎存在着不协调。

我们不可为此表面现象迷惑，两部分是协调的、同一的。它们同一的关键是，海德格尔从未就艺术家论艺术家、就作品论作品，他论述它们，只是为了论述艺术家的生命—本质，以及艺术品的本源，最终目的是那个统一艺术家与艺术品的“艺术—真理”：

> 艺术家是作品的本源，作品是艺术家的本源。两者不可互缺，并非一方支持另一方。在它们自身中及两者关系中，艺术家与作品全因一先于两者的第三者而各是其所“是”。此第三者为命名艺术家与作品的艺术。[②]

注意，这个“第三者”不是正、反、合之“合”，而是其余两者的本质，艺术不可作为第三者并立于艺术家与作品之外，它只在两者之内，它不独立显现自身，两者是艺术的实现，同时两者又都来自它，它是两者的整体而非两者的集合。

艺术家的本源是艺术，作品的本源也是艺术。在艺术中、在它们的本质中，两者合而为一；只是在现实中，它们才一分为二，进入主—客对立的模式中。在对尼采的阐释中，我们很清楚地看到，是审美状

---

①② 《艺术作品的本源》，见 *Poetry*，*Language*，*Thought*. trans. by Albert Hofstadter. Harper & Row，1975：18，17.

态(创造过程)拥有了艺术家,而非艺术家有审美状态。而且,艺术家在“迷醉”中,超出了自己,不仅上视最高原则,而且下视使存在者得有丰满光亮的形式,同时又使自己获得了自己(自己也有了形式)。艺术家在其本质中包容了整个艺术现象,它包容一个一般的艺术家与作品的对立层次,一个包容两者的层次,及其互相的转换、交融。艺术家的本质中包含了构形,包含了艺术品。当然,在《艺术作品的本源》中则反之,艺术品在其本源中,就包含了艺术家。两文的差异在于着手点不同,讲的却是同一件事,即艺术过程,这一显现、生成与让一发光,对传统的理论而言,则是创造问题。

关键是“创造”。在对尼采的阐释中,海德格尔的关注点很明确在于传统理论模式中的“创造”领域上。在《艺术作品的本源》中,亦体现这一点。“作品的作品性因素在于它被艺术家所创造。”“然而,作品的被造性,明显地只能根据创造过程才能被把握。纯粹地根据作品自身来定义作品的作品存在是不可能的。”[①]正是在“创造”上,艺术家与艺术品两方面才联系起来。“创造”是什么?海德格尔认为那正是“艺术”,即艺术家与作品的“本质”,它们的生成过程、它们的存在、它们的自身“化”。

但关于“创造”究竟归属在哪里,却是一个重要问题。传统认为创造是艺术家的活动,所以“美学”着重于“审美状态”、艺术家的主观感受。这是海德格尔激烈反对的。当然,就海氏而言,不妨强调艺术家,从艺术家入手讲艺术与美,但他煞费苦心地以艺术家的本质来超越作

① 《艺术作品的本源》,见 *Poetry*, *Language*, *Thought*. trans. by Albert Hofstadter. Harper & Row, 1975: 58.

为主观的艺术家，从而否定了主观的艺术家的“主体”地位，以一个“原初”的生命（对于主、客对立中的主体来说，则是“先在”的）代之为根据。

但尽管海德格尔已在艺术家方面的阐释中超越了主体性，但他仍不满意这个着手点，因为这个着手点太容易滑入传统美学中去了。如他批评尼采从主体的创造与欣赏入手，故仍是“美学”的。[①] 而且强调主体的创造状态，容易只注意主体的“爆发状态”，而不能达到本质的创造的另一方面：构形。尽管海德格尔在阐释中都克服了这些困难，他仍强调要从作品出发讲创造，不要通过艺术家来讲创造。他指出尼采因为没有追问作品，所以少有关于创造本质的言论。他说：

> 只有通过创造，在创造中，作品被实现。但正因为如此，创造的本质就依赖于作品的本质，所以它只能从作品的存在中得以把握。创造创造了作品，但作品本质是创造本质的本源。[②]

这也就是说，只有从作品着手，在作品的“本质”中理解创造才能把握创造。这里讲的创造其实包括两重含义：一是作为主体的创造活动，一是指作为艺术品来源的创造。就后者而言，它是在作品的本源的意义上被把握；就前者而言，主体的创造活动只有把自身认为作品的本源，才能达到自己的本质（对主体—自我意识的超越），即艺术家要在让作品出现的意义上定位自己，而非在主观的情感状态上定位自

①② *Nietzsche Vol*. 1 *The Will to Power*. trans. by David Farrell Krell. Routledge, 1981: 129, 115.

己才能得到自己的本质，才不至于堕入主客对立中去。在《艺术作品的本源》中说得更明确：要使作品得以成功，就在于艺术家让它（作品）根据自身而为了自身。艺术家的最重要的意向（亦即主体创造活动的目的）即在于此。“作品要被他（艺术家）释放到它的纯粹自持中去。”如何“释放”？只有少强调自己，让自己的行为（创造活动）成为一种作为释放的“让”，因而海德格尔说：

> 正是在伟大的艺术中……艺术家比起作品来是无足轻重的，艺术家在作品出现的创造过程中，破坏自身而成为一通道。[①]

千万不可把这话理解为一般创造主体与创作对象之间的轻重对比，在此海德格尔要指出的无非是主体的自我超越，破除自我的与对象的对立性（功利性），要把自己当作作品显现的通道。在另一个意义上，这何尝是艺术家无足轻重？处在本质的创造中的艺术家使作品成为自身，成为它在自身中存在的条件。这样艺术家就处在了作品的“本质”中，而不是在作为对象的作品的外在关系中。正是在“无足轻重”中，艺术家得到了最高荣誉，并因而也获得了自己的本质。

海德格尔在此讲的其实就是“无功利性”，以及他的“非人道主义”（即反对主体性）的更高的“人道主义”（在先验性意义上的）。

正是在这种背景下，海德格尔反对“创造”之“主观”性，而强调创造的“本质”性在于作品的生成性，就作品在它的生成中获得成立而

① 《艺术作品的本源》，见 *Poetry*, *Language*, *Thought*. trans. by Albert Hofstadter. Harper & Row, 1975: 58.

言，“创造”属于作品方面。当然这一切都要从海氏的整体思想来理解，而不可在传统的美学框架中来理解。

也正是由于海德格尔强调对主、客对立的超越的考虑，海氏自己也比较倾向从作品入手讲艺术，因为从艺术家入手比较容易遭致误解。这种强调倾向与海氏整体思想相呼应，例如他在生存论中已经发展出了他所要说的东西，可他还是要强调“存在”、“物”，意图借这在一般理解上外于人的东西来强调对传统主体性的破除。

二、作品：美就是真

什么是作品？正因为海德格尔是从存在的高度考虑艺术的，所以他所谓的作品就是指一切在自身中的存在者。在对尼采的阐释中，海氏引了尼采关于艺术是所有存在者的基本生成，且存在者的生成是创造的论述。尼采的这种态度成了海氏在《艺术作品的本源》中的基本态度，他认为作品的本质是真理的发生，而“作品中真理的建立就是一个……存在者的带出”。[1]

当然，在一般理解中，作品尚是狭义的东西。海德格尔指出，可以暂先把在自己之外的存在者分为三类：自然之物、器具与艺术品。这三种存在者都是“物”，用具和作品不过是物加上一点不一样的东西。要搞清楚作品，一般可以通过先明白什么是物开始。海德格尔考察了西方历史上三种理解物的方式，即实体加属性的理性主义方式、直接

---

① 《艺术作品的本源》，见 *Poetry, Language, Thought*. trans. by Albert Hofstadter. Harper & Row, 1975: 62.

感觉加上它们的统一体的经验主义方式以及“形式—质料”方式。他指出，三种方式其实都不能把握物，在这些方式中，物其实都在那个把握的表面中退缩（即那个基质都躲在属性、感觉、形式后面），体现为一种对于把握的“拒绝”。海德格尔指出，这种先在的认识模式，影响着我们思考“一般的所有存在物”。但这种先入之见“阻碍了（我们）通向物的物性、通向器具的器具性，更阻碍了通向作品的作品性的道路”。[①]

特别是“形式—质料”的方式，海德格尔认为来自人的对器具的制造，海德格尔对于这种方式是批判的。他认为“器具”与“制造”体现了一种在主—客对立模式中主体对客体的占有、支配。他在某种意义上承认用“创造”来表示存在者的根据，但一定要在存在者的自我显现的意义上理解“创造”，这样“创造”不会显现为一种支配关系，他反对“制造”，因为制造体现了一种主体性思想。在对尼采的阐释中，他批判尼采的形而上学残余思想时说：

> 但因为尼采没有从被创造者——作品那里揭示创造的本质，因而他从美学行为的状态中得到它，于是，作品的带出（bring forth）就没有得到一个充分的、可与通过手艺的器具的带出相区别的解释。[②]

“器具”之被批判，是因为它的功用性，它与人的关系是它总是为人所用。而一般存在者因为总是在人面前出现而成为自身的，它总与

① 《艺术作品的本源》，见 *Poetry, Language, Thought*. trans. by Albert Hofstadter. Harper & Row, 1975: 31.

② *Nietzsche Vol. 1 The Will to Power*. trans. by David Farrell Krell. Routledge, 1981: 117.

人有关系。这种关系由于受了器具关系的影响，使存在物也一方面有了“形式—质料”结构，一方面也在对人的功用性上被人把握（此正是后期批判的技术）。[1]

三种方式，都不能把握“物”，更无法让人通过它来把握作品了。于是海德格尔提示要换种方式，这种方式当然也就是现象学的方式了。也许这种方式，可以一举解决同时把握物、用具和作品的本质的问题，让这三者中对于理解的这个“拒绝”（其实这个拒绝正是要去把握的那个物性）展示出它真正的面貌。物、用具、作品三者中，相对而言，用具较好着手。海德格尔认为可以从我们最熟悉的器具入手，看看器具本身（器具性）是什么。因为器具是明显地有人参与在里面，是由人制作并被人使用的，器具的秘密应该是对人敞开的。海氏反对“器具”，是在器具一般显现为功用性的意义上。但海氏并不认为器具的本性是功用性，人们用最熟悉的器具模式去模拟一般存在者，可是人们只在器具的功用性上来理解器具，并不理解器具的本性（器具性）。[2]只要换种眼光、换种方法，器具的功用性和器具性会呈现为另外一个样子。

什么是器具的器具性？海德格尔举了凡·高的一幅关于“农鞋”的画为例。我们在画中看到了农鞋，这幅画把农鞋表现给我们，使我们不仅看到它，而且真切地体会到它，也就是使我们进入器具的使用的追摹而达到对器具的器具性的理解。器具如何存在？它在它的使用中。农鞋在农妇的使用中存在，但农鞋之所以能被使用，有它的根

①② 《艺术作品的本源》，见 *Poetry, Language, Thought*. trans. by Albert Hofstadter. Harper & Row, 1975: 29,32—33.

据，即可靠性(reliability)，即它的“作为一个器具的本质存在者的充实(abundance)”。而农妇是在对于这个农鞋以及其他各种器具的使用中展开了她的生存世界的，可以说，她的生存世界就是这个农鞋的使用。器具真正的有用在于器具有用得让人感觉不到它的存在，它就化在使用中了，它的使用就是它与其他用具打开的世界。如果说器具就在于它的使用，那么，器具就是这个它打开的世界。但这没完，在打开的世界基础上，还隐含着打开的另一极。农鞋的使用基于它的可靠性，农鞋的器具性在于它在使用基础上呈现的功用性一可靠性的对立统一。因此，打开的世界，隐隐有着一个来源与依靠，世界需要一个大地来作为这个依靠，正如农妇的生存(农鞋已经化身于农妇)，她在一个世界中生存，她是在大地上生存，她是在大地上展开了这个世界的，农妇的生存是有所依据的生存，正如她的世界是在大地之上的世界。于是这产生了对应：器具的有用性—可靠性；农妇的世界—大地。于是海氏说：“这器具属于大地(earth)，它又被保护在农妇的世界(world)中，在这被保护的归属中，器具自身有了它的在自身中的居住。”①

器具的有用性基于它的可靠性，可靠性是器具的器具存在，可靠性产生有用性(也就是说，可靠性表现自己为有用性，器具的存在展示自己的有用性)。故有用性不是器具的本质，由制造——有用模式产

① 《艺术作品的本源》，见 *Poetry*，*Language*，*Thought*. trans. by Albert Hofstadter. Harper & Row, 1975：34.

生的形式——质料模式也不能说明器具的本性。[①] 它的本性当在于可靠性到有用性的生成，它的根据到它的表现的生成。其次，器具的有用性展示为农妇的世界，只有失去了有用性，才会脱离用而呈现为一个外在于用的对立物、一个总是在拒绝的对象。这个有用性就是世界的创生，而器具的展示根据——可靠性、充实性，在对着有用性昭示自己的同时，又向世界昭示着它（世界）的根据——大地。

这是这篇长文最重要的现象学式的展示和演绎。大地、世界，是海德格尔后期思想中非常重要的一对概念，正由此而引出。其中"世界"是前期思想的重要概念，它一方面作为存在者展开的境域，一方面又由于境域本身的整体性，暗示着一种"打开"过程。在《艺术作品的本源》中，又引入"大地"与其相对并有了与它的复杂关系，更清晰地展示了海德格尔的前期"世界"思想。

由是，器具的器具性就这样呈现了，它不再是一个"拒绝"而是一个生成，一个揭示。这个在一般理解中的退缩和拒绝，其本质正是一个世界一大地的创生与揭示。我们在这里，隐隐看到了黑格尔辩证逻辑中，"无"作为事物本身拒绝性的呈现，转化为"否定"，在事物的实存中不断创生各种事物和整个世界的思想的影子。器具不是一个隐在黑暗中的东西，它是一个呈现点，它在自己使用的攀缘中把自己呈现为一个世界，同时，又把自己呈现为一个有所来源的世界、一个有大地为基的世界。一个世界随后指明一个在自己之先的东西，因此，这个呈现又是时间性的，它把时间性赋予这个大地一世界。

---

① 《艺术作品的本源》，见 *Poetry*, *Language*, *Thought*. trans. by Albert Hofstadter. Harper & Row, 1975：35.

尽管器具与物、作品不同，但是这些不同在基本模式的共同性上都不重要了。因此，通过熟悉的器具的揭示，物和作品是什么，也得以揭示。物和作品都应该是世界一大地的呈现或生成，无非是器具通过有用，物通过属性或者感觉性，作品通过作品性而已。

但是，物、器具和作品毕竟也有不同的地方。物呈现的，应该是自己的大地一世界；器具呈现的，是借使用者而有的大地一世界。作品呈现的，应该是它所呈现者的大地一世界。作品呈现一个大地一世界，这个大地一世界是它的呈现者的，也是它的。它们其实是重合的，但也可以将它们分开。如果分开，那么我们会看到呈现是一层一层的，但是，每一层是共同的，每一层都是"让"，也是生成与创造。海德格尔在这里，暂时是将作品与它呈现的东西分开讲的。但如果分开讲，那么，作品会是什么呢？无非是一个不受干扰的、透明的呈现。

所以海德格尔接着说，农鞋的真实存在在他的例子中是通过凡·高的画得到昭示的，这件作品的价值也正体现在这点上。于是，作品是什么，当可得到结论，"在艺术品中，一存在者的真理已把自身设向(set to)作品"。于是作为一个作品的本质的艺术则是："于是艺术的本性将是：存在者的真理把自身设向作品。"[①]此言何解？其实就是：一个艺术品表现了它所表现者的真理。因此，海德格尔说："所以作品不是一些特殊的存在者的再现(reproduction)，相反，它是物的一般本质的再现。"[②]

他认为，这不是传统的模仿说。其实，按他对柏拉图的"模仿"的

---

①② 《艺术作品的本源》，见 *Poetry, Language, Thought*. trans. by Albert Hofstadter. Harper & Row, 1975：36,37.

解释来看，他早把“模仿说”改造了，“模仿”成了存在者本质的“导出”。他的这个“本质的再现”的说法，同于亚里士多德，但比亚氏更好地证明了(以他的全部思想)这个说法。

又因此，海氏强调，艺术品、艺术不仅与美有关，而且与真理有关。艺术品是什么？即是在其中有“特殊存在者在它的存在中的揭示。有真理的发生”。[①] 作品就是敞开了一个存在物的自我显现，让一个存在物的真理过程敞开。作品不仅仅表现一个表面的、静止的存在者，更是表现这存在者的发生。在这发生中，作品呈现出光芒，使自己成为美的东西，而美则是使作品光芒的真理的敞开，是真理发生的一种方式。[②]

但是，光以一幅画的例子来表达海氏的思想，还容易引起混乱。因为一幅画本身，和它所表现的东西，尽管表现的是一个东西的真理发生，但它仍和这东西及其真理有不同。这个画框，这个画面，总还有它自己的位置。当然，海德格尔极欲将之忽略不计，认为它们的存在不过是为了让一个存在者的真理发生，自身如果被强调，就会要被博物馆储藏一样失去其作品性。但为了避免这个纠缠，而更好地让作品的作品性在于存在者的真理发生的本质得以揭示，他“小心地”重选了一个“不可归为再现艺术的作品”——神殿。

神殿自身就是它所显现的东西，它自身显现自身的真理。神殿展开了一个世界，因为它，它周围的一切都进入了一个视域中，周围的一切都因为它得到在这个世界中的定位，从此意义上，因神殿而万物涌

---

①② 《艺术作品的本源》，见 *Poetry*, *Language*, *Thought*. trans. by Albert Hofstadter. Harper & Row, 1975: 38,56.

现(海氏称之为physis)。同样,神殿又体现了人的世界和历史的展开,它昭示着它和人的关系生与死、灾难与祝福、胜利和耻辱、持续与衰落。另一方面,神殿又使主宰这一切的神出现在其中,神就在神殿中出现,神作为这世界展开的根据就出现在这展开中。换言之,当世界中的万物涌现时,它们又在涌现中展现自己涌现的基础。海德格尔说:

> 我们称此基础为大地。大地是那涌出所从来且带回的来源,是掩护着那无所歪曲的涌出者的来源。在涌出的物中,大地被表现为庇护所。于是,神殿作品,屹立于此,开展了一个世界,同时又把这世界再次设在大地之上。①

于是,我们基本明白海德格尔关于作品要谈什么了。他把作品、用具,一般存在物的(自身)本质归为它们各自真理的发生。他强调,在对存在物的理解中,不要有先入之见,要让物在自身之中,在自己的存在中展示自己。②这个观点是他对"回到事物本身"之用。而让物自在,却不是就它的样子而规定它,而是让它处在敞开之中,处于自身的存在过程之中,"作品属于何处?作为作品,作品属于那它自身开展的领域中"。③当然,在自身开展的领域中的作品,也就是所有在自身开展中的存在者,作品的本质,就在于它是使所有存在者在自身的敞开之中。所有存在者如果在自身敞开之中,就各成了作品。作品的本

①②③ 《艺术作品的本源》,见 *Poetry, Language, Thought*. trans. by Albert Hofstadter. Harper & Row, 1975: 42,31,41.

质——艺术，就是真理的发生。即使是再现艺术，它之特殊的结构，也在于它画框中的各种存在者在敞开之中。作品之被创造，正在于存在物之被创造，作为一种生成物，它反映着这个生成。它们在生成中、创造中才成其所是。

> 创造总是指向作品，而作品的本性属于真理的发生，从一开始，我们就根据创造与作为存在者的解蔽的真理的本性的关系，来规定创造的本性。①

三、大地与世界

作品的本质，海氏认为是艺术、美；而艺术、美又是“真理将自身设向作品”，即真理涌现为一个作品；作品展示了真理的展示过程。当然，这个过程亦即真理的本质，那唯一的真理。

那么，真理的本质又何在呢？海氏早已讲过，它是一个“解蔽—遮蔽”的整体敞开的、有循环特征的过程。而在《艺术作品的本源》之中，由于代入了大地与世界，真理的本质又再一次得到更清晰、展开的阐述，而且是在艺术品的本质、艺术品的存在中得到阐述。

1. 作品的第一个基本特性是建立（set up）一个世界，作品本身就展示了一个世界、一个展开，作品本身的这个展开就是原始的空间的

① 《艺术作品的本源》，见 *Poetry, Language, Thought*. trans. by Albert Hofstadter. Harper & Row, 1975: 57.

展开。[①] 而作品在展开一个世界的同时，又展示这个世界是敞开在大地之上的世界。由于建立世界，也使归闭、基础、所来之地的大地得以显示，大地显示为与世界展开相对的遮蔽与掩护。[②]

2. 表现在作品中则是，作品显现一个世界时就显现自己的形式、自己的样子，这样子是通过所谓的材料的中介（按：参考海氏对柏拉图阐释中讲的纯粹外观经由……的显示）而得以显示的。但经由“材料”的中介，却并不使自己暗淡，而是，这显示正是在这材料基础之上，是材料自身展示出它们的样子。是的，材料自身展示它们的样子，也就是材料自身在这展示中展示出它们自身的本性。在作品中，“材料”没有什么时候比在作品中更鲜明地显出自己的本性，如石头显出了它们的沉重，色彩显出了它们的鲜亮。[③] 如是，也可以说，这些材料在作品中恢复了它们在一般情境中被歪曲了的本性，材料在作品的显示中显示了自身、回到了自身的根据中，材料不是在展示中为展示所“用”，而是正是在展示中回到自己的本性，正如诗人用词为诗，使词成为并保持为真正的语词，正是由于这一“回归（set itself back into）”，实现了作品的回归，展示了一大地的存在。在作品中，没有形式与质料之分，只有展示、同时又是回归的两个方向。

3. 在作品的基本敞开中建立的世界与大地互相不同又不可分离，世界的基本取向是开放，意图展开一切东西，不许任何掩蔽。但这向完全展开的取向又是建立在大地之上的，世界的敞开必然是有所根据

---

① 《艺术作品的本源》，见 *Poetry*，*Language*，*Thought*. trans. by Albert Hofstadter. Harper & Row，1975：45.

②③ 《艺术作品的本源》，见 *Poetry*，*Language*，*Thought*. trans. by Albert Hofstadter. Harper & Row，1975：46.

的敞开。世界与大地互相“斗争(conflict、striving)”,在斗争中互相“自我肯定(self-assertion)”,双方进入了自己的亲密本性,同时双方又建立起一种亲密的关系。[①] 作品就在这斗争中发生了。作品就是斗争的统一体(unity),是斗争在“最高点”的宁静(repose)(按:参见海氏对尼采宏伟的风格的阐释)。[②]

4. 如果真理作为世界与大地的冲突的整体,那么这个整体是通过作品得到“建立(establish)”的,所以说,“真理作为世界和大地的斗争将建立于作品之中”。[③]反过来,可以说作品是真理的基本冲突统一而产生。作品在两方面的斗争的统一与空隙(rift)中跃出,也就是说,当真理中大地与世界斗争发展到最高点,也就是大地与世界以及它们的关系最鲜明的时刻,这个斗争的统一便自然凝结为形式、形象,成为作品。并且,在斗争统一的最高点的同时,它也就回到了自己的最本性。[④]于是可以说作品是被真理投射(project,即筹划,参见《存在与时间》此在生存对存在者的筹划,与此处有本质关系)。[⑤]

5. 真理作为在作品之中的建立(founding),即所谓“真理把自身设向作品”。作品就为了这个建立,从这个建立的东西是一个“斗争”来说,作品“鼓动”这种抗争,作品保护着这种抗争,展示这种抗争。[⑥]而作为抗争的真理,作为这种建立,对作品来说是基础(grounding)、开端(beginning)与赠予(bestowing),海德格尔说,“建立”就是这三层意思。[⑦]总地来说,真理是作品的本源,是作品的“创造”。创造就是“这样

①②③④⑤⑥⑦ 《艺术作品的本源》,见 *Poetry*, *Language*, *Thought*. trans. by Albert Hofstadter. Harper & Row, 1975: 49,50,62,64,71,75,49.

一种引出（drawing-up），是作品中的真理的涌出”。[1] 这也就是让作品起源的意思。反过来亦可说真理让艺术起源，如果艺术在此作为实现在作品中的艺术的话。

综观这个论述过程，我们发现一些根本性的纠结。首先，作品、艺术与真理纠结在一起；其次，世界与大地之间的关系也体现出一种缠绕与纠结。对此，我们试着进行解析。

首先，作品与真理一而二、二而一，作品作为存在者本真的显露，它就是真理的发生。其次，它又是作为这一发生的形态，即生成的表面而定位的，从这个意义上说，它只是真理的一部分，即这一涌现过程的面向我们的展开面上的东西。

再次，这个形态又向我们揭示了一个根本的敞开过程，从这个意义上，作品与真理分立，作品建立了真理，真理“投射”出作品。

以上三重意义海德格尔不做区分，当然，对他来说，是整体现象的三方面，不区分表示它们的统一，但他在叙述中又各在三重意义上分别使用，造成了缠绕纠结。

其实，这可以用传统比较熟悉的语词来描述。如作品就是那个运动着有所统一的显象，在此意义上，作品就是“显象在统一中”的整体，同于真理。然而显象又毕竟只表现为显象（它的统一不可以形像表现），所以显象又是“显象在统一中”这一整体现象的表面。显象又可从“显象在统一中”这个现象中取出来，作为一个专题来把握，它体现了一个统一的“显象统一”，它和这个整体互相建立。

---

① 《艺术作品的本源》，见 *Poetry*, *Language*, *Thought*. trans. by Albert Hofstadter. Harper & Row, 1975: 77.

至于艺术与真理的纠结更简单一些。艺术可以按强调重点不同，分指艺术品与作为整体（包括艺术品）的创造过程，真理也如是（本真的存在者与存在者的显示过程）。当艺术指艺术品、而真理又指整体的显示过程时，真理就是艺术之源。当反之时，则艺术是真理之源。如何说完全取决于海德格尔的意图。

最为复杂的纠结是大地和世界的纠结。首先，最根本的发生是世界的敞开，但当“世界”定位于“敞开”时，它就必然要为自己设一个根据，于是“大地”就出现了，大地被世界的最根本性敞开设为自身的根据。注意，在此，“世界”有一个根本性的两重性分离，当它作为原始的敞开时，它是唯一的，但当它要以什么方式确认自己时，它又确认自己是与大地相对的自己。在这里，我们看到了德国哲学的最精粹传统的体现。比如康德的原始统觉总是以“与对象相关”的方式来整理显象，统觉总是“自我意识”为一与对象相对的“我思”。其实，原始的统觉就是原始的“表象统一”现象整体，可是它要“自我意识”，这下就把“我”从整体中抽取出来了，于是原始的整体就变为我与对象相对的方式。原始的统觉现象一旦意识到自我，则必然是在与对象相对的方式中的“自我”。康德指出，此中“对象”是概念，其实这个“自我意识”的产物的“我”，何尝不是概念。相应地，显象是“统一着的显象”，这是原始的统一体，但显象却总要表现自己为“统一在对象（或概念）之下的显象”，这就是一种自我两重性的异变了。又如人本是一个活生生的人，但它总要自我意识自己为“统摄着肉体、感觉的灵魂”，这样也就有了整体与作为抽取出来的灵魂的两重性分离。又如人的此在原始地是一整体的“打开”，可它总要表现自己为“对境域的打开”，于是设了一个境域在自己之外、自己之对面，把自己当作“打开”的主动性主体。

这个两重性之间有根本的差异，但是这差异又有着无比亲密的关系，如原始的统觉与它的“自我意识”的关系，“自我意识”这个词反映出了这两重性的亲密关系。被抽取出的东西不是原始的统一对别的什么的抽取，而正是自己对自己的确认、建立与抽取。原始的统一体自身必然地要进行这种行动，这是不可避免的“发生”，这恐怕就是海德格尔讲的“天命”的最根本意义。

当然，海德格尔并没有将自己的理论的如此展开，与德国观念论或浪漫派的前辈们类似的模式联系起来。本书不过是想指出海氏在最根本的地方与德国哲学传统本质相关，但并不欲以这种传统的模式去解释这种纠结，相反，本书认为，正是海德格尔通过真理的“敞开”的两重性，为解决德国哲学逻辑中最核心的这个原则提供了一种具体模式。

这个敞开的两重性，就是“本体论的差异”，人与存在的差异与同一，存在与存在者的差异与同一都包含在这里，此处对这两个问题不做展开。海德格尔前期比较重视“世界”，在那里，“世界”具有原始的“此”——敞开与作为敞开的整体境域的两重性。在《艺术作品的本源》中，海德格尔引出“大地”，对前期的“世界”中多层次的含义分析得细致一些，通过大地与世界的关系把前期的“世界”中含糊的地方展示得更为清晰一些，这是一个发展。通过“大地”的引入，“世界”这个原始的整体的敞开的两重性显得更清晰了。

当然，这个问题直接关系到海德格尔“真理的本质”的核心。在《艺术作品的本源》中，他再次阐述自己的真理观。首先，他在整体上

仍肯定真理为“解蔽(aletheia)”,即敞开、展示(unconcealedness)。然而他进一步指出:

> 但是,并不是我们把敞开作为前提(按:即我们不是在敞开之外),而是,存在者(存在)的敞开把我们抛进这样一个存在的境地中:在我们的表象中,我们总是安置自己在其中,并且趋向着敞开:不仅认知(cognition)要把自己符合(conformity)向敞开这种情况是已经在敞开之中的。而且,“符合某物”所在的整个领域都必须在敞开中作为一个整体已经发生。[①]

这话的意思是,最根本的是敞开。敞开是我们成为我们自己的前提。在敞开中,我们成为自己,并且总是以“处在表象之中”(亦即在世界之中)的模式存在,我们在敞开中,同时又要追求敞开(因为我们在敞开中的模式总是以处在表象之中的模式,我们总是与这些表面的显示者共在。所以又要追求它们的以及自己的根据)。对敞开的追求是敞开给我们的,因为敞开使我们以追求它的模式显示自己而已,换句话说,即是存在使人以追求存在的模式而是,又使人处在存在者之中的模式而是。当然两模式是差异的同一,因为存在者本来就是存在在创造我们的同时,而一起授予我们的它的化身。我们是通过追求存在者而追求存在的,也是通过追求存在而与存在者发生关系(这体现在生存论上,就是整体—超越、出窍与播撒的关系)。因此,海德格尔会

① 《艺术作品的本源》,见 *Poetry, Language, Thought*. trans. by Albert Hofstadter. Harper & Row, 1975: 52.

说形而上学是人的本性，即人的本质所是模式就是追求存在，理解存在，当然，人的本质所是“同时”还是认识的，即与存在者发生关系的。不过海德格尔不欲强调此点，因为这在整个人类的历史上被强调得太重，以致掩盖了它的另一方面——形而上学。当然，海氏终究还承认认识的方式的本真本性。这反映在海氏所云技术—认识方式的本质中有拯救因素在其中的学说中。

上段话的意思还包括有：敞开使人追求敞开，使人总是要把自己的认识去符合什么（当然，人总是把概念当作要符合的东西）。认识的符合论，海德格尔已改造成调谐论，更本质地发掘出这一关系。同时，就广义的认识来说，它是指人的与存在者发生关系的生存，是包含认识—看的实践。于是相应地，生存也是有所为的、有所调谐的生存，正如实践是对道德律令的“感受”一样。“敞开”整体向来已经设立这种模式为人的、历史的“天命”。当然，人如果能理解这一点，它就能既在与存在者的关系中，又超出与存在者的关系（亦即超越自身）而达到存在的理解。在这种不离不弃、又上仰又下视的情况下，人“自由”了，实现了自己的本质。人的自由是超越存在者的自由，同时又是向着存在者的自由，所以海德格尔强调人的自由总是在被抛中的自由，人的自由必然是有所筹划（向着存在者、向着自身）的自由。

敞开造就了人，这敞开是什么，这是人的超越，就是人对自我主体的超越。正如审美状态一样，在一般意义上它是“人的”，但它是人的自我超越，人是它的，并且它同时还包含了存在物，它也是存在物的超越（存在）。所以后期海德格尔干脆取其中性，即处在人与存在物之间的，显得是“非人”的。尽管他的“此在”论中已经讲明了此在的出窍是包括人与存在物的。但这样说仍有误解为“人”的一种存在方式的可能性，所以他进行从主体的先验性、先验性而存在到真理、敞开的着重点的转化。但我们要知道两者本质上讲的是同一个东西。

正因为海德格尔揭示了敞开的这个性质，所以他指出敞开本身就是掩蔽。因为原始的敞开总是展开自身为一个敞开，其中后一个敞开，总是我与存在者相对的表象世界。于是，对于后者，原始的敞开就作为它的发源、它的开端、它的根据，隐蔽在它之后，它似乎在拒绝着后者，从后者缩回。所以海德格尔说：“遮蔽作为拒绝不简单地、仅仅是知识的边界（按：参考他阐释柏拉图中的实践、模仿的边界，那最光亮的光亮自身），而是被照亮者的澄明的开端（按：源）。”从另一个方面，被自身展开的，对自身又是一个掩蔽，它掩蔽了自身之所从来。于是海氏指出，真理就是非真理。[①] 真理作为敞开，它有两重性的掩蔽。但海德格尔没有指出，真理作为敞开，对应着它的本性的两重性掩蔽，亦有两重性敞开，敞开本身及其敞开的敞开。

回到世界和大地的关系上。正因为这样，大地是在世界之中展示自己的，但它又展示自己为归闭——即归闭的展示。[②]其实有了两重性的总体把握，就不难理解海德格尔看似拗口、晦涩的表达。大地将自己显现于其中的世界，是原始的敞开、世界的原始敞开的整体，而当世界自我意识化为光是开展的单向时，大地又对立于它，表现为光是归闭的方向。大地在世界（原始）之中，又在世界（派生）之外，大地其实一同在原始的敞开统一体中，它原始地也是敞开，但当它要承担起纠

---

①② 《艺术作品的本源》，见 *Poetry, Language, Thought*. trans. by Albert Hofstadter. Harper & Row, 1975: 54, 47.

正世界的单向取向时，它就表现为归闭、根据。因此，我们说，最原始的是敞开的统一体。但它由于是一种敞开（动词），必然地展示自己为“对着根据的敞开”，即“建基于大地的世界”。

当然，这一整体的敞开，就体现在存在物在自身的存在中，在发着最纯粹的光亮的存在物中。因此，可以说，是这原始的敞开照亮着这些存在者，使之如自身所是而在光亮中，但这原始的光源不是外于物的。当然，它又不仅仅是物，它与物有若即若离的关系。就其离，是一种亲密的区分，它不离物而自成一物，它是“无”。①

当然，此处我们就更清楚美与真的关系了，光亮中的存在者就是美的、就是真的、就是艺术品。而美、艺术、真作为本质就是这包含着光亮着的存在者的光亮本身。

从美、真与美的东西、真的东西的分离的关系上看，前者在后者中得到体现，前者建立在后者中，后者是前者在运动最高点的静止、形态化，其实两者是互为建立同时又自我建立的。海德格尔称此关系为设置(stellen)　座架(Ge stell)。②这个词的“本质”是原始的真理的必要方面，尽管一味地强调（而不注意两者的互属）会导致技术。它本质地包含在原始的“显现”中，它就是那个“现”的形态所得以成立的东西，是现（名）与现（动）在差异方面的体现。

由此，关于海德格尔的基本的美与真、艺术与艺术品的基本观点已讲完。但关于我们的艺术论，尚有两点算是额外收获。

一是关于“构思”。海德格尔把大地与世界的冲突称为作品的创

---

①② 《艺术作品的本源》，见 *Poetry*，*Language*，*Thought*. trans. by Albert Hofstadter. Harper & Row，1975：53，64.

造过程，而他又把世界作为作品的展示范围（boundary），把大地作为这一范围的衡量尺度（measure），于是范围与尺度之间就形成了一个基本设计（design）、大约概描（outlinesketch）。它们“描出了存在者的光亮的涌起的基本形象”。[①] 对于作为光亮的存在者的作品来说，这一斗争就是创造过程，而那范围与尺度的基本设计呢，则是创造的先在概描。[②]当然，我们可以视此为关于艺术创作构思的论述。

二是关于对作品的正确审美态度。海德格尔曾多次提及欣赏问题，在对尼采的阐释中，他提到尼采把欣赏归属在创造上，无非是要在欣赏中达到“迷醉”的审美状态。在《艺术作品的本源》中，他又强调，作品需要创造，又需要保护（preserving），也就是要我们让作品成为作品。[③]当然，作品与它的保护者的关系是双向的。一方面，作品的自在存在，向我们展示了本真的敞开，于是我们就被带出日常的状态，而进入与世界、与大地的新的、敞开的关系中去。反过来，也正因为我们进入了这种关系，作品才能被保护为符合其本质的作品。他说：“保护作品意味着：站在发生在作品中的存在者的展开中去。”他说，这一站进去就是一种本真的“知”，本真的“意志”，亦即《存在与时间》讲的“决断”，即从存在物的拘束中超越，打开境域。[④]

海德格尔指出，这种保护作品的正确方式，“远不是作品的形式表面、性质与魅力的美学化的鉴赏（aestheticizing connoisseurship）”。海氏在此反对的是传统在主—客分立哲学下的美学的鉴赏关系。他指

①②③④ 《艺术作品的本源》，见 *Poetry*, *Language*, *Thought*. trans. by Albert Hofstadter. Harper & Row, 1975：63,70,66,67.

出一旦与艺术品的关系变成了一种鉴赏关系和熟悉的把玩时，“艺术的商业就开始了”。[1] 最终商业、工业，都指的是传统形而上学的主—客对立模式，传统的认识“符合论”模式。

① 《艺术作品的本源》，见 *Poetry*, *Language*, *Thought*. trans. by Albert Hofstadter. Harper & Row, 1975: 68.

结语:存在与破镜重圆

一、作为"有有"的存在统一体

在本章之前对海德格尔思想的追溯中，我们看到，海德格尔在对康德等思想家的阐释中，从知识论的分析入手，对认识行为进行分析。在分析中，海德格尔对传统的主体性进行改造，将"出窍"作为认识主体的先验根据；在这个阐释基础上，他进而把这种根据扩展成为整体的人的根据；在这种根据上，人是"此在"，人的生存显示为一种原始状态；接着，海德格尔指出，人的"此在"的真正本质，要与存在的真理联系在一起才能真正被思考，也就是说，只有在"存在" 的基础上，人的本质才能被把握。与此同时，真理作为人的本质的根本要素也出现了。真理与人互相阐明，而两者的完全被阐明，都必须放置在存在的基础上。从人及存在到从存在而及人，这就是海德格尔的"转折"。在此转折中，尼采进入了他思想的画面，他和尼采的思想在很多方面或明或暗地应和着。在人的主题上，此在与"超人"结合起来，此在的结构与"权力意志"应和起来，在转折期间呈现出鲜明轮廓的真理问题，也与尼采"权力意志"的思想有一定关系。

真理主题出现的更大的意义在于，它作为海德格尔思想发展线索的环节，为"存在"问题获得正面阐释起了引导作用。海氏后期思想的主体部分或者说最艰涩部分，就是对"存在"的正面描画。

"存在"问题的正面出现，也引起了海德格尔思想的一系列变化，其中一个鲜明变化是艺术主题的出现。对诗作进行阐释，对艺术问题进行论述，乃至以诗的笔法、诗的意致写作，都与"存在"主题有关。艺术主题的出现导致了论艺术的集中之作《艺术作品的本源》，这篇论文既是谈艺术的，也是谈“存在”的。

本书试图在海德格尔思想中寻找美学更深奠基的一种可能性，故而，对海氏有涉审美奠基问题的一些内容做了涉猎和思考。因此，对海德格尔后期思想中论及艺术的部分进行了阐释，其早期知识论分析部分，也认为其不仅有作为海德格尔思想起点的价值，也具有加深对“感性”理解的价值。本书认为，海德格尔思想有助于奠基美学的最有价值部分——真与美的关系，即在“存在”之上真与美的互相属于的关系。而关于这个关系，海德格尔的著述有其“双子星座”：讲真理中的美的有《真理的本质》，讲审美中的真理的有《艺术作品的本源》。

不过，讲到这里，本书所涉及的三个线索都未完成。显然，本书的编织有三个线索，一是海德格尔自身思想发展线索：人—真理—存在；一个是海德格尔思想与思想史关系的线索：从康德到尼采；第三个是海德格尔思想与美学的关系线索。其实，在三个线索的目前进展来看，基本内容都已体现出来了，但海德格尔在后期所讲的一些内容（这些内容主要不是对以前内容纯粹的增加，而更多是从另一个角度的勾描）应在最后加以勾画，把那些已经体现的内容加以归整，并进行最后的总结。

这个总结就是对“存在”的正面描述，本书认为，这个描述对三个线索都是一种了结。首先它是对“存在”样态的正面阐述；其次，它更进一步地体现了与尼采思想的应和，即对其“权力意志”或“永恒轮回”的一种超越性应和；再次，这种存在样态，与美学深刻相关，因为它等同于世界的审美样态。

海德格尔在《真理的本质》中，其实已经描述了存在，在他眼中，真理即存在者，真理的本质，就是使存在者成为存在者的东西，是存在者的存在。首先，存在是一个解蔽与掩蔽的双重过程。可以这样设想一下，存在者从一个纵深中显露出来，它的显露，表征了存在的运动，因此也是存在的显露；同时，它的显露，让存在整体性凝聚在一种特殊性上，又是作为整体性的存在被遮蔽的过程；此时，存在就作为一种神秘退隐到存在者之后，甚至被忘却；在此过程中，人存在是这个过程的通道，它像一条路那样铺展着，让存在者显露。

存在是这个过程整体。也许有人会有疑问：既然存在是存在者的本质（来源—根据），那么存在就应是存在者之前的东西，它不应包含存在者。这个质问是合理的，但它是基于逻辑或知性的合理，而存在问题是逻辑本身、语言本身的问题，它本身就不合理，它是“辩证的”。存在是存在者的本质，但这个本质不在存在者之外，它就在存在者身上，体现在它饱满、充实、澄明的形式上。存在不外于存在者，它本身就是存在者的问题，离开了存在者它毫无意义，存在的存在就体现在存在者身上，存在者是它的出发点，也是它的落脚点。所以海德格尔说，敞开，不仅敞开了存在者，也同时敞开了存在，故存在者包含在存在中。

也许会有第二个疑问：在这个过程中，存在者也有遮蔽性，它把存在遮蔽为一个神秘者，退缩其后。如是，这个神秘者，这个作为源头的存在，与作为整体的存在关系如何？如何坚持逻辑的排中律？这个问题和上面的问题相似。两个存在都是存在，但却非同一意义层次上的存在。首先是整体的存在发生，接着这发生分化，它凝成了一个存在者，同时把这整体的发生反推到前面去，于是有了作为神秘者的存在。也就是说，在某个意义上，存在是整体过程；在另一个意义上，存在又是这个过程的源头。这个现象来自人的思维与语言的对象性，在《康德与形而上学问题》中，海德格尔讲意识总是把自己意识为在某个对象对面的问题时，最深刻、明晰地揭示了这种思维、语言的特点。

所以说，存在是一个整体，这个整体本身涵有裂变，这个统一体本身就要同时裂出存在与存在者的两分格局，还要裂出从存在到存在者的过程性。存在就是这样一个多重性的统一体。因此，如果问存在的过程、这种运动是由什么造成的？回答只能是由存在本身造成的，存在本身就是这样一个不稳定体，有一种命定的撕裂、运动过程。

存在可以看作一个运动过程、一个纵深过程。同时，也可以直接来看存在。在《真理的本质》中，在讲解蔽与遮蔽时，海德格尔指出解蔽与遮蔽是互变的，这其实也就表明，作为整体性的存在与作为特殊性的存在者是互变的。存在者的出现同时意味着存在(无存在何来存在者?)，整体性与特殊性是捆在一起的。但是，整体性与特殊性又不能同时被把握，不是特殊性遮盖了整体性，就是整体性的样态遮盖了特殊性(当然，海德格尔主要讲前一种遮盖)。因而，存在就体现为一个似是而非的整体，忽而整体性，忽而特殊性，忽而被显，被显同时又被掩。

存在作为似是而非的整体与它作为内涵裂变过程的整体是一致的。海德格尔的著述中，不可避免地多次涉及作为统一体的存在，对它的表述，较典型的哲学性表述是“本体论的差异”，较典型的诗性表述是“亲密的区分”，在《艺术作品的本源》中也以“裂隙”一名提到了它。最为玄妙的表述是“有有(Being is)”。

“有有”是《什么唤思?》第二部分的主题。海德格尔在此引述了巴门尼德的话:“人应该既言说又思考有有。”然后加以分析。他说:

> 这个表述不仅自明——它完全是空洞的,实际上它什么也没告诉我们,或者说它告诉我们的我们早知道了。“有有”听起来就像在说雨落(rain rains)。当然雨总是落的,它还能怎么样?……(但)它真的像看起来那么空洞吗?这个表述其实并不是毫无思绪地重复说同一个东西那样空洞。即使简单地考虑,这个表述也揭示着一种模棱两可。可以说:有有,意味着有(being)不是空的。要表述的是有(being)的实际性。但这个表述也在说:有(being)的基本特性的一部分是“是(it is)”:存有(Being)。有(being)的“怎样”,有的本质,在这“是”中被言及了。或者说,这个表述在同时表达两个东西——有存在的事实和什么有,即它的本质。[①]

有有,这是一种浑然的发生、一个世界;同时又意指一个过程、一种来源。海德格尔的这个借自巴门尼德的表述,最直观也最玄妙地描画了存在的统一体。

这样的描述与对存在这样的理解,深刻地体现了海德格尔“思”的运作。当思考一种非对象性的东西时,当思考一种自身也在其中的东西时,思维要求超越,思维也要求破裂,它在逻辑的极致中反对着逻辑。在这里,海德格尔把握到了当代思想的力度和它的运行方式,最

---

① *What Is Called Thinking*?. trans. by J. Glenn Gray. Harper & Row, 1968: 173.

深刻、最突出地体现了他思想的当代性。

但是，更突出、更早地体现出思想这一境界与力度的是他的前辈尼采以及他几乎难以被理解的“权力意志”与“超人”哲学。

尼采是从对人性进行深刻洞达（“铁锤思想”与“毒眼”）而开始他的思想的。通过对人的现象的分析，他发现，世界的一切事物都是“价值”，这些“价值”，都是人为了保全自己而设立出来的。人为了保持自身而设立价值的行为，就是“权力意志”。他说：“我认为世界的价值就在于我们的解释；我认为过去的解释都是远景式的估计，借助这种估计，我们可以保存生命，也就是用权力意志即要求权力增长的意志保存自身……与我们相关联的世界是不真实的，即不是事实，而是建筑在远景观察之上的膨胀和收缩。”[①]也就是说，人是权力意志，它要维持自身的增长，而要达到这个目标，就必须设立种种价值来作为自身的防护或自身的踏板。

每个人都是权力意志。尼采在洞察了这一点后，思想进入了同上文所述海德格尔思想那样的力度中。首先，权力意志是设立价值的行为；其次，设立价值不是权力意志的目标，权力意志的目标是增进自身，为此，它必须不断地设立价值，通过设立价值来体现自己、实现自己。因此，权力意志的结构就是两重的，它是价值的设立，同时，又是价值的超越（按：海德格尔对尼采“权力意志”的分析经常把尼采的权力意志仅仅看作是价值的超越，是权力的纯化与抽取。这种看法是对尼采思想的歪曲，是不公平的。海德格尔这样做应是为自己思想铺展

---

① 弗里德里希·尼采：《权力意志——重估一切价值的尝试》，张念东、凌素心译，商务印书馆1994版，第205页。

设立靶子)。不过要把握这种双重性就如把握海氏的“存在”的双重性一样,是很难的。尼采充分认识到这一点,他认为,一般的人、一般的权力意志,总是被直接的目标所迷惑,仅仅停留在价值的设立上(也就是说,存在者把存在遮蔽了),这样,价值就变成了“偶像”,为权力意志而生的东西就成了权力意志的阻碍物与禁锢者了。尼采认为这样的权力意志是病态的,是自我走向反面、自我否定的权力意志。

为了真正地保持权力意志,尼采认为,权力意志就不应该停留在自己的表面结构上,正如海德格尔呼吁人们不要停留在存在者这儿而要考虑存在者的根据一样,尼采呼吁权力意志要超越自己的表面或直接的取向,进入到不断设立价值,又不断超越价值的状态中去,他把这种状态称为健康的,这样的人称为“超人”。他说:“生命会亲口向我说出这个秘密。‘注意,’它说,‘我就是那个必须不断超越自己的东西。’”[①]“超人”是什么,海德格尔曾在《什么唤思?》中有过准确的分析。超人就是不断超越自己的人,在这种状态下它是自己,同时因为它超越自己,它又不是自己,它始终达不到自己,不断前进,同时在达不到自己的向自己的达到中就是自己。这是一个似是而非的形象,一个模棱两可的东西。

这样的“权力意志”和“超人”,其模式所用的思维与海德格尔把握存在的思维是一样的,其实,这样的权力意志和超人,就是海德格尔的“存在”。不同之处是,尼采在人的角度上讲,海德格尔在更大的角度上讲。不过,如果把“人”当作此在、当作存在过程的过程性、当作那条路(熟悉尼采思想的人应该知道,尼采同样要把人比作路、比作彩虹),

① 尼采:《查拉图斯特拉如是说》,余鸿荣译,北方文艺出版社1988版,第123页。

那么，权力意志、超人与海氏的“存在”就完全重合了。事实上，尼采也有站在更大的角度上讲这个模式的时候，他也对“存在”进行过言说，对“存在”，他描述为“永恒轮回”。也就是说，尼采把“存在”也作为一个大大的权力意志，它创生万物，又超越万物（使万物消灭），使万物复归，这个过程永不休歇。这个“永恒轮回”说也是海德格尔非常赞赏的。当然，因为尼采终究站在人的角度，并没有像海德格尔对人做一个理论上的与存在必然的勾连意使之“此在”化，所以海德格尔终究认为他是传统形而上学最后的终点，他的超人论终究沦入了唯意志论、唯艺术论，偏向在主客观分离中的一端中。

二、镜之重圆：作为“浑成”圆舞的存在

在前面，我们介绍了海德格尔对“存在”统一体的模式描述。这种描述，在海德格尔的话语里，经常用来指称在“源头”意义上、在“核心”意义上的存在，或者说是在“本原”意义上的存在。在这个意义上，存在似乎本是个不均衡、不协调的核心，必然裂变，裂变出一个过程，产生存在者，即：存在—人—存在者的样式。但是，这种意义上的存在，仅仅是“存在”在人的意识或语言中的一种用法。真正的存在，就是整个过程本身，它表现为整个生生不息的世界。

海德格尔后期在不少著述中讲述了这个作为整体的直接呈现的存在。

先介绍海德格尔在《诗人为了什么？》中所描述的类似尼采“永恒轮回”的存在样态。在这篇论文中，海德格尔借对里尔克诗作的阐释，

对存在进行描述。海氏描述道，存在就是一种“敞开（the Open）”，一个活动着、生生不息的世界。这也就是说，存在就是一个场所、一个世界，这个世界由于敞开着，故鲜明地显示着其中的开开掩掩、明明灭灭。在这里，“敞开”同于海德格尔早期讲的“解蔽”或“世界”，它包括后期讲的解蔽—掩蔽、世界—大地。在这个世界中，首先是存在者的持存活动，存在者活动着，像在历险。但是，海德格尔指出，存在者的历险活动不是放任的，而是有所约束的，它被一个中心牵引着，也就是被牵引着的历险。他说：

> 敞开是所有无边无际者的伟大整体。它让存在者作为被牵引者进入到那纯粹的牵引中去。在这种情况下，它们各式各样地相互牵引，在无边无际中牵引到一起。“敞开”一词就像“历险”一样，作为一个形而上学的概念是模棱两可的。它表示整体牵引，无边无限牵引的整体，也在普遍的摆脱限制意义上表示开展。[①]

海德格尔称此样态为“存在的世界游戏”。在这个游戏中，存在着一种关系，即“牵引”。海氏解释说，牵引是一种关系，但它更是一种整体。

这个关于“世界游戏”的描述很明显有尼采“永恒轮回”的影子。在同样的文本和同样的话题中，海德格尔也对存在有这样的表述：

---

① 《诗人为了什么?》，见 *Poetry, Language, Thought*. trans. by Albert Hofstadter. Harper & Row, 1975: 106—107.

> 存在表现为 vis primitive active。这是把所有东西聚向自身的初始性力量，它在这样做时又把每一存在者放纵回它们的自身，存在者的存在就是意志。这个意志是把每一 ens(物)聚集在自身之上的自身集中。每一个存在者，作为一个存在者，都是意志。[①]

显然，海德格尔的“敞开”是在更高的层次上比照类同于“权力意志”的，尼采把人的“权力意志”作为一切存在和整体存在的模型，把整体存在描述为“永恒轮回”。海氏在此显然已把“永恒轮回”用于自己思想中。

在这个描述中，有两点值得注意。一是存在是权力意志，所有的存在者也是权力意志，存在的权力意志开展自己，在开展中建立存在者；二是存在者在与牵引体的衡量中确立自己，同时，它们之间也有相互关系，其实也就是相互衡量。

在这个世界中，存在的牵引是不可见的，可见的就是存在者的状态以及存在者之间的相互关系。在这个表层的层面上，也可表现、看到整体存在，也就是说，海德格尔思想中的存在有第三种正面样态：作为直接呈现出的世界的样态，这个样态，海德格尔称为“浑成 ereignis”，即发生、显露，即世界本身，他又称之为世界的“世界化（worlding)”。

世界中存在者存在着，但是，存在者不是始终以适应的、开展的方

---

① 《诗人为了什么?》，见 *Poetry*，*Language*，thought. trans. by Albert Hofstadter. Harper & Row，1975：101.

式存在着，在大部分时刻，存在者没有显露自己为存在者，而是把自己表现为“对象”。海德格尔认为，存在者对象化，来自人的一种遮蔽性行为，来自人的设置。海氏指出，存在者的整体运转中，人也是一种存在者，但这个存在者稍稍独特，它的特殊在于它能影响牵引关系。在《诗人为了什么?》中，海德格尔用了很长的篇幅来分析这一问题。他说，人这种存在者，也是“意志”，一种在存在的大游戏中历险的意志，这种意志，当它过于放纵自己时，它把其他存在者从牵引中“分离”出来，把其他存在者对象化。一旦对象化，存在牵引的环行游戏即告停止，世界僵化了，技术占有了统领位置。海德格尔继而阐述了“拯救”这一状态的方法。他认为，方法很简单，把向着分离的方向转过来就行。人这种意志自我放纵，分离存在者为对象，但如果人不再自我放纵，而是对自我放纵进行超越，使它转向，从向分离转向牵引，那么一切就会改变，“无保护性只有在对敞开的离弃被颠倒时才能给我们安全，故而它转向敞开——并进入它”。“如果我们把这样的无保护性转向敞开，那么我们就转变了它的特质——即对整体牵引的背离——把它转向了最宽广的环行。”海德格尔认为，做这种转向，不仅使存在者得到拯救，从对象化中回到自己，同时也使人得到拯救，使人回到自己真正的位置上。“直到那样，我们就能意志性地意志着。”[①]这就是说，人这种意志通过超越自我(转向)而得到了真正的自我。

在海德格尔的思想中，人一直得到关注，因为人作为此在具有成为存在运行通道的功能。在《诗人为了什么?》中，人作为一种权力意

---

① 《诗人为了什么?》，见 *Poetry, Language, Thought*. trans. by Albert Hofstadter. Harper & Row, 1975: 125.

志，以分离的行为破坏着存在的牵引，看起来，人是外于存在的要素。不过实情并非如此。人是权力意志，存在是更大的权力意志。人这种权力意志是套在存在的大权力意志中的，只有当人这个权力意志自我放纵——海德格尔把这种自我放纵描述为纯粹分离性——时，它才从存在的大权力意志中分离出来，并以分离破坏牵引。因此，完全可以这样看：存在是权力意志，它有分离和牵引两个方向，分离与牵引都是通过人这个权力意志来实施的，人—权力意志是存在—权力意志的模拟，故而人—权力意志也有分离与牵引两个方向（或者它们表现为背向与面向）。当人—权力意志自我放纵时，它只剩下分离，不仅将存在者分离出去，也将自己分离出去。拯救这种状态的方法是转向，转向是回到牵引中、回到牵引与分离的双重性中。这个转向，可以理解为是人做出的，也可理解为是存在做出的，是存在牵引的力量使分离转向，是人的本性的另一面克服了这一面。值得注意的是，做这个转向不需要额外的东西来施力，分离自身就可做出，因为，分离的路线就是牵引的路线。故而海德格尔说：

> 如果存在全包围了存在者，那么还有什么可以拿来超越存在？只有靠它自己，靠它自己的力量，靠进入它自身。故而存在是全面超越自己的全面性。这一超越并非超越到其他什么东西那里去，它来到它自身中，回到它自己真理的本质中。[①]

---

① 《诗人为了什么？》，见 *Poetry*，*Language*，*Thought*. trans. by Albert Hofstadter. Harper & Row，1975：131.

这么看来，存在还有一个自身化的问题，正如人有一个"出窍"的问题。

上述关于人的转向、对象化的拯救的阐述，浓缩了海德格尔关于技术问题的阐述。同时，也揭示了他的存在思想中的一个重要问题，即存在本身有个自我熄灭和自我澄明的问题。

人转向，进入了敞开，存在者从对象化中拯救出来，回到了自身。这种状态的存在者，海德格尔称为"物"。物存在，在不同的论述线索中有不同的主要关系。在上述论述线索中，它有一个与中心的牵引与背离的关系；而在关于世界的论述线索中，它有另一种主要关系。需要说明的是，"世界"是存在的另一种模式，是不考虑它的生成问题时的样式。

在这种论述线索中，海德格尔认为物是一种"聚集(gathering)"，他说："聚集与集合，在我们语言的古代词汇中，被称为'物'。"[1]物聚集，聚集了什么呢？海德格尔在《建筑、居住、思想》一文中举了一个桥的例子，指出这个桥不仅标明了一个环境，也见证了与它有关的种种事实，也就是说，桥成了一个点，以这个点因缘发散，整个世界都得到澄明。显然，这里的物—桥，与《艺术作品的本源》中讲的作为作品的农鞋、神殿是一样的——其实，在海氏这儿，万物都是艺术品。

物聚集了世界，或者说，物是世界各种因素的交织点。海德格尔接着就提出了他后期非常重要的概念：天、地、神、人四元。世界有各种因素，早期海氏把世界就讲为世界，在《艺术作品的本源》中，他进了

---

① 《建筑、居住、思想》，见 *Poetry, Language, Thought*. trans. by Albert Hofstadter. Harper & Row, 1975: 153.

一步，把世界分为大地和世界，在此又更进一步，把世界分为天、地、神、人四元。天、地、神、人是世界的四个维度。在讲到“居住”时，他说，居住意味着一种保护，使事物回归自己的存在：

> 真正的保护是肯定的东西，它在我们让某物回在自己的本性中时才发生……居住，置入和平，意味着在自由中的平和、安全，它把每样事物保护在其本性中……只有我们认识到人类处于居住中，且这居住是短暂者居于天地之上的意义时，（保护）的意义才向我们展露。但是，“在大地之上”已包含着“在天空之下”。两者又同时意味着“在神面前”和“属于人的相互存在”。通过一个初始的统一体，四者——地与天、神与人（有死者，短暂者 the mortals）——归属到一起。[①]

天、地、神、人是怎么来的？这并不难理解。物的存在，在其本性之中，在其根据之中，于是有了大地，即回归性；同时，物的存在，又是一种展开。如果把回归比作大地，展开就是天空。《艺术作品的本源》中，已做了这样的拆分。有了回归和展开的区别，就有了物，有了物就有展开性的持存和回归性的消灭。持存是永恒维度，是神性；消灭是短暂维度。当然，最能感慨短暂者，莫过于人（按：此时，海德格尔关于人的思想发展到新的阶段，最早是“此在”，继而是“非人道主义”、“超人”，此时是“短暂者”。用词的不同，反映了海德格尔思想的发展，也

---

① 《建筑、居住、思想》，见 *Poetry, Language, Thought*. trans. by Albert Hofstadter. Harper & Row, 1975: 149.

反映了海氏思想运作的层次)。天、地、神、人就是一旦有物发生就必然带来的四个维度,它们是同时具有的,互相对比而呈现、发明的,它们共同聚集、体现在一物上。

在《物》一文中,海德格尔指出,物的物性就在于它能居寓四元,在于它向四元开放,在于它是四元的一个聚集点。如果这样,物就进入了自己的本性,物也有“出窍”,不过在此处称为“物物化(the thing things)”。以陶壶为例,陶壶的物性在于它让四元居寓,海氏进一步阐述居寓的方式:

> 流连在此不再仅仅是对这是什么东西式的坚持,流连转让着,它把四元带到它们互相属于的光亮中去。在流连单纯的一体性中,它们互相依赖,在这样的互相依赖中,它们被解蔽……在赠礼中的聚集者把自己聚集在四元的流连中。这种多重而又单纯的聚集就是陶壶的现身。我们的语言用一古代语词来表示这一聚集,这一词是:物。[①]

再进一步,海德格尔走到由物点亮的世界的模式中去:

> 大地和天空,神性和短暂者(有死者、人)在它们自我的和谐中共同存在,通过统一的四元而互相属于。四元中的每一元都以自己的方式镜像式地映照其他元的在现(presence)。这样,每一

---

① 《物》,见 *Poetry*, *Language*, *Thought*. trans. by Albert Hofstadter. Harper & Row, 1975: 173—174.

元都在四元的单纯性中，以自己的方式把自己反射回自己之中，这一镜像式映照并不是在做相似性的描画，而是照亮四元中的每一元，把它们自己的在现转让(appropriating)到单纯的互相属于中。镜像式的映照在这种转让澄明的方式中，让四元中每一元与其他诸元戏耍。转让的镜像映照让四元自由地回归自身。进入自由的镜像(mirror)映照是一种游戏，这种游戏通过互相转让的拥抱，使四者互相依赖……这种大地与天空、神性与短暂者单纯统一的转让镜像游戏，我们称为世界，世界通过世界化得以出现……四元的统一就是四元化……四元化，这四元的统一，表现为依赖的转让的镜像映照游戏，互相转化入单纯性一元中，四元化表现为世界的世界化。世界的镜像映照游戏是转让的圆舞(round dance)。①

这大段的引文展示了海德格尔思想中存在作为直接表现出的世界的样态，也展示了海德格尔思想中最为辉煌的部分。海德格尔称这一样态为 ereignis，一种纯然的发生，由于此纯然的发生中有互相属于、互相转化，我们为此将之译为“浑成”。

为什么存在的这种样态得到这样的描述，我们还要略加分析。四元是共同出现的，它们互相比照而得到自己的定位，所以，它们是互相“转让”的。转让，不是对抗，也不是妥协，而是在保持自身同时让自身托举出他者。这种关系，难以言说，唯有以轻柔的性质来表示。这种

① 《物》，见 *Poetry, Language, Thought*. trans. by Albert Hofstadter. Harper & Row, 1975: 179—180.

关系，因是互相依赖，互相变化的，故有游戏般快乐轻盈的色彩，当然，它们互相转化，环环相扣，是圆的。此外，海德格尔还将它们之间的关系描述为“镜像式的映照”，犹如灵感之笔，又深刻异常，用此描述，大概表示它们互相比照而存在之意，但表示这个意思可用的表述有很多，为何要用“镜像式的映照”呢？

镜像式的映照、轻柔、游戏、圆舞。熟悉尼采思想的人会一下子感到，这全是尼采的用词，尼采用这些词，表达超人境界中的世界形象，表达权力意志中的物物关系、物人关系（关于此，不细加引述尼采的话了，参阅《查拉图斯特拉如是说》“救赎”一章和《权力意志》中诸多章节）。有意思的是，这份海德格尔最辉煌的篇章与尼采思想的最高境界如此相似，同时海德格尔却只字未提尼采的影响。对于前一个现象，是可以理解的，海氏其实受尼采影响太深了；对于后一现象，我们看到在海氏和尼采这里有这种情况，其实更为突出的是，海德格尔的思想其实和黑格尔思想也有很深的关系和相似度，但海德格尔也很少提及黑格尔对他的影响，甚至他对黑格尔的阐释也很少，原因是什么，这大概涉及海德格尔对于自己思想来源的主观构建的考虑，我们这里仅提醒读者注意这个情况，对于其动机，就不妄加揣测了。

尼采在分析权力意志时，指出权力意志设立价值，设立对象，这种设立方式是通过“光学”的机杼的，故而，对象都有视像性的特质。尼采这样说，是深刻地洞察了在人的认识过程、人的对象知识确立过程中，人的视觉性（表象性）在其中起的作用。其实，这点认识，也是西方思想的传统，从柏拉图《理想国》中讲镜喻就开始了。基于这种认识，尼采认为世界就是权力意志通过视像性来控制的，权力意志通过透视

(perspective)估量对象，对象缘于权力意志的估量、为透视所控，伸伸缩缩，长长消消。尼采认为，当权力意志颓靡病态时，对象就会僵化，表象性就会抽象化。“偶像”化通过救赎，对象又会回到自身，成为象征性的物，它们互相通达，轻柔舞蹈。

海德格尔使用这些词语，如就其思想本身来看，有一种让人感到偶然性比较大的感觉。同时共在、互相比照而成立，完全可以用另一套语词来表述。只有将它与尼采的影响联系起来，才能得到较信服的理解。

当然，也不能否认，在海德格尔使用“镜像式的映照”时，其思绪可能也与西方思想中认识论的“镜喻”传统发生了深度沟通，毕竟，“镜喻”的影响太大、太深了。如果是这样，我们的这次写作，倒也因此能成就一个“圆舞”，即从破镜到破镜的重圆。

海德格尔的思想，是对存在者的思考开始的，在思考中，他发现一般意义上的存在者都是对象，是人的认识所建立起来的，而人的认识，依照他对康德的阐释，主要是概念性的。概念性本质是直观，但却是僵化的直观，故对象可以是僵化的直观物，在某种意义上，对象是僵化的镜像。海德格尔继而复兴“存在”，寻找存在者的根据，要求在先验的层次上考察存在，这样，僵化的镜像被打破了，一切进入到存在的运转中去。这是一个“破镜”的过程。

但随着思想的发展，海德格尔思想中的其他方面显露出来。首先，在存在的运转中，一切归于一，但同时，也容许存在者有个体性。存在者的个体性、特殊性，其实又依赖于对象性的设置。海氏认为，设置还是必要的，只有当它唯一或无度张狂时，它才是负面与消极的。

当设置与回归同在时，设置不仅不歪曲存在者，它还是存在者获得自身的根本手段或力量。在这种情况下，存在者不是对象，而是物；物虽为物，但不脱其出于人这一渠道的涌出特性，也就是说，它根本还是直观的，是感性的，它的形象还是它一切的立足点。但在此时，这种直观不是僵化的，而是轻柔的。海德格尔讲四元的互相映照、轻柔转换的关系，完全可用于物与其根据、物与人、物与物的关系上。在这个意义上，原来被打破的"镜"又重圆了。当然，重圆之镜，不再是原有的僵化之镜，这个镜是轻柔的，是万物游戏的场所，是众神嬉戏的"林间空地"，是澄明的世界。

也基于这个考虑，本书名为"破镜与重圆"。

行文至此，也要略点出这些存在的正面描述，这与审美其实是大有关系的。尽管在直接的论述中，它们似乎与美无关，但是，在这镜之"重圆"中，我们能看到美与真的密切关系。真只有在其为僵化的镜像表现时，才与美分离，但如若真(存在者)自我澄明，那么它将与它的本身结合在一起，以一种澄明的现象形式出现(在论及柏拉图的"理念"时，海德格尔已涉及这一点，参前文)。反过来，美不仅仅是那些表象的东西，如果这些东西未获得自己的根据、自己的真理，那么无论它们是何种形式，它都是僵化的设置、都是抽象的。存在是美的，在某个层面上，它本身就是美，就是那些现象的透亮的挺立，是那些现象富有意味的互相勾连、转让。在另一个层次上，存在又是美的根源、美的根据，它赋予形象以气血，使之具有超越自身的一方面，使这方面折回自身，让自身澄明而轻柔。

参考书目

一、本书所涉及海德格尔著作

1. *The Basic Problems of Phenomenology*(现象学的基本问题). trans. by Albert Hofstadter. Indiana University Press,1982.[海德格尔文集·现象学之基本问题. 丁耘译. 商务印书馆,2018]

2. *Being and Time*(存在与时间). trans. by John Macquarrie. Harper & Row, 1962.[存在与时间. 陈嘉映,王庆节译. 生活·读书·新知三联书店,1987]

3. *Kant and The Problem of Metaphysics*(康德与形而上学问题). trans. by Richard Taft. Indiana University Press,1990.[康德与形而上学疑难. 王庆节译. 上海译文出版社,2011]

4. *The Metaphysical Foundations of Logic*(从莱布尼茨出发的逻辑的形而上学基础). trans. by Michael Heim. Indiana University Press, 1984.

5. *The Heidegger Controversy:a Critical Reader*(海德格尔的争论). ed. by Richard Wolin. The MIT Press, 1993.[本书收录:《德国大学的自我肯定》、《政治文本,1933—1934》、《给弗莱堡大学校长的信,11. 4, 1945》、《克服形而上学》、《只有一个上帝能救渡我们》(熊伟中译载《外国哲学资料》第七辑,商务印书馆,1984)、《给马尔库塞的信,1. 20,1948》等文]

6. *Basic Writtings*(基本著作集). ed. by David Farrell Kreil. Harper & Row, 1977.(本书收录《什么是形而上学》《真理的本质》《论人

道主义的信》《哲学的终结与思的任务》等文）

7. *Introduction to Metaphysics*（形而上学导论）. trans. by Ralph Manheim. Yale University Press，1959. [形而上学导论. 熊伟，王庆节译. 商务印书馆，1996]

8. *Poetry*，*Language*，*Thought*（诗，语言，思）. trans. by Albert Hofstadter. Harper & Row，1975(2001).（本书收录《作为诗人的思想家》《艺术作品的本源》《诗人为了什么？》《建筑・居住・思想》《物》《语言》《"……人诗意地居住……"》等文）[诗・语言・思. 彭富春译. 文化艺术出版社，1991]

9. *Nietzsche Vol*. 1 *The Will to Power*（尼采・第1卷：作为艺术的权力意志）. trans. by David Farrell Krell. Routledge，1981. [海德格尔论尼采——作为艺术的强力意志. 秦伟，余虹译. 河北人民出版社，1990；《尼采》(上卷、下卷). 孙周兴译. 商务印书馆，2002]

10. *The Question Concerning Technology and Other Essays*（关于技术的问题及其他）. trans. By William Lovitt. Harper & Row，1977.（本书收录《关于技术的问题》《转折》《尼采之言"上帝死了"》《世界图像的时代》《科学与反思》等文）

11. *What Is Called Thinking*?（什么唤思？）. trans. by J. Glenn Gray. Harper & Row，1968. [海德格尔文集・什么叫思想？. 孙周兴译. 商务印书馆，2017]

12. *What is a Thing*?（什么是一物？）. trans. by W. B. Barton. Regnery Gateway，1967.

13. *Early Greek Thinking*（早期希腊思想）. trans. by David Far-

rell Kreil. Harper & Row，1975.（本书收录《阿那克西曼德残篇》《逻各斯》《Moira》《Aletheia》等文）

14. *Essays in Metaphysics：Identity and Difference*（同一与差异）. trans. by Kurt F. Leidecker. Philosophical Library Inc，1960.（本书收录《同一律》《形而上学的本体—神学—逻辑的本性》等文）[同一与差异. 孙周兴,陈小文,余明峰译. 商务印书馆,2011]

15. *On the Way to Language*（在通向语言的途中）. trans. by Peter D. Hertz. Harper & Row，1971.（收录《关于语言的对话》《语言的本性》《词》《诗中的语言》等文）[在通向语言的途中. 孙周兴译. 商务印书馆,1997]

16. *Existence and Being*（生存与存在）. trans by R. F. C. Hull and A. Crick. Henry Regnery,1949.（收录《诗人的回忆》《荷尔德林和诗的本质》等文）

17. *History of the Concept of time：prolegomena*. trans. by Theodore Kisiel. Indiana University Press，1985. [时间概念史导论. 欧东明译. 商务印书馆,2009]

18. 给理查森的信. 见《现代西方哲学论著选读》. 陈启伟主编. 北京大学出版社,1992.

19. 我的现象学之路. 见《现代外国哲学》第五辑. 方鸣译. 人民出版社,1984.

20. 什么是哲学. 见《现代外国哲学》第 7 辑. 俞宜孟译. 人民出版社,1985.

21. 回到形而上学基础之路. 见 W. 麦考夫《存在主义》. 陈鼓应等

译.商务印书馆,1987.

22. 海德格尔诗学文集.成穷,余虹,作虹译.华中师范大学出版社,1992.

23. 海德格尔选集(上、下).孙周兴译.生活·读书·新知三联书店,1996.

24. 面向思的事情.陈小文,孙周兴译.商务印书馆,1996.

25. 林中路.孙周兴译.上海译文出版社,1997.

26. 谢林论人的自由的本质.薛华译.辽宁教育出版社,1999.

27. 路标.孙周兴译.商务印书馆,2000.

28. 演讲与论文集.孙周兴译.生活·读书·新知三联书店,2005.

29. 物的追问:康德关于先验原理的学说.赵卫国译.上海译文出版社,2010.

30. 黑格尔.英格丽特·舒斯勒编,赵卫国译.南京大学出版社,2018.

二、其他背景阅读书目举要

1. R. Rorty. *Essays on Heidegger and Others*(关于海德格尔及其他的论文). Cambridge University Press, 1991.

2. *Martin Heidegger: Critical Assessments*(*vol*. 1—4)(马丁·海德格尔:批判性的评价论文集,4 卷本). ed. by Christopher Macann. Routledge, 1992.

3. Theodore Kisiel. *The Genesis of Heidgger's Being and Time*

(海德格尔《存在与时间》的产生). University of California Press, 1993.

4. 孙国兴.说不可说之神秘——海德格尔后期思想研究.生活·读书·新知三联书店上海分店,1994.

5. 张汝伦.海德格尔与现代哲学.复旦大学出版社,1995.

6. W.比梅尔.海德格尔.刘鑫,刘英译.商务印书馆,1996.

7. 靳希平.早期海德格尔思想研究.上海人民出版社,1995.

8. 张祥龙.海德格尔传.河北人民出版社,1998.

9. 吕迪格尔·萨弗兰斯基.海德格尔传——来自德国的大师.靳希平译.商务印书馆,1999.

10. 理查德·沃林.存在的政治——海德格尔的政治思想.周宪,王志宏译.商务印书馆,2000.

11. 恩斯特·贝勒尔.尼采、海德格尔与德里达.李朝晖译.社会科学文献出版社,2001.

12. 海德格尔与有限性思想.刘小枫编,孙周兴等译.华夏出版社,2002.

13. 莱茵哈德·梅依.海德格尔与东亚思想.张志强译.中国社会科学出版社,2003.

14. 马克·弗罗芒-莫里斯.海德格尔诗学.冯尚译.上海译文出版社,2005.

15. 孙冠臣.海德格尔的康德解释研究.中国社会科学出版社,2008.

16. 安东尼娅·格鲁嫩贝格.阿伦特与海德格尔——爱和思的故

事.陈春文译.商务印书馆,2010.

17. 卡尔·洛维特.海德格尔——贫困时代的思想家:哲学在20世纪的地位.彭超译.西北大学出版社,2015.

18. 古希腊罗马哲学.北大哲学系外国哲学史教研室编.生活·读书·新知三联书店,1957.

19. 柏拉图.理想国.郭斌和,张竹明译.商务印书馆,1986.

20. 柏拉图.巴曼尼德斯篇.陈康译注. 商务印书馆,1982.

21. 亚里士多德全集(第1卷《工具论》).苗力田主编.中国人民大学出版社,1990.

22. 亚里士多德全集(第3卷《论灵魂》).苗力田主编.中国人民大学出版社,1992.

23. 亚里士多德.尼各马可伦理学.苗力田译.中国社会科学出版社,1990.

24. 北大哲学系外国哲学史教研室编译.十六—十八世纪西欧各国哲学.商务印书馆.1975.

25. *Leibniz*:*Philosophical Writtings*(莱布尼茨哲学著作选). ed. By G. H. Parkinson, trans. by M. Morris. J. M. Vent & Sons Ltd, 1973.

26. 鲍姆加通.美学.简明,王旭晓译.文化艺术出版社,1987.

27. *Critique of Pure Reason*(纯粹理性批判). trans. by N. K. Smith. ST Martin's Press, 1965.

28. 康德.纯粹理性批判.蓝公武译.生活·读书·新知三联书店,1957.

29. 康德. 判断力批判(上卷):审美判断力的批判. 宗白华译. 商务印书馆,1964.

30. 康德. 判断力批判(下卷). 韦卓民译. 商务印书馆,1964.

31. 康德. 实践理性批判. 关文运译. 商务印书馆,1960.

32. 康德. 实用人类学. 邓晓芒译. 重庆出版社,1987.

33. 康德. 逻辑学讲义. 许景行译. 商务印书馆,1991.

34. 黑格尔. 美学(1—3卷). 朱光潜译. 商务印书馆,1979.

35. 弗雷格哲学论著选辑. 王路译. 商务印书馆,1994.

36. 尼采. 悲剧的诞生. 周国平译. 生活·读书·新知三联书店,1987.

37. 尼采. 查拉图斯特拉如是说. 余鸿荣译. 北方文艺出版社,1988.

38. 弗里德里希·尼采. 权力意志——重估一切价值的尝试. 张念东,凌素心译. 商务印书馆,1994.

39. 尼采. 论道德的谱系. 周红译. 生活·读书·新知三联书店,1992.

40. 理查·罗蒂. 哲学和自然之镜. 李幼蒸译. 生活·读书·新知三联书店,1987.

41. 弗莱德·R. 多尔迈. 主体性的黄昏. 万俊人,朱国钧,吴海针译. 上海人民出版社,1992.

42. M. H. 艾布拉姆斯. 镜与灯——浪漫主义文论及批评传统. 郦稚牛等译. 北京大学出版社,1989.

43. 鲍桑葵. 美学史. 张今译. 商务印书馆,1985.

44. 余匡复. 德国文学史. 上海外语教育出版社,1991.

45. 鲁道夫·奥托. 论"神圣". 成穷,周邦宪译. 四川人民出版社,1995.

46. 塔尔斯基. 逻辑与演绎科学方法论导论. 周礼全,吴允曾,晏成书译. 商务印书馆,1963.

47. 汪子嵩. 亚里士多德关于本体的学说. 生活·读书·新知三联书店,1982.

48. 王路. 亚里士多德的逻辑学说. 中国社会科学出版社,1991.

49. 叶秀山. 思·史·诗——现象学和存在哲学研究. 人民出版社,1988.

50. 蒋孔阳. 德国古典美学. 商务印书馆,1980.

51. 朱立元,王文英. 真的感悟. 上海文艺出版社,1989.

后　记

这本书的名称，沿用了自己二十多年前博士论文答辩的题目，而内容，也是以未曾发表的博士论文为基础加以多次修改、补充和发展而成的。多年来，我对于海德格尔思想的理解一直在持续着，其间，在对别的思想家思想的探寻中，也不断寻求参证和深化自己对于海氏思想的理解。这一条自己为学的线索，都起源于多年前在导师朱立元教授指导下那个以海德格尔为题的博士论文研究。

如果学理论，自己能获得一点理论的灵光，得缘于两个条件，一是现实中师友的指导与启发，二则是自己深切投入的论题的引导。还是很感谢海德格尔的，对他思想的研读，把我真正地带进了理论的大门。回想起那段时光，至今难以忘怀。20 世纪 90 年代中期，海德格尔走进中国不久，硕重难读的《存在与时间》《诗、语言、思》里诗意而深奥的格言，对每个理论探索者产生了很大的冲击。但那个时候为学条件远不如今天这么充分。资料难寻，关于海德格尔的研究性著作国内也尚未出版。为了寻找海德格尔的论述，专程跑几趟北图查书目，恳请服务部帮忙复印外文书籍寄到学校来。一边啃着这些书，一边读古希腊哲学与德国观念论，以帮助自己理解。“解蔽”和“遮蔽”好把握，但“技术”的自我“拯救”却看不懂，直到梦里突然想通。论文的写作也是记忆深刻，没日没夜，删改无数，直到夜不成寐，全部意识只剩一个手在稿纸上运动……

论文写了很多但大多废弃，后来用了其中较为连贯完整的十来万字进行答辩。约在这个时期，国内数位学者出版了海德格尔研究专著，同时，海德格尔个人经历中的污点也让我对他的思想可能的缺陷开始了反思。对于海德格尔思想的探究被放在更底层、更为长久的考虑中。但海氏毕竟是现当代西方思想中的高峰，他思想的深度、广度是无法否认的。因此，我对论文做了较多补充和勾连，在七、八年后做了一个没有发行的出版。此后多年，存在主义、后现代主义、德国观念论、中国美学史的论题逐次在自己的研究视野中沉浮，但海德格尔这个题目一直没有消失。在这个过程里，自己的思路和启发逐渐变得更为充分和明晰，我觉得自己基于曾经那些基础性的工作，对于海德格尔理解的那个线索和阐发，还是少有人关注的，在当前，特别是对于美学的建设，还是有价值的。于是，这两年我再次在研究其他课题的同时，整理和补充自己的海德格尔研究。

我非常钦佩卡西尔《启蒙哲学》里对于美学学科产生的论述，卡西尔深刻地揭示了艺术对于世界真理把握的意义，一个相对于理性来说既低端又高端的思维方式，它的标举，对于人类认识的完整性和深刻性的塑造是起到转折作用的。美学这个学科在产生之初，其实就被赋予对于形而上学的责任。这也是德国观念论美学的主线。美与真的关系问题，应该是美学最基本的问题与意义。海德格尔的思想，直接上是探寻真理的存在论模式，但对于真与美关系的重构是他存在论的重要基础。并且，这个工作是他在这个德国观念论的基础性语境中进行的。思维与存在的关系，说起来是西方思想史的主题，但这个主题在德国观念论的开创者康德那里达到了凸显的顶峰。此后的思想家都在康德的基础上对这个问题进行探讨并形成自己的思想，从而也对于这个问题的附属问题：真与美的关系提出了自己的模式，这不仅为理解美与艺术提供了资源，也为美与艺术对于形而上学问题解决的重要意义提供了答案。黑格尔以思维一端统摄存在，于是有了自己的精神哲学；海德格尔则以存在一端统摄思维，发展了存在哲学。因为他这个取向，思维的接受性方面（所谓此在）的整体性构建，成了他的重要任务。这个任务的完成，为美学或艺术理论做了非常深入的奠基工作。我在这次的整理和补充中，资料方面没有进行过多的更新，国内海德格尔的研究已达到一定高度，对于海德格尔的基础性理解和资料性翻译，已没有太大问题。这次工作主要就是在上述关于美学建设思路的指引下，把海氏的这个语境和这个思路勾勒出来，把内容表达出来，把意义阐明出来。因为同时还进行其他课题研究及教学，时间还是不够充分，最后只是希望自己庶几能完成这个任务。

也希望自己将来能够更近一步把近现代美学思想的几个重要节点做出贯通性研究。也希望在此基础上，早日把目光转回中国，开展自己理想中的儒学美学研究。以此自勉。

李　钧

2021 年 1 月